총,
경제,
패권

총,
경제,
패권

리보중·웨이썬·류이 외 지음

정호준 옮김

Guns Economy
and Hegemony

역사산책

차례

강대국 흥망의 경제 논리
: 세계 근대사를 다시 보다

많은 독자들이 역사가이며 국제관계 전문가인 폴 케네디Paul Kennedy의 베스트셀러 『강대국의 흥망The Rise and Fall of the Great Powers』(1987)을 읽었을 것이다. 나도 정식으로 국제정치학을 공부하기 전 고등학교 시절에 이 책을 읽었다. 『강대국의 흥망』의 부제는 '1500년에서 2000년까지 군사적 충돌과 경제 변천'으로, 강대국 간의 전쟁과 군사적 충돌 위주로 세계사를 이해하며 전쟁을 실행할 능력의 기초는 의심할 여지없이 경제력에 있다고 했다. 특히 각국은 특정 기술을 토대로 부를 축적해 이것을 군사력 경쟁에 이용했다고 분명하게 이야기하고 있다. 케네디는 이런 각도에서 500년간의 세계 역사를 새롭게 정리했는데, 무척 흥미로우면서도 정확한 분석이라

할 수 있다.

그런데 대부분의 사람들은 폴 케네디가 영국 출신이라는 것과 그가 이 책을 펴낸 1987년 무렵의 상황을 구체적으로는 모를 것이다. 『강대국의 흥망』이 세상에 나온 시대를 들여다보자. 잘 알고 있듯이 1970년대 말에는 냉전 상황이 중반기를 지나 후반기로 접어들고 있었다. 오늘날 그 시대를 돌아보며 우리는 당시 군사 공업을 포함한 소련의 경제 성장과 전 세계에 영향을 미치는 헤게모니의 성장 속도가 이미 정체되어 내리막길로 접어들었다고 말할 수 있다. 그러나 그 시절을 살던 사람들은 그렇게 느끼지 않았다. 1970년대에 소련은 국제무대에서 공격적인 자세를 유지하며 핵무기, 우주 개발, 육상 재래식 무기 등의 방면에서 새로운 절정을 맞이해 아프리카와 라틴아메리카 같은 지역마저 그 세력권 안에 두었다. 소련은 특히 미국과 전면적인 경쟁을 전개했는데, 심지어 소련이 전통적으로 약세를 보이던 해군 역량까지도 1970년대에 눈에 띄는 발전을 이룩했다. 당시 미국의 정치, 군사, 학술계는 실제로 초조해하고 있었다. 미국은 과연 소련과의 전략 경쟁에서 최종적으로 승리를 거둘 수 있을까? 미국이 어떻게 해야 소련의 상승세를 억제할 수 있을까? 이러한 물음과 의심이 미국에 광범위하게 퍼져 있었다.

이때 미국 정계와 학계의 고위층은 역사 속에서 답을 찾고자 했지만 전략사와 세계사를 연구한 미국 내 연구 인력이 부족했다. 그래서 영국에서 학문적 업적을 이룬 학자들이 초청되었다. 그들이 미국 대학에서 연구와 강의를 진행함으로써 이 중대한 문제를 미국인이 숙고하고 해결해나가는 데 도움을 주기를 바랐다. 미국에 온 학자 중에 콜린 그레이Colin S. Gray와 폴 케네디가 포함되어 있었는데, 이 둘은 해군 역사와 해군 전략을 연구했다는 공통점이 있었다.

『강대국의 흥망』을 저술한 폴 케네디가 경제학자가 아니며 또한 그의 전문 분야가 세계 역사가 아니었다는 점이 의외라고 여겨질 수 있다. 미국은 왜 해군 역사학자인 케네디를 초청했을까? 미국의 군부와 정계에서는 미국과 소련이 벌이고 있는 전 세계 차원의 전략 경쟁을 해상 강국과 육상 강국 사이의 경쟁으로 여겼기 때문이다. 전 세계적 해상 대국이 된 미국의 권력 구성과 이 권력이 세계적인 범위에서 구현된 형식은 실제로 이전의 영국(대영제국)과 많은 유사점이 있었다. 영국은 4세기 가까이 스페인, 프랑스, 독일로 대표되는 유럽 대륙 패권 국가의 도전을 수차례에 걸쳐 물리친 강대국이었다. 그러므로 1970년대 말과 1980년대 초 미국은 해양 강국이 어떻게 해야 대륙 강국의 도전에 맞서 승리를 거둘 수 있을지에 대한 해답을 영국의 해군 역사학자에게서 얻으려고 한 것이다.

『강대국의 흥망』은 이 문제를 다룬 폴 케네디의 대답이다. 이 책은 크게 산업화 이전 세계, 산업화 시대, 현대 세계로 구성되어 있다. 그러나 실제로 단계마다 가장 중요한 주제는 해양 강국과 대륙 강국 간의 경쟁이다.

그러므로 『강대국의 흥망』은 시대마다 대표성을 지닌 해양과 대륙 국가를 선택했다. 예를 들면 해양 강국의 대표로 베네치아, 네덜란드, 영국, 미국, 일본을, 대륙 강국의 대표로 스페인, 프랑스, 독일을 들고 있다. 이들 해양 강국과 대륙 강국은 과거 500여 년의 역사 속에서 잇따라 발전을 이룩하며 세계 경제 발전을 주도했다.

물론 이처럼 해양 국가와 대륙 국가 사이의 대결로 세계 역사를 보는 것은 매우 단편적인 시각이라고 할 수 있다. 미국을 해양 경제, 해양 패권의 대표로, 소련을 대륙 경제, 대륙 패권의 대표로 설정하는 것을 두고, 소련은 동시에 세계에서 두 번째 가는 해군력을 건설하지 않았냐고 의문을 제기할 수 있다. 특히 대륙 패권국으로 분류된 제1차 세계대전 이전의 독일이 영국과 충돌이 격화되어 마침내 전쟁으로 이어지게 된 것은 독일이 영국에 맞먹는 강력한 해군을 건설하려 했기 때문이 아닌가? 이 문제를 답하려면 반드시 이 책의 구체적인 내용을 살펴보아야 한다.

『강대국의 흥망』과 마찬가지로 이 책 역시 시작점을 1500년 전후로 설정했다. 바로 콜럼버스Christopher Columbus, 마젤란Ferdinand Magellan, 다가마Vasco da Gama 같은 유럽 항해가의 신항로 개척과 신대륙 발견 이후 유럽과 세계 다른 지역이 연결되기 시작한 시점이다. 15세기 말 이전에도 일정한 형식의 원거리 무역이 존재했지만 대부분의 국가와 지역에 미치는 영향은 그리 크지 않았다.

잘 알려진 육상 실크로드와 해상 실크로드는 고대 역사에서 일정 시간 동안 번창했다. 그러나 두 가지 중대한 결점이 있었다. 첫째, 빈번한 군사적 충돌로 인해 종종 길이 막혔다. 둘째, 당시의 선단船團이든 대상隊商이든 한 번에 운송할 수 있는 화물의 양이 제한적이었다. 이 힘든 무역에서 이익을 극대화하고자 한 상인은 귀금속이나 사치품 등 부피는 작고 단위 단가는 높은 상품을 운송하려 했을 것이다. 이런 물건은 각국 정부나 부자들만 관심을 갖고 구매할 수 있던 것이기에, 주류 소비자를 비롯한 전체 국가의 국민 경제에는 어떠한 영향도 주지 못했다.

오늘날 한 국가의 수출입 상품에서 가장 큰 비중을 차지하는 것은 식량과 원재료를 제외하면 의류, 신발, 완구, 휴대폰 같은 적정 가격의 공업 완제품이다. 이들 물건이 수출입 무역 총량에서 매우 큰 비중을 차지한다. 어떤 국가의 수출입 무역액의 70퍼센트가 마세라티 경주용 자동차와 루이뷔통 가방으로 이루어져 있다는 말을 들어본 적이 있는가? 고대 상황 역시 마찬가지였다. 당시 유럽, 정확하게는 몇몇 도시국가가 무역으로 일정한 부를 축적했는데, 이탈리아의 베네치아와 독일의 한자동맹을 예로 들 수 있다. 그러나 그 시절의 무역은 비교적 제한적이어서 지중해, 북해 또는 발트해에 국한되어 있었으므로 신항로 개척 이후의 상황과는 매우 큰 차이가 있었다.

그러면 지리상의 발견이 세계 경제에 가져다준 가장 두드러진 영향은 무엇일까? 바로 생산의 성질과 규모에 결정적인 변화를 야기한 것이라고 말할 수 있다. 중세와 그보다 더 이른 시기에 사람들은 적정한 가격으로 대량의 상품을 장거리 운송하거나 판매할 수 없었다. 식량이나 포목 등을 생산해 현지 시장에서 판매하고 남은 것은 자연 재해 같은 응급 상황을 대비해서 쌓아둘 뿐이었다.

더구나 이들 물건을 수출해서 부를 축적하는 것은 더욱 기대하기 힘들었다. 그 원인은 첫째, 무역 항로가 끊기기 일쑤였고, 둘째, 서구 국가의 모든 산업 구조가 유사해서 무역이 별다른 의미를 가지지 못했기 때문이다. 그러다 해상 항로가 아메리카와 아시아로 확장되면서 새로운 시장을 개척하는 데 직접적으로 영향을 주었다. 15세기부터 16세기까지 영국에서 왜 인클로저Enclosure 운동이 일어났을까? 다른 나라에서 양모와 모직물 수요가 크게 늘어나면서 이를 통해 높은 이윤을 얻을 수 있음을 영국인이 알아차렸기 때문이다. 영국은 밀을 수입해 식량 문제를 해결할 수만 있다면 많은 경작지를 양을 키우는 목축지로 바꾸는 것이 더 높은 이득을 가져다 줄 것이었다. 이런 상황은 대항해시대가 시작되기 전에는 나타날 수 없었다.

마찬가지로 향료와 식물 종자도 실크로드가 호황을 누리던 시대 상인에게 크게 환영받던 상품이었다. 그러나 식물의 생장은 지리 환경과 매우 큰 연관성이 있다. 아시아나 남아메리카의 어떤 작물을 유럽으로 가져와 심는다 해도 제대로 뿌리 내려 자라지 않으면 다른 방법이 없었다. 하지만 대항해시대가 시작된 이후 이 문제도 해결되었다. 남아메리카에서 생산되는 고무와 커피를 예로 들어보자. 고무와 커피가 유럽 시장에서 크게 환영받자 유럽인이 남아메리카에 가서 이들 경제 작물의 재배가 규모화되어 있지 않은 것을 발견하고는 현지에서 구매하거나 토지를 대여 또는 강점해 이들 작물의 재배지를 개척했다. 그리고 수요가 더욱 늘어 재배지의 노동력이 부족해지자 아프리카에서 흑인 노예를 데려왔다. 재배를 시작한 것은 식량, 면화, 커피, 코코아, 사탕무 같은 경제 작물이었다. 산업혁명 이후에는 공업 생산과 직접적인 관련이 있는 원재료와 연료 역시 전 세계적 범위 안에서 유통되었다. 예를 들면 철광석, 석탄, 석유 같은 것은 생산 규모가 전례 없는 수준에 이르렀는데, 중세에 살던 사람들은 상상조차 못한 일이다.

무역 활동의 성질과 규모에서 근본적인 변화가 발생함에 따라 해양과 대륙 양대 경제체제에서도 분명한 차이가 드러나기 시작했다. 전형적인 해양 경제체제로 네덜란드와 영국을, 전형적인 대륙 경제체제로 스페인과 프랑스를 들 수 있다. 여기서, 스페인이 신항로 개척을 선도한 국가인데 어째서 대륙 경제체제로 분류될까 의문을 가질 수 있다.

이에 대해 간단히 설명하면 다음과 같다. 오늘날 전 세계 국가를 보면, 완전한 내륙 국가를 제외하고는 대부분의 국가가 해안선을 가지며 해상에서 이익을 취하곤 한다. 그렇더라도 모든 국가가 바다를 중심으로 주요 경제 활동을 전개하지는 않는데, 그 한 예가 바로 스페인제국이다. 대항해시대가 열린 후 스페인제국은 유럽 국가 가운데 해외 식민지를 가장 많이 보유하고 많은 원양 항로를 제어하는 위치를 재빨리 선점했다. 그러고는 해양 무역에서 얻은 부의 힘으로 군대를 양성해 포르투갈, 오스만제국, 프랑스와 전쟁을 벌이며 유럽 대륙의 패권을 차지했다. 이런 의미에서 당시 스페인제국은 강한 해군을 보유하고 해양 무역이 발달되어 있었지만 국가 전략의 주요 성향은 여전히 대륙적이었다고 할 수 있다.

프랑스 또한 스페인과 유사한 상황에 있었다. 루이 14세부터 나폴레옹에 이르기까지 프랑스 통치자들이 국가 전략상 추구한 목표는 이른바 '자연국경'에 도달하는 것이었다. 이는 곧 산, 강, 해안선 같은 안정적인 방어막을 구성하는 천연 지형과 자연 경계에 따라 국경을 정하고자 한 것을 말한다. 그들은 여기에 이를 때까지 군사적 진출을 결코 멈추지 않았다. 이 결과 스페인과 프랑스는 해양 무역으로 얻은 부를 대륙 전쟁에서 낭비해버리고 말았다.

돌이켜 봤을 때 이러한 전략이 논리적으로 잘못되었다고 말할 수는 없다. 당시 유럽 대륙에서 벌어진 안보 경쟁은 확실히 도박과 같았다. 수도에서 100~200킬로미터도 안 떨어진 곳에 다른 나라의 10만 군대가 주둔하고 있었으니 왕은 틀림없이 커다란 압박감을 느꼈을 것이다. 그러므로 원양 무역으로 벌어들인 돈을 즉시 군사 훈련에 투입해 가장 급박하고 난처한 대륙 업무를 처리할 수밖에 없었다. 그렇기 때문에 왕은 대륙에서 안전을 보장할 수 없다면 해양 무역의 기초도 존재할 수 없음을 분명히 인식하고 있었다.

이러한 배경에서 영국이 천천히 움직이며 해양 경제체제의 유일한 주도국 자리를 거머쥐었다. 이렇게 단정 지을 수 있는 근거는 무엇일까? 먼저 11세기 노르만족의 침입 이후 영국 본토는 영국 해협을 건너오는 침입의 위협을 받은 적이 거의 없었기 때문에 육상 침략의 위험이 없었다. 그래서 막대한 재정 자원을 소비하며 평시에 강대한 육군을 유지할 필요가 없었다. 그렇다면 대륙 국가와 전쟁이 발발했을 때 영국은 어떻게 대처했을까? 영국의 해법은 수당 체제를 채택하는 것이었다. 즉 대륙의 다른 국가를 고용해서 영국을 대신해 육상에서 전쟁을 하게 했다.

16세기부터 19세기에 이르는 대부분의 기간에 오스트리아와 프로이센은 영국과 우호적인 관계를 유지했으며 그들은 영국에게서 가장 많은 수당을 받은 유럽 대륙 국가였다. 이들 국가는 스페인이나 프랑스가 유럽 대륙에서 배타적인 패권을 가지는 것을 원하지 않았고 한편 영국은 수당을 지불하고 대신 전쟁을 치르게 함으로써 전쟁의 직접적인 충격을 받지 않을 수 있었다. 그러면 영국은 자신의 전략적인 자산을 어디에 썼을까? 바로 원양 무역의 범위와 규모를 끊임없이 확장하고 나아가 그것을 보호할 수단을 만들었다. 즉 해군이었다.

우리에게 깊은 인상을 남긴 사건을 떠올려보자. 2019년 페르시아만을 항해하던 국제 유조선 몇 척이 신분을 알 수 없는 무장 세력이 이끄는 쾌속정의 공격을 받았고 이 때문에 국제 유가가 크게 출렁였다. 이 사건이 의미하는 바는 무엇일까? 해양 무역이 이론적으로는 넓디넓은 대양 위에서 진행되지만 자연 지리적 조건의 제약을 받는다는 점이다.

이런 맥락에서 페르시아만의 호르무즈 해협을 매우 중요한 좁은 수로라고 말하는 것이다. 게다가 일반적으로 상선은 여정과 연료를 절약하기 위해 거리가 비교적 짧고 안정성이 보장되는 뱃길을 선택할 것이다.

상선 한 척이 지중해에서 인도양을 왕복할 때, 선박의 적재량이 지나치게 많거나 알려지면 안 되는 정치적 이유가 있을 때가 아니라면 해운 회사의 대표는 반드시 멀리 희망봉을 돌아가기보다는 수에즈 운하를 통과하는 길을 택할 것이다.

또한 오늘날 중동에서 석유와 천연가스를 동아시아로 운송하는 선박이 남쪽으로 오스트레일리아를 돌아가지 않고 믈라카 해협을 통과하는 항로를 선택하는 이유도 바로 항행航行 시간을 단축해 연료를 절약하기 위함이다. 그러므로 원양 무역의 범위가 널리 확장되었다고는 해도 실제적으로 상용되는 상업 항로는 수십 개에 한정된다. 한 국가가 자국 상선이 주요 무역 항로에서 원활히 활동할 수 있도록 보장하려면 자국 상선을 보호하는 수단이 있어야 하는데 그 것이 바로 원양 해군이다. 그러므로 영국 해양 경제의 강성과 영국 해군의 패권은 줄곧 서로를 보완해주는 관계였다.

그러면 여기서 또 의문을 가질 수 있다. 두세 개 해양 패권이 동 시에 존재하는 상황이 나타날 수 있을까? 내 관점에서는 절대로 그 럴 수 없다고 생각한다. 혹시 배를 타고 바다로 나가 오랜 시간 항해 해본 경험이 있는가? 2016년 여름, 나는 작은 어선 한 척을 타고 남 중국해에서 20여 시간 떠다녔는데 바다가 정말 혼연일체가 되어 끝 도 시작도 없는 느낌을 받았다. 유도 장치가 위치를 계속 확인해주 는 것 말고는 몇백 킬로미터 혹은 천 킬로미터가 넘게 떨어져 있는 두 지점의 차이를 전혀 인지할 수 없었다. 해군 관련 글을 십여 년 이상 써온 나는 그때 비로소 '해양력Sea Power의 아버지' 앨프리드 머 핸Alfred Thayer Mahan이 "단지 하나의 바다만 있다"라고 말한 의미를 이해했다.

이는 그렇다면 전 세계로 통하는 주요 상업 항로가 수십 개라는 것과 모순되는 이야기처럼 들릴 수도 있다. 주요 상업 항로는 이미 대체적으로 확정되어 있는데, 그것은 대륙의 고속도로와는 다른 개 념으로, 너비가 수십 킬로미터나 되어 육안으로 감독하거나 측량할 방법이 없다. 만일 태풍 같은 계절성 기상재해를 만나 수십 심지어 백 킬로미터 이상 이어지는 만을 돌아가야 하는 상황이 발생한다면 모든 국가는 먼 바다에서 항해하는 자국 상선이 사고나 예기치 않 은 피해를 입지 않도록 보호하려고 할 것이다. 그런데 이처럼 이익 을 보증하는 것과 관련 있는 해양 항로에서 절대적인 안전을 획득하는 일은 기본적으로 비용이 많이 든다. 그러므로 역사적으로 절대 다수 국가가 경제적 이득을 고려해서 해군을 창설했지만 해군의 역량은 본국 해안선의 안전을 지키며 다른 나라의 침략을 막는 것에 한정되었다.

전 세계를 포괄하는 해양 항로가 열리자 통상적으로 해양 대국 하나가 안전 의무를 담당하고 나머지 국가는 대국에 무임승차를 했다. 1500년 이후 대부분의 시간 동안 영국과 그 해상 패권을 계승한 미국이 자유 항행권을 유지하는 직책을 맡았는데, 이는 아주 무거운 책임과 어마어마한 자본을 필요로 하는 일이었다. 세계적 범위의 해양 자유무역을 유지하는 것은 군함 몇 척을 파견해 몇십 개주요 항로 부근을 순찰하는 것으로 끝나지 않는다. 어떤 지역에 해적이 출현하면 군대를 이끌고 가 타격해야 하고, 해난 사고가 발생하면 근처에서 활동하던 군함이 즉시 가서 지원해야 한다. 심지어현재 전 세계 해안 등대 시스템과 해저 케이블 역시 영국 해군이 최초로 건설하고 유지한 것이다.

영국이 자선가도 아닌데 왜 이런 역할을 나서서 했을까? 그것은초기 세계 해양 무역에서 영국 자본이 가장 큰 몫을 점유하며 해양무역으로 큰 수익을 얻고 있었기 때문이다. 전 세계를 아우르는 해양 무역이 안정되게 유지되기만 한다면 영국은 그 속에서 최대 이익을 얻을 수 있었다. 다시 말해 전 세계 무역과 해상 운송 시스템이정상적으로 운용되기만 하면 영국 제조업에 무한한 이익을 가져다줄 수 있었던 것이다. 그러므로 영국은 이익을 보장받기 위해 자유무역과 해양 운송 시스템을 보호할 필요가 있었다.

그렇다면 제2의 해양 패권 국가는 왜 존재할 수 없을까? 만일 두 번째로 강대한 원양 해군이 존재한다고 가정해보자. 그들의 역량이 주도국에 필적할 만큼 발전한다면 몇십 개 주요 항로 가운데 일부를 장악해 막아버리거나 온전히 자신의 이익 범위에 속하도록 바꿀 수 있다. 그러면 전 세계시장은 붕괴될 것이다. 나아가 이것은 해양 경제가 요구하는 자본, 인력, 원재료, 상품이 어떠한 제약도 받지 않고 자유롭게 유통되어야 한다는 것과 "단지 하나의 바다만 있다"는 자연성에 완전히 저촉되는 것이다.

이러한 각도에서 우리는 해양 국가가 대륙 패권을 어떻게 다루었는지를 이해할 수 있다. 영국은 왜 중국을 상대로 아편전쟁을 일으켰을까? 중국은 거대한 소비 시장으로서의 잠재력을 갖추고 있었기에 영국 경제에 도움이 될 수 있는 인력과 원재료를 제공할 수 있었다. 영국은 자국 상품을 더 많이 판매하고 영국 자본을 더 확대하기 위해 당시 중국이 영국의 해상 패권에 어떠한 위협을 가하지 않았더라도 반드시 중국을 공격해야 했다.

나폴레옹의 프랑스 상황도 실제로 이와 유사했다. 나폴레옹은 1805년 아우스터리츠전투에서 승리함으로써 서유럽 대륙을 제패하겠다는 희망에 한 발짝 더 다가섰다. 그러나 같은 해 트라팔가르해전에서 프랑스 해군은 영국 함대에 격파되었다. 이것은 프랑스가 비록 서유럽 대륙에서 일차적 패권을 쟁취했지만 영국의 해상 우위를 위협할 수는 없었음을 의미한다.

그러자 나폴레옹은 영국과 영원히 평화를 실현할 수 없게 만드는 단계로 나아갔다. 바로 대륙봉쇄령을 공포한 것이다. 그는 유럽 대류의 모든 국가에게 영원히 영국과 무역하지 말 것을 요구했는데, 당시 유럽 대륙은 전 세계 자본의 집중도가 매우 높았고 또한 소비력도 강한 지역이었다. 이러한 조치는 해양 경제의 요구에 부합하지 않았기 때문에 영국은 유럽 대륙 시장이 프랑스에 의해 막히는 것을 결코 용인할 수 없었다. 그래서 영국은 나폴레옹이 이끄는 프랑스와 적대 관계를 유지하며 대륙의 프로이센, 오스트리아 등과 연합해 프랑스를 상대로 전쟁을 이어나갔다. 그 결과 프랑스 제일 제정Premier Empire이 붕괴되었다.

여기서 당시 유럽 상황과 관련해 한 가지 의문을 짚고 넘어가자. 영국을 침략할 수 없다는 것을 깨달은 나폴레옹은 천천히 참고 견디며 기회를 엿보지 않고 왜 동쪽으로 진격해 러시아를 침략하려 했을까?

이 문제는 경제학적 측면에서 해답을 구할 수 있다. 유럽 대륙의 모든 국가에게 영국과 무역하지 말라고 요구할 때에는 전제가 필요했다. 바로 영국과의 무역에서 얻는 물건을 프랑스가 모두 제공할 수 있어야 한다는 것이다. 그러나 실제로 프랑스는 그렇게 할 수 없었다. 당시 유럽 대륙은 전 세계에서 도시화 정도가 가장 높은 지역이었다. 즉 한 국가의 주요 인구가 모두 도시에 집중되어 있어 농사짓는 사람이 적었다. 그러면 도시 생활이 유지되게 하는 데 있어 가장 기본적인 물자는 무엇일까? 바로 식량이다. 유럽 대륙에는 많은 사람이 있었지만, 그들은 대부분 도시에 사는 식량 소비자였기에 식량을 생산하는 사람이 부족해 식량을 자급할 수 없었다. 그러므로 해외무역을 통해 식량을 구매해야 했고 그렇게 하려면 영국의 상선과 해군에 의지해야 했다. 나폴레옹이 영국과 유럽 대륙의 무역을 막으려면 유럽 국가에 식량을 제공할 수 있어야 했다. 이 문제를 해결하기 위해 나폴레옹은 동쪽의 러시아를 침공해 토지를 빼앗으려 한 것이다.

이후 아돌프 히틀러Adolf Hitler가 이러한 논리를 똑같이 적용했다. 독일은 영국의 해상 패권을 제압하지 못한 상태에서 독일이 점령한 서유럽에 식량과 공업 생산 원료이면서 연료인 석탄을 제공하기 위해 소련을 침공할 수밖에 없었다. 영국이 19세기 초까지 스페인과 프랑스의 도전을 계속해서 물리친 것도 바로 이 논리의 기초 위에서 이룩한 것이다.

당연한 일이지만, 해양 제국 영국의 경제 패권이 도전과 위기를 경험하지 않은 것은 아니었다. 가장 큰 첫 번째 위기는 19세기 말 제2차 산업혁명 이후 발생했다. 앞에서 19세기 초까지 무역이 부를 창출하는 주요 수단이었다고 이야기했다. 그런데 제2차 산업혁명 후에 큰 변화가 나타났다. 생산이 무역보다 더욱 많은 부를 창출하게 돼 공업 완제품이 원재료에 비해 더 높은 부가 가치와 이윤을 만들어내게 된 것이다. 그러면 어떤 국가가 적정한 가격의 공업 소비재를 더욱 많이 제조할 수 있었을까? 더 많은 기계와 노동력을 보유해 가능한 한 많은 원재료를 되도록 빠르게 완제품으로 바꿀 수 있는 국가였다.

19세기 말에 이것이 가능했던 국가가 막 통일을 이룩한 독일이었다. 독일과 달리 당시 영국은 세 가지 측면에서 열세에 있었다. 첫째, 원가 요인을 고려하느라 영국 제조업은 응용 신기술과 신기계 측면에서 적극적이지 않았는데, 이로써 노동 생산율 면에서 독일에 뒤처졌다. 둘째, 영국 본토의 인구가 독일보다 적었다. 영국은 많은 식민지를 거느리며 식민지 인구를 보유하고 있었지만 그들을 효과적이면서 신속하게 동원할 수 있는 시스템이 없었다. 식민지 인구와 자원을 재빨리 전환시켜야만 독일과 경쟁할 수 있는 세력을 갖출 수 있었다. 셋째, 영국이 맡고 있던 전 세계적인 의무가 실제로 매우 중요하고 복잡해 상당 부분의 자원이 소모되고 있었다.

그래서 영국은 두 가지 정책으로 독일의 도전에 대응했다. 우선, 1907년부터 영국은 오랜 기간 전략적 라이벌이던 러시아, 프랑스와 화해를 맺는 등 전 세계적 범위의 의무를 대폭 축소하고 유럽 대륙 주변으로 역량을 집중해 독일에 맞섰다. 그다음에는 제2차 세계대전 말 여러 차례에 걸친 노력으로 마침내 유럽 밖에 있던 강대국 미국을 유럽 정치에 끌어들여 전 세계 경제와 강대국 간의 경쟁을 새로운 단계에 접어들게 했다.

이렇게 말하는 근거는 무엇인가? 영국, 서유럽 대륙 국가와 비교했을 때 미국, 이후의 소련, 나아가 중국은 그 잠재력에서 완전히 다른 등급에 놓여 있는 국가였다. 19세기 말~20세기 초 유럽, 특히 서유럽은 의심할 여지없이 전 세계에서 경제가 가장 발달하고 인구도 가장 밀집된 지역이었다. 그러나 자연국경에 따른 면적의 제약으로 그들의 잠재 전략은 이미 상한선에 도달한 상태였다. 수천만 명의 인구를 보유한 영국, 프랑스, 독일이 선진국으로서 크게 앞서 있었다고는 해도 그들은 해외 식민지를 제외하면 개발할 수 있는 잉여의 토지가 없고 공업 생산 규모와 노동력 모두 상한선에 이르렀다고 볼 수 있다. 그러나 당시 미국, 소련, 중국은 개발될 수 있는 유휴 토지가 많았고 인구 또한 빠르게 증가하는 추세에 있었다. 중국 같은 국가의 잠재력은 서유럽 국가보다 우위에 있었다.

미국, 소련, 중국이 대륙급 강대국에 속한다면, 당시 서유럽은 설령 고도로 완비된 선진국이라 해도 중등 강국 정도로 볼 수 있다. 대륙급 강대국이 일단 중등 강국의 경기장으로 들어온다면 전 세계 경제에서 경쟁의 규모와 격렬함이 비약적으로 상승하게 될 것이다.

간단한 예를 들어보자. 1940년 여름에 독일은 서유럽 대륙을 거의 점령해 그 세력이 정점에 달했다고 말할 수 있다. 그러나 당시 독일과 독일이 점령한 지역의 총발전량과 비행기 생산량은 소련에 비해 단지 20퍼센트 정도만 높았을 뿐이다. 그때 소련은 주요 강대국 가운데서도 산업화 정도가 비교적 낮고 경제력도 약한 국가로 여겨졌다.

또 다른 예를 보자. 1941년에 독일은 소련을 침공하기로 결정했다. 그해 6월 22일 바르바로사 작전을 시작해 12월에는 독일군이 모스크바 근처까지 도달함으로써 독일군의 진공작전은 순조롭게 진행되는 것처럼 보였으며 마주하는 저항의 강도도 아주 약했다. 그러나 이 6개월 동안 탱크, 장갑차, 트럭, 병력 등 독일의 군사 장비가 개전 때와 비교해서 3분의 1이 손실되었다.

이 예는 대륙급 강대국이 실제로 아무것도 하지 않더라도 넓은 영토 자체가 우월점으로 작용해 중등 강국이 특히 역량이 있다고 여기는 전략 자원을 천천히 소모시킬 수 있음을 보여준다. 이제 제2차 세계대전이 종결된 후 유럽이 다시는 세계 역사의 중심이 되지 못하고 미국과 소련 양대 대륙급 강대국이 세계무대를 좌지우지하게 된 까닭을 이해할 수 있을 것이다.

그러나 미국과 소련 사이의 경제 경쟁 역시 매우 전형적인 해양 국가와 대륙 국가 사이의 대립이었다. 미국은 각자 보유한 천연 자원과 시장경제 원칙에 기초해서 분업하는 글로벌 개방 경제 네트워크를 만들고자 했다. 반면 소련은 유라시아 대륙 내부에 폐쇄적인 세력 범위를 건설해 그 세력 범위 내의 토지, 인력, 원재료 같은 자원을 개발하는 중앙 통제형 계획경제를 발전시키고자 했다. 그 경쟁의 최종 결과는 오늘날 우리가 확인할 수 있듯, 소련의 산출량이 예상보다 훨씬 적은 것에 더해 전략 자원과 서로 맞지 않는 너무 많은 의무를 소련이 맡게 됨에 따라 결국 국가 해체로 이어지고 말았다.

21세기에 들어선 이후 미국도 소련과 유사한 과오를 범했다. 가장 두드러진 것이 아프가니스탄과 이라크에서와 같이 전적으로 군사 역량에만 의존해서 잠복해 있는 안보 위협을 제거하려 시도한 것으로, 결과적으로 전략 자원을 소모했을 뿐만 아니라 세계 많은 국가가 미국에 기대했던 신뢰를 스스로 무너뜨렸다.

그러면 중국은 어떠한가? 지난 40년 동안 이어진 중국 경제의 눈부신 성장은 사실 글로벌 시장 개방과 경제체제에 상당 부분 힘입었으며 중국은 이 시스템을 유지하기 위해 많은 비용을 지불할 필요가 없었다. 중국과 미국의 관계 변화에 따라 중국이 전 세계를 상대로 경제 활동을 하며 경우에 따라 더 많은 비용을 지불해야 할지도 모르지만 여하를 막론하고 폐쇄가 아닌 개방을 유지하는 것만이 중국 경제가 나아가야 할 방향이다.

　이 책이 역사상 강대국의 흥망에 관한 깊은 인식과 중국 경제의 과거, 현재, 미래를 심도 있게 이해하는 데 도움이 되기를 바란다.

류이劉怡

『산렌생활주간三聯生活週刊』 국제보도 주필

총론

강대국의 흥망

. . .

리보중(李伯重) | 베이징대학 인문석좌교수

영국 역사가 펠리페 페르난데스 아르메스토Felipe Fernández-Armesto는 "1492년에
는 기독교 세계의 겉모습만 바뀐 것이 아니라 전 세계가 질적으로 변화했다"라고
했다. 산업혁명의 결과 서양이 흥기했다. 서양의 흥기는 두 가지 현상을 야기했는
데, 하나는 제국주의이고 다른 하나는 강대국의 패권 다툼이다.

경제사, 글로벌 역사와
글로벌 경제사

경제사

중국어에서 '경제'라는 말은 현재 매우 광범위하게 사용되고 있다. 이 말은 수隋나라 왕통王通의『문중자文中子』「예악禮樂」에 최초로 보이지만, 여기에서 말한 '경제'는 經國濟民(나라를 잘 다스리고 백성을 구제하다)의 줄인 말로 오늘날의 경제와는 전혀 다른 의미다. 우리가 흔히 말하는 '경제'의 어원은 고대 그리스어의 oikonomia(집을 관리하다, household management)에서 찾을 수 있다. 이것을 일본인이 한자 經濟로 맨 처음 옮겼고 만청晩淸 시기 정치가이자 사상가인 양계초梁啓超

가 이 명칭을 중국에 소개한 이후 중국도 '경제'라고 부르게 되었다.

경제학에서 '경제'는 사람과 사회가 희소한 생산 자원을 어떻게 제품을 생산하는 데 사용할 것인가와 생산된 제품을 어떻게 사회의 각 성원이나 집단에게 분배하여 소비하게 할 것인가를 말한다.

경제는 인류의 가장 중요한 활동이다. 엥겔스Friedrich Engels는 1883년 마르크스Karl Marx의 장례식에서 "다윈Charles R. Darwin이 유기체의 발전 법칙을 발견한 것처럼 마르크스는 인류 역사의 발전 법칙을 발견했습니다. 지금까지 이데올로기의 과잉 성장 아래 감추어진 단순한 사실은 인류가 먼저 먹고 마시고 은신처와 옷을 가진 이후에 정치, 과학, 예술, 종교 등을 추구한다는 것입니다"라고 연설했다. 그러므로 간단히 말해 경제는 인간의 생존 문제를 해결해주는 것이다. 과거의 경제가 바로 '경제사'다.

글로벌 역사

'글로벌 역사'라고 하면 마치 새로운 개념처럼 들린다. 그러나 전 세계를 포괄한다는 의미를 지닌 '글로벌'은 새로운 개념이 아니다.

고고학자들은 인류의 기원을 두고 '탈아프리카Out of Africa'라고 했는데, 현생인류(호모사피엔스)는 아프리카에서 기원한 이후 세계 각지로 이주했다. 인류는 끊임없이 이주했기에 인류의 활동은 예로부터 글로벌적이었다고 말할 수 있다. 즉, 인간은 옛날부터 서로 연결되어 있는 '지구촌'에서 생활했다.

시간이 흐름에 따라 세계 각지에 분포되어 있던 인간의 상호 관계가 점점 밀접해졌다. 지구는 하나의 총체이기 때문에 어느 한 곳에서 발생한 사건(예를 들면 화산 폭발)이나 중대한 변화(예를 들면 산업혁명)가 전 지구적 반응을 불러일으킬 수 있다. 이런 점을 고려하지 않고 한 국가(혹은 한 지역)에서 어떤 시기에 발생한 역사적 사건만을 고립적으로 연구한다면 문제가 발생할 수 있다. 이것이 우리가 '글로벌 역사관'을 지녀야 하는 이유다.

글로벌 역사는 오늘날 생겨난 학문 분야지만 폭넓은 관심을 받고 있다. 글로벌 역사란 무엇일까? 글로벌 역사란 전 세계가 서로 관련되어 상호 작용을 일으킨 역사를 가리킨다. 글로벌 역사의 구호는 글로벌화를 역사화하고 역사학을 글로벌화하는 것이다. 이 때문에 글로벌 역사 연구는 '국가 본위'를 부정할 것을 요구한다. 역사를 연구할 때 현재의 '국가'에 제한을 두지 말고 '사회 공간'을 역사 연구의 기본 단위로 삼아야 한다는 것이다. 그리고 더 광범위하고 오랜 시간 단위의 역사 운동에 관심을 가져야 하며 인류 활동과 사회구조 사이 관계에 더욱 중점을 두어야 한다는 것이다. 다시 말해 지금껏 해온 국가별 역사 연구의 한계를 뛰어넘어 우리 연구를 전 세계를 다루는 큰 배경 아래 두자는 것이다.

글로벌 경제사

인류가 생계를 목적으로 행한 경제 활동은 고립된 채 한 것이 아니다. 각지의 자연 자원, 생산 기술, 생활 방식이 다르기 때문에 사람들 간의 관계와 관련이 있을 수밖에 없었다. 예를 들면 유목민은 농경민에게서 많은 생활 자원을 얻어야 했으며 농경민 역시 유목민에게서 가축과 축산품을 얻어야 했다. 이런 상호 관계가 바로 글로벌 요인이며 글로벌화는 글로벌 요인이 증가되는 과정이다.

미국 학자 로버트 코헤인Robert O. Keohane과 조지프 나이Joseph S. Nye는 글로벌 요인이란 세계 대륙 간 상호 의존적 네트워크 상태라고 설명했다. 그리고 이런 상태는 예부터 존재했기 때문에 글로벌화는 예나 지금이나 모두 글로벌 요인이 증가하는 과정이라고 했다.

대항해시대 이전에도 각 지역 사이의 경제는 연결되어 있었지만 질적인 면과 양적인 면에서 제한이 있었다. 대항해시대 이후 각 지역의 연결이 밀접해짐에 따라 전 세계 경제도 점점 하나의 체제를 형성했다. 곧 미국 사회학자 이매뉴얼 월러스틴Immanuel Wallerstein이 말한 '세계체제World Systems'다. 이처럼 복잡하고 상호 연관적인 체제 속에서 만약 하나의 접점에서 충돌이 일어난다면 전체 체제가 붕괴될 수도 있으니 이것이 이른바 '나비효과'다. 나비효과란 이처럼 고도로 복잡한 체제 속에서 작은 사건 하나가 예측할 수 없는 결과를 가져올 수 있다는 것으로 미국 수학자이자 기상학자인 에드워드 로렌츠Edward Lorenz가 "나비가 세계의 한구석에서 날갯짓을 하면 먼 곳에서 거대한 폭풍우를 일으킬 수도 있다"고 이야기한 데서 비롯되었다.

과거에 중국 역사를 연구할 때에는 외부 변화를 중시하지 않았다. 실제로 '지구촌'의 일부가 된 중국의 운명은 외부 세계와 밀접한 연관이 있을 수밖에 없는데, 미국 역사가 조너선 스펜스Jonathan Spence는 "적어도 1600년 이후부터 중국이라는 한 국가의 운명은 다른 국가와 연관되어 있었다. 그들은 어쩔 수 없이 다른 국가와 함께 희소 자원을 찾고 상품을 교환하며 지식을 풍부히 해야 했다"라고 말했다.

미국 정치사회학자 시모어 립셋Seymour M. Lipset은 "단지 하나의 국가만 이해하는 사람은 실제로 어떤 국가도 모르는 것이다"라고 했다. 이 책은 전 세계에 대한 이해뿐 아니라 중국을 이해하는 데에도 많은 도움을 주고자 한다.

15세기 이전의
국제무역

도화원桃花源은 없다

도연명陶淵明은 〈도화원기桃花源記〉에서 완전히 세속과 단절된 채 고립되어 있는 한 공동체를 묘사했는데, 하나의 촌락이 하나의 공동체였다.

이런 공동체가 존재할 수 있을까? 답은 긍정적이다. 경제사학자 리옌李埏 선생은 『수호전水滸傳』 연구에서 송원宋元 시대 중원 일대에 이미 사방에 많은 장원莊園이 분포했다고 지적했다('삼타축가장三打祝家莊' 중 축가장 같은 것을 예로 들 수 있다). 이들 장원은 약이나 비단 등 아주 극소수의 예외를 제외하고는 거의 모든 것을 외부에 기대지 않고 스스로 마련해 충당했다. 심지어 술조차도 스스로 빚어 마셨는데 이런 외부 세계와의 경제적 절연은 그들이 보유한 자연경제성에 의해 결정된 것이었다. 자연경제 아래에서 물질생활은 매우 단순했기 때문에 자급자족하기가 쉬웠다. 또는 생산 수준이 제한적이었기에 자급자족할 수밖에 없었고 이 때문에 어쩔 수 없이 단순해진 것으로도 볼 수 있다. 『수호전』속 장원 생활이 이러했다.

'자연경제'란 무엇일까? 이를 위해서는 무엇을 '자연'이라고 하는지 먼저 생각해야 한다. 아리스토텔레스Aristoteles는 '자연'은 사람과 사물의 본성에 부합하는 것이라고 했다. 그러므로 사람의 타고난 천성이 다른 데서 분업이 생겨났기에(예를 들어 신체가 강한 남자는 수렵이나 농사를 담당하고 상대적으로 신체가 약한 여자는 집안일을 하는 것을 말한다) 고대 그리스에서는 '가정 관리'가 '경제'였고 이는 바로 자연적인 분업에서 비롯된 것이다.

이것은 아리스토텔레스 시대의 관점으로, 마르크스의 해석이 더욱 분명하다. "자연경제는 경제 조건의 전부 혹은 절대 부분이 기본 경제 단위에서 생산되고 기본 경제 단위의 총생산품에서 직접 보상을 얻어 재생산되는 것이다." 이 말을 쉽게 설명하면 다음과 같다. 즉 하나의 경제 단위(장원, 촌락 심지어 가정도 포함된다)가 필요한 물건을 생산하고 필요한 물자(도구, 농경에 쓰이는 가축, 종자 등)를 재생산하는 것 역시 스스로에게 의지한다는 것이다. 마르크스는 이어서 이야기했다. "진정한 자연경제에서 농산품은 근본적으로 유통 과정에 들어가지 않거나 아주 적은 부분만 유통된다. 토지 소유자의 소득을 대표하는 생산품에 속한다고 할지라도 비교적 적은 부분만 유통될 뿐이다." 경제 단위의 생산품(주로 농산품)은 단지 아주 적은 부분만 매매된다는 것이다.

그러나 자연경제의 경제 단위도 외부 세계와 완전히 차단될 수는 없다. 소금과 철을 예로 들어보자. 모든 사람은 소금을 먹어야 하고 생산을 하려면 철이 필요했으니 소금과 철은 필수품이지만 이들은 특정 지역에서만 생산된다. 그러므로 외부와 단절된 경제 단위라 하더라도 소금과 철은 반드시 밖에서 얻어 와야 했다. 또한 자연 조건에 따라 각지의 산물이 제각각이다. 사람들은 소금과 철뿐 아니라 자신이 속한 경제 단위와 그 지역에서 생산할 수 없는 제품이 필요하다면 모두 밖에서 얻어야 했다.

사마천司馬遷은 『사기史記』 「화식열전貨殖列傳」에서 다음과 같이 분명하게 이야기했다. "대체로 산서山西(전국 시대와 진한 시대에는 효산崤山 혹은 화산華山 서쪽 지역을 통칭하는 말로 관중關中과 같은 뜻으로 쓰였다) 지방에는 재목, 대나무, 닥나무, 삼, 검정 소, 옥석 등이 풍부하고, 산동山東(효산 혹은 화산 동쪽 지역, 즉 관동關東을 말한다) 지방에는 물고기, 소금, 옻, 실과 미녀가 많다. 강남江南(현재 후베이성湖北省의 강남 부분과 후난성湖南省, 장시성江西省 일대) 지방에는 녹나무, 가래나무, 생강, 계수나무, 금과 주석, 납, 단사, 무소, 대모, 진주, 짐승의 이빨과 가죽 등이 많이 난다. 용문龍門(우문구禹門口로 현재 산시성山西省 허진현河津縣 서북쪽과 산시성陝西省 한청현韓城縣 동북쪽에 있었다)과 갈석碣石(현재 허베이성河北省 창리현昌黎縣 북쪽에 있는 산)의 북쪽에는 말, 소, 양, 모직물과 가죽, 짐승의 힘줄과 뿔 등이 많이 난다. 구리와 철은 천리 곳곳의 산에서 나온 것이 마치 바둑돌을 펼쳐놓은 것 같다. 이것이 대략적인 상황이다. 이들은 모두 중국인이 좋아하는 것으로 세간에서 쓰이는 피복, 음식, 산 사람 먹이고 죽은 사람 장사지내는 데 쓰이는 용품이다. 夫山西饒材, 竹, 穀, 纑, 旄, 玉石; 山東多魚, 鹽, 漆, 絲, 聲色; 江南出枏, 梓, 薑, 桂, 金, 錫, 連, 丹沙, 犀, 瑇瑁, 珠璣, 齒革; 龍門, 碣石北多馬, 牛, 羊, 旃裘, 筋角; 銅, 鐵則千里往往山出棊置。此其大較也。皆中國人民所喜好, 謠俗被服飲食奉生送死之具也." 사마천이 중국인이 좋아한다고 말한 피복, 음식, 산 사람 먹이고 죽은 사람 장사지내는 데 쓰이는 용품이 바로 생활필수품이다. 이런 물건은 어느 한 지방에 모두 존재할 수 없기 때문에 반드시 다른 곳에서 얻어야 했다.

중세 유럽에서는 자연경제가 절대적인 위치를 차지하고 있었지만, 이 시기에도 이른바 국제무역(당시 유럽은 많은 작은 나라로 분열되어 있었다)이 행해지고 있었다. 한 예로 1305년에 당대인이 기술한 프랑스 한 지방의 정기 시장에 대한 기록을 보자. "어느 이른 아침에 한 무리 상인이 무장 호위대와 함께 이곳에 도착해 아름다운 천막을 치고 비단옷과 태피터, 향수와 향료, 가죽과 모피 같은 각양각색 외국 물건을 팔았다. 이들 물건은 지중해 동부, 스칸디나비아 반도, 또는 수백 킬로미터 떨어진 외지에서 가져온 것이었다. 이 시장에 들러 물건을 산 사람들 중에는 일반 백성 외에 귀족과 귀부인도 있었다. 그들은 현지 장원 생활에 싫증을 느껴 분위기를 바꾸고 싶어 했으며 신기한 물품과 더불어 새로운 이념도 받아들이고자 했다."

실크로드: 대륙과 대륙을 잇는
상업 무역 활동의 통로였을까?

중국과 유럽은 큰 차이점이 있다. 중국은 영토가 넓고 인구가 많으며 오랫동안 하나로 통일되어 있었다. 중국 내 각 지역 간의 무역은 유럽인의 시각에서 보면 일종의 국제무역이었으며 이는 매우 일찍부터 발달했다. 한편 중국과 중국 이외 지역 간의 무역을 이야기한다면 많은 사람들이 실크로드부터 떠올릴 것이다.

세계 각지의 경제는 예전부터 서로 연관되어 있었지만, 15세기 이전에는 대다수 지역 간 경제 관계가 매우 제한적이었기 때문에 국제무역의 규모도 작았다. 미국 경제학자 로버트 하일브로너Robert Heilbroner는 앞서 소개한 1305년 프랑스 한 지방 정기 시장의 상황을 이야기한 후에 이어서 다음과 같이 말했다. "당시 1년 동안 프랑스에 들어온 화물의 총량으로는 오늘날의 화물 열차 한 대도 채울 수 없다. 방대한 베네치아 상단이 운송한 상품의 총량 역시 현대 화물선 한 척도 채울 수 없다."

그러므로 고대 기록을 통해 당시 무역이 활발했음은 알 수 있지만 실제 무역량은 상당히 적은 수준이었다는 것을 인지해야 한다.

그렇다면 실크로드는 어땠을까? 많은 사람들이 실크로드를 두고 열띤 논의를 하며 매체에서는 이 길이 '대륙과 대륙을 잇는 무역 통로'였다고 이야기하곤 한다. 이것은 지금 내가 설명하는 상황과 현저한 차이가 있다. 이를 어떻게 해석해야 할까?

유럽, 아시아, 아프리카 세 대륙에 걸친 실크로드는 15세기 이

전 국제무역의 주요 노선으로 세계 문명사에서 중요한 역할을 했으며 오늘날에도 여전히 주목받고 있다. 그러나 사람들이 실크로드의 찬란한 역사를 열정적으로 논의할 때 몇몇 학자들이 의문을 제기했다. 중국 역사지리학자 거젠슝葛劍雄은 실크로드가 끊어졌다 이어졌다 하며 결코 계속 연결되지 않았고 중국인 역시 실크로드 무역에 적극적으로 종사하지 않았다고 지적했다.

미국 역사가 밸러리 핸슨Valerie Hansen은 실크로드로 오간 무역량이 보잘 것 없었다고 지적했다. 영국 역사가 피터 프랭코판Peter Frankopan은 실크로드가 역사적으로 일으킨 작용이 모두 긍정적인 것은 아니었다고 하며 실크로드를 신앙의 길, 기독교도의 동방으로 가는 길, 혁명으로 가는 길, 화합으로 가는 길, 모피의 길, 천국으로 가는 길, 지옥으로 가는 길, 죽음과 파괴의 길, 황금의 길, 은의 길, 위기로 가는 길, 화해로 가는 길, 밀의 길, 냉전의 길 등으로 칭했다. 학계에서는 실크로드라는 명사의 적합성 여부, 실크로드의 기점과 종점, 실크로드가 어느 노선을 포함하는지와 같은 기본 문제를 두고 현재에도 논쟁을 이어가고 있다.

이러한 논쟁이 어떤 결론에 도달하든지 간에 경제사의 관점으로 봤을 때 육상 실크로드는 교통 운송 방면에서 무척 어렵고 험한 노정이었다. 실크로드가 지나는 지역은 대부분 인적이 드물고 높은 산, 사막, 초원, 황야 등이 있어 교통이 매우 불편했다. 해상 실크로드의 상황은 상대적으로 조금 나았으나 그 역시 13세기 이전에는 항해에 많은 어려움이 있었다. 당나라 고승 감진대사鑑眞大師가 가까운 일본으로 건너갈 때 여섯 번의 시도 끝에 겨우 항해에 성공했을 정도였다.

실크로드상의 정치 상황은 무척 불안정했다. 각 국가(혹은 정권)의 영토는 종종 명확한 경계가 없었기 때문에 관할권이 분명치 않은 곳이 많았다. 또 상당한 기간 동안 국가(혹은 정권)의 통치가 없어 정치 관할이 공백 상태인 지역도 적지 않았다. 이런 상황에서 국제무역은 위험도가 높은 사업이었다. 특히 근대 이전에 국제무역에서 거래되던 상품은 고가의 사치품이 주종을 이루었기에 실크로드상에 강도가 횡행해 상인과 여행객은 재물을 약탈당하거나 살해당하는 일이 다반사였다.

따라서 실크로드 무역은 그 원가가 매우 비싸서 비단, 보석, 향료, 황금 같은 부피가 작고 무게가 가벼우며 가치가 높은 사치품만 실크로드를 오갔다. 이런 상품의 무역은 경제 발전에 큰 의미가 없을 뿐만 아니라 각종 비경제적인 요인의 영향을 쉽게 받곤 한다.

반면 해상 실크로드의 상황은 점점 좋아졌다. 송나라 때에 이르러 항해 기술의 혁명적인 변화가 나타났는데, 나침반의 사용이 항해 기술의 발전을 추진하자 비로소 해로 운송이 안전하고 믿을 만해졌으며 비용 또한 저렴해졌다. 크게 보면 해상 실크로드는 서태평양 해역(중국 동해와 남해, 믈라카 동쪽 동남아시아 해역), 인도양 해역, 지중해 해역의 3대 해역을 연결한 것으로, 아시아 동부 항로, 인도양 항로, 지중해 항로가 서로 연결되었다. 그중 아시아 동부 항로와 인도양 항로는 믈라카 해협으로 연결되었지만 인도양 항로와 지중해 항로는 수에즈 지협에서 막혀 있었다.

기원전 500년 페르시아의 다리우스 1세Darius the Great(재위

522~486 BC)가 이집트를 정복한 후 수에즈 운하를 건설해 인도양 항로와 지중해 항로를 연결했다. 이후 천 년 동안 수에즈 운하는 끊임없이 파괴되고 중건되다가 마침내 8세기 아라비아 아바스 왕조의 칼리파 알 만수르Al-Manṣūr(재위 754~775)에 의해 폐쇄되었다. 수에즈 운하가 없어지면서 해상 실크로드는 단절되었고 이런 상황은 1869년 프랑스가 수에즈 운하를 다시 개통할 때까지 이어졌다.

수에즈 운하가 폐쇄된 후 인도양에서는 무슬림이 동아프리카, 페르시아, 인도, 자바 등을 포함한 인도양 연안의 광대한 지역을 이슬람 세계의 판도 안으로 편입해 인도양 무역의 번영 국면을 조성했다. 아라비아와 페르시아 상인은 중국과 말레이 반도에 와서 중국의 자기와 견직물을 구매해 남양에서 생산된 향료와 함께 홍해를 거쳐 지중해로 가져갔다. 이들 물품은 그곳에서 이탈리아 상인에게 다시 팔려 유럽 각지로 옮겨졌다.

그러나 펠리페 페르난데스 아르메스토는 다음과 같이 말했다. "13세기 중반 이후 무슬림이 중동에서 쇠락하자 새로운 중심이 된 세 곳, 즉 유럽, 인도, 중국이 이후 250년 동안 가장 활력이 넘치며 경제적으로 번영한 지역이 되었다. 이들은 방직품, 무기, 자기, 유리, 금속기 같은 공업 제품을 제조해 수출했다." 이 세 중심 지역은 서로서로 무역을 진행하기는 했지만 여러 원인으로 인해 각자의 지역 내 무역에 집중하며 큰 시장을 형성하지는 못했다.

새로운 현상: 자유 민간무역의 흥성

14~15세기에 국제무역은 중대한 진전을 이룩했다. 바로 자유 민간무역이 흥성한 것이다.

고대의 국제무역은 원가가 비싸고 위험성이 높았기 때문에 정부의 지지와 보호를 벗어날 수 없었다. 육상 실크로드가 번영한 시기에는 한漢제국, 박트리아, 로마제국 같은 강력한 각국 정부의 보호가 있었다. 정부는 상인들에게 많은 편리와 특권을 제공해주고 그들이 정부를 위해 장사하게 했다. 이런 무역은 반半관방 무역이라고 할 수 있다. 그리고 정부는 심지어 직접 장사를 하며 관방 무역을 형성하기도 했다. 이런 관방 무역 가운데 중국과 주변 지역(혹은 지방 정권) 사이의 조공 무역은 특별한 지위를 차지한다. 조공 무역은 일종의 관방 무역으로 중국의 중앙 왕조가 다른 국가(혹은 정권)를 회유하기 위한 일종의 정치적 수단이었다. 이런 무역은 전적으로 관련 국가(혹은 정권) 간 정치적 관계에 따라 결정되었기 때문에 진정한 상업 활동으로 볼 수 없다. 또 조공 무역은 등가 교환의 원칙을 따르지 않았기 때문에 현대적 의미의 무역이라고 할 수도 없었다. 중국은 조공 무역에서 실제로는 손해를 보았다. 이와 관련해 미국 역사가 존 페어뱅크John K. Fairbank는 "중국 조정은 조공에서 이윤을 얻었다고 말할 수 없다. 답례로 준 황실의 예물은 항상 가져온 공물에 비해 훨씬 가치가 높은 것이었다. 중국에서 보기에 이 무역의 긍정적인 면은 제국 국경을 상징하는 동시에 변방 이민족이 적당히 순종적인 태도를 가지도록 하기 위한 수단이었다는 점이다"라고 했다.

조공 무역은 단지 황제의 허영심을 만족시키기 위해 헛돈을 쓴 것에 지나지 않는다.

반관방 무역은 어떠한가? 이는 송원宋元 시대 중국의 해외무역에서 집중적으로 구현되었다. 당시 인도양 무역을 장악한 이들은 아라비아, 페르시아, 인도의 상인이었다. 송원 시대 취안저우의 포수경蒲壽庚[1] 같은 집안은 다른 나라에서 이주한 번객蕃客 명문가였다. 포 씨 집안은 해상무역으로 큰 재산을 모아 집안에 동복童僕이 수천 명에 이를 정도였으며 송원 시대에 혁혁한 지위를 누렸다. 포수경은 특권 상인으로 원나라 조정과 관계가 무척 좋았다. 원나라 군대가 남송을 공격해 취안저우를 함락하자 포수경은 성을 바치고 원나라에 투항해 원나라 조정으로부터 금부金符를 하사받고 취안저우의 시박市舶 대권을 장악했다(취안저우는 당시 세계 제1의 항구였다). 뿐만 아니라 푸젠행성福建行省 중서좌승中書左丞으로 승진했는데, 이는 현재의 부시장에 해당하는 직위였다. 마침내 원나라 시대 내내 포수경 일가는 해상무역을 장악하고 독점했다. 역사서에서는 "취안저우의 포 씨가 30년 동안 해상무역을 하며 해마다 일천만으로 오할의 이윤을 남겼는데, 매번 후추 8백 말은 말할 가치도 없었다泉之諸蒲, 爲販舶作三十年, 歲一千萬而五其息, 每以胡椒八百斛爲不足道"라고 기록되어 있다. 포 씨 집안은 거액의 재산이 있어 '포반성蒲半城'이라 불렸다.

명청明淸 시대에는 상황이 크게 달라졌다. 이 시기에는 중국 본토에서 상업 발달이 활발해지며 유명한 '10대 상방商幫'을 형성했다. 15세기를 거쳐 16세기에 이르자 상황은 한층 발전했다. 해상무역 방면에서 명나라 말에 일어난 정鄭 씨 해상海商 집단(정지용鄭芝龍, 정성공鄭成功, 정경鄭經)은 당시 세계에서 가장 강성한 상인 집단에 속했다. 1650~1662년에 정 씨 집단은 타이완으로 물러난 후에도 여전히 중국 대륙과 일본, 포르투갈, 네덜란드의 무역에 종사했다. 매년 그들의 총무역액은 은 392~456만 냥으로 매년 평균 420만 냥에 이르렀다. 해외무역으로 얻은 총이윤은 매년 은 234~269만 냥에 달했는데, 이는 사람들을 경악하게 만드는 수준이었다. 당시 서구에서 가장 큰 무역회사이던 네덜란드 동인도회사와 비교해보자. 1613년부터 1654년까지 40년간 네덜란드 동인도회사의 누적 이윤은 1,530만 굴덴이었는데, 이는 은 440만 냥에 해당했다. 또한 당시 타이완을 제외한 중국 전체를 이미 통일한 청나라 조정의 1651년 수입은 은 2,100만 냥에 지나지 않았다. 그러므로 당시 중국의 해상무역이 얼마나 발달했었는지 유추할 수 있을 것이다. 한편 명청 시대 상인 중 몇몇은 관청과 밀접한 관계를 맺고 있었지만 기본적으로는 특권 상인이 아닌 민간 상인으로 자유무역에 종사했다. 그들은 각자의 장사 수완에 힘입어 부를 이루었으며 과거의 특권 상인처럼 정부가 부여한 특권에 의지하지 않았다.

15세기 이전에도 국제무역이 존재했지만 그 규모가 매우 작았고 또한 전 세계를 아우르는 시장을 형성하지 못했다는 것을 살펴보았다. 그러나 이 시기에도 커다란 진보가 있었는데 바로 자유 민간 상인이 생겨났다는 것이다. 그들은 특권에 의지하던 관방, 반관방 무역과는 완전히 달랐다.

신항로 개척
: 경제 글로벌화의 시작

정화와 콜럼버스: 두 항해 활동의 다른 결과

정화鄭和의 하서양下西洋(서쪽 바다로 가다, 해외 원정)은 당시 중국의 조선술과 항해술이 전 세계 선두권에 있었다는 것을 보여주는 것이기에 중국인이 충분히 자부심을 가질 만한 일이었다. 거대한 항해 규모, 높은 난이도, 엄밀한 조직 등에서 동시대 다른 원양 항해 활동은 비교가 되지 않았다.

정화의 함대는 대략 240척의 함선으로 구성되었는데, 이들 함선은 크기도 매우 커서 당시 역사서에 "모습이 높고 커서 그 거대함을 비할 데가 없었다體態巍然, 巨無與敵"라고 기록되어 있을 정도다. 이들 배에 탄 병졸 2만 7천여 명은 오늘날 미국 제7함대 군인의 수와 비슷한 수준이다.

240여 척 함대는 서로 다른 유형의 함선으로 이루어져 있었다. 예를 들면 마필과 음식을 실은 보급선, 담수선淡水船, 전선戰船 등인데, 그중 "보선寶船(해외무역에 종사하던 큰 배)은 길이가 44장, 너비가 18장이며 62척이 있었다寶船修四十四丈, 廣十八丈者六十二"라고 한다. 전문가들은 이러한 기록을 토대로 돛대 9개를 가진 주선主船의 배수량이 만 톤에 가까울 것이라고 추산하는데, 이와 관련한 논쟁은 여전히 계속되고 있다.

정화는 원정에 나설 때마다 대량의 금은, 동전, 자기, 장식품, 비단, 찻잎, 면포, 금속기, 각종 농기구 등을 싣고 갔다. 이들과 교환해 가지고 온 것은 주변 국가가 중국 황실과 귀족을 위해 조공으로 바친 상아, 향료, 산호, 주옥珠玉, 보약, 진귀한 새와 동물(기린으로 보이는 목이 긴 사슴과 사자, 타조 등)과 각종 사치품이었다.

말하자면 정화의 원정은 경제면에서 '가는 것은 후하게 하고 오는 것은 박하게 하며, 조공은 적게 하고 하사품은 많이 내린다厚往薄來, 貢少賜多'는 정책을 받들어 행한 것이다. 이런 항해 활동은 근본적으로 서구의 해운업처럼 국가에 거액의 이윤을 가져다주지 않고 오히려 국고를 비게 만들었기 때문에 명나라 성조成祖 영락제永樂帝(재위 1402~1424)의 계승자와 관료 집단의 비난을 불러 일으켰다. 훗날 헌종憲宗(재위 1464~1487) 때 대신 유대하劉大夏의 견해를 보자. "삼보三保²의 하서양은 곡식과 식량 수십만을 사용했고, 군사와 백성

중 목숨을 잃은 자가 만 명에 달하는데, 설령 보물을 얻어 돌아왔다
한들 국가에 무슨 이익이 되겠습니까? 이것은 하나의 폐정에 지나
지 않는 것이니 대신이 마땅히 간언을 올려야 하는 것입니다.三保下
西洋, 費錢糧數十萬, 軍民死且萬計, 縱得寶而回, 於國家何益, 此特一弊政, 大臣所當諫
也." 유대하는 병부상서兵部尙書가 되자 정화의 해외 원정에 관한 모
든 기록을 폐기했다. 다시 또 이런 일이 일어나는 것을 바라지 않았
기 때문이었다.

정화의 해외 원정이 얻은 결과는 무엇일까? 바로 조공 무역을 촉
진한 것이었는데, 조공 무역은 관방 무역 제도로 중국은 이로부터
지속적인 경제 이익을 얻지 못했다. 동시에 관료가 해외무역을 독점
했기 때문에 민간 해외무역이 큰 제약을 받았다. 그러므로 몇몇 학
자들은 정화의 해외 원정이 중국의 뛰어난 항해 기술을 보여주었지
만 중국 경제에는 부정적인 영향을 주었다고 본다.

15세기 초 정화의 해외 원정과 비교되는 것은 15세기 말 서구
인이 주도적으로 전개한 위대한 발견의 시대The Age of Great Discovery
로, 비록 선단의 규모는 작았지만(콜럼버스의 선단은 배 3척으로 구성되
었다) 이 때부터 해양 발전 시대가 활짝 열렸다. 이런 소규모 항해가
오히려 세계를 변화시키는 중대한 성취를 얻은 것이다.

이로부터 3세기 후 애덤 스미스Adam Smith는 『국부론The Wealth of
Nations』(1776)에서 "아메리카 대륙의 발견과 희망봉을 돌아 동인도
제도에 도달하는 항로의 발견은 인류 역사에 기록된 가장 위대한
두 가지 사건이다"라고 했다. 이 주장은 커다란 의미가 있다. 유럽인
이 이들 신항로를 이용해서 유럽, 아메리카, 아시아 시장을 직접 연

결함으로써 시장의 규모가 전례 없이 확대되었기 때문이다.

특히 아메리카 항로의 개척은 더욱 큰 의미가 있었다. 페르난데스 아르메스토는 "1492년에는 기독교 세계의 겉모습만 바뀐 것이 아니라 전 세계가 질적으로 변화했다"라고 했다. 그는 이와 관련해 다음과 같이 설명했다.

현대 세계의 절대적인 부분이 1492년에 시작되었기 때문에, 글로벌 역사에서 특정 연대를 연구하는 역사학자에게 1492년은 확실한 선택이다. …… 1492년을 이야기할 때 가장 일반적으로 연상되는 것은 콜럼버스가 이 해에 아메리카로 가는 항로를 발견한 것인데, 이것은 세계를 변화시킨 중대한 사건이라고 할 수 있다. 이후 구세계는 신세계와 접촉하며 장벽이던 대서양이 교류의 통로가 되었고 과거에 나뉘어 있던 문명이 하나로 결합해 명실상부한 글로벌 역사—진정한 '세계체계'—가 가능하게 되어, 각지에서 발생한 사건이 이어진 세계 안에서 서로 영향을 주게 되었다. 또한 사상과 무역이 일으킨 반응이 마치 나비 효과처럼 겹겹의 바다를 건너 전 세계에 퍼지게 되었다. 유럽에서 오랜 기간 존립한 제국주의가 이때 전개되기 시작해 전 세계를 한층 새롭게 만들었다. 아메리카가 서방 세계의 판도 안으로 들어오면서 서방 문명의 자원이 대폭 증가하자 아시아에서 패권을 갖고 있던 오래된 제국과 경제체제가 쇠퇴하기 시작했다.

이것이 바로 위대한 발견의 시대에 콜럼버스와 다가마 등이 항해를 통해 가져온 위대한 성과다. 이 성과를 간단히 말하면, 무역이 주도하는 세계, 즉 근대 세계를 시작했다는 것이다.

무역이 만들어낸 세계: 근대 세계의 형성

신항로 개척이 이끈 위대한 발견의 시대는 인류 역사의 새로운 장을 열었다. 이에 대해 마르크스, 엥겔스는 『공산당 선언Manifest der Kommunistischen Partei』(1848)에서 정제되고 생동감 있는 언어로 잘 정리해 놓았다.

"아메리카 대륙의 발견과 아프리카 항로의 일주는 부상하고 있던 부르주아지에게 신천지를 열어주었다. 동인도와 중국 시장, 아메리카 식민지화, 식민지 교역, 교환 수단과 일반 상품의 증대 등은 상업, 해운업, 공업을 전례 없이 비약적으로 발전시켰다. 그 결과 붕괴하고 있던 봉건사회 내 혁명적 요소가 급속히 성장했다."

"시장은 점점 확대되고 수요는 점점 증대했다. 이제 공장제 수공업으로는 수요가 충족될 수 없었다. 그러자 증기와 기계가 공업 생산에 혁명을 불어넣었다. 근대적 대공업大工業이 공장제 수공업을 대체하면서 공업에 종사하던 중간계급 대신 공업으로 어마어마한 부를 이룬 백만장자, 대공업 군대의 사령관, 즉 근대의 부르주아지가 등장했다."

"대공업은 아메리카 대륙의 발견으로 준비되어 있던 세계시장을 활짝 열었다. 세계시장은 상업, 해운업, 육상 교통이 획기적으로 발전하는 계기가 되었다. 또한 이들의 발전은 역으로 공업의 확대를 촉진했다. 동시에 공업, 상업, 해운업, 철도가 확대됨에 따라 부르주아지가 성장하며 그 자본을 증식하자 중세부터 이어진 모든 계급이 뒤로 밀려나버렸다."

마르크스와 엥겔스가 말한 무역이 만들어낸 세계는 분명히 신세계이며 이것이 바로 근대 세계다.

국가와 세계: 민족국가와 세계시장의 확대

근대 세계는 무역이 창조한 세계다. 그 안에서 '국가'가 어떤 역할을 하는지 분명히 파악하려면 국가와 세계, 민족국가와 세계시장의 확대 사이의 관계를 살펴봐야 한다.

국가란 무엇일까? 중국어에서 '국가'는 풍부한 함의를 내포한 말이다. 지금 여기서 다루는 '국가 정권'을 영어로는 State라고 한다. State는 무엇일까? 이 문제에 대해 학계에서는 많은 답을 내놓았는데 미국 사회학자 찰스 틸리Charles Tilly의 답이 정확하다고 생각한다. "5,000여 년 동안 국가는 세계에서 가장 방대하고 강력한 조직이었다. …… 국가에는 도시국가, 제국, 민주국가와 많은 기타 형식의 정부가 포함되지만 촌락, 종족, 회사와 교회 자체는 포함되지 않는다."

세계 역사 속에서 국가는 다양한 형식으로 나타났으며 그중에서 민족국가가 가장 늦게 출현했다. 틸리는 "대부분의 역사에서 민족국가는 중앙집권적이면서 편향적인 자치 구조를 가지고 주변 지역과 도시를 다스린 국가로 그 수가 매우 적었다. 대다수의 국가는 제국, 도시국가 또는 다른 유형의 국가와 같이 비민족적이었다"라고 했다.

일반적으로 민족국가는 유럽의 중세 말에서 근대 초에 점진적으로 형성된 것으로 인식된다. 민족국가는 왜 나타나게 되었을까? 그 원인은 여러 가지다. 과거 학계에서는 주로 계급투쟁, 왕권강화 등을 주요 원인으로 봤지만, 나는 시장의 발전이 민족국가를 탄생시켰다고 생각한다. 봉건제도가 지배한 중세 유럽에는 많은 영지가 존재했으며 이들 영지는 각자의 정권, 화폐, 규칙, 법령을 가지고 있었다.

예를 들면 1550년 독일 바덴 일대에만 서로 다른 길이 단위 112개, 면적 표준 92개, 중량 단위 65개, 곡물 계량 단위 163개, 액량 단위 123개, 특별한 술 단위 63개, 다른 중량 단위 80종이 있었다. 그래서 이쪽 지방에서 저쪽 지방으로 물건을 가져가서 팔던 상인에게 단위 환산은 매우 힘들고 번거로운 일이었다. 뿐만 아니라 각 지방을 거칠 때마다 세금을 내야 했는데, 바덴에서 출발한다고 가정하면 대략 10킬로미터마다 다른 소국小國에 들어가게 되어 매번 통행세를 지불해야 했다. 또 다른 예를 들어보면, 바젤에서 출발해 쾰른까지 가는 동안 세금을 모두 31차례 납부해야 할 뿐만 아니라 세금을 낼 때 사용하는 화폐도 다 달랐다. 이런 상황은 무역에 매우 불리하게 작용했다.

원활한 무역을 방해하는 이러한 요소를 없애기 위해 유럽에서 점차적으로 민족국가가 출현한 것이다. 민족국가는 중앙집권 군주제를 실시하면서 점진적으로 국가의 법령을 만들고 도량형을 통일했으며 많든 적든 통일된 통화를 발행했다. 이로써 통치 지역 안에 통일된 시장이 생겨났으며 무역이 활성화되는 계기가 마련되었다.

민족국가 내부에 시장이 형성되었다고는 해도 유럽 국가의 면적은 그다지 크지 않았기 때문에 규모는 제한적이었다. 그래서 성공한 민족국가는 적극적으로 해외 진출을 시도했다. 마르크스와 엥겔스는 『공산당 선언』에서 이와 관련해 다음과 같이 이야기했다.

"부르주아지는 생산물의 판로를 끝없이 확장할 필요가 있었기에 전
세계 각지를 누비고 다녔다. 그들은 어디든지 정착하고 어디든지 개발
하며 가는 곳마다 밀접한 관계를 맺어야 했다. 부르주아지는 세계시
장을 개척함으로써 모든 나라의 생산과 소비를 세계적인 것으로 만들
었다. 그들은 공업에 토대를 둔 국민적 기반을 붕괴시켜 반동가들의 대
탄식을 자아냈다. 오래전부터 이어온 민족 공업은 이미 많은 부분 소멸
되었고 지금도 나날이 사라져가고 있다. 민족 공업은 새로운 공업에 의
해 밀려나고 새로운 공업을 도입하는 것이 모든 문명 민족에게 사활이
걸린 문제가 되었다. 새로운 공업은 국내산 원료뿐 아니라 훨씬 먼 지역
에서 생산된 원료도 가공하며, 그들이 만들어낸 제품은 자국 내에서는
물론 모든 대륙에서 동시에 소비된다. 자국 생산품에 만족하던 이전의
수요는 새롭고 훨씬 먼 나라와 지역의 생산품으로 충족되는 수요로 대
체되었다. 지역적, 민족적 자급자족과 폐쇄성은 여러 민족 간 왕래와 각
방면의 상호 의존 관계로 대체되었다."

그러므로 민족국가의 성립과 동시에 민족국가 간 관계는 더욱 밀
접해졌다. 나아가 민족국가 외에 식민지와 글로벌화도 강화되었다.

유럽에서 성공한 민족국가는 모두 적극적으로 해외 시장을 확대
했는데, 결과적으로 몇몇 국가가 특히 성공해 세계 패권을 차지했다.
그들은 어떻게 패권을 가지게 되었을까? 그들은 왜 식민지를 건설하
려고 했을까?

강대국의 흥망
: 경제, 패권과 국제관계

근대 대국의 흥망을 이끈 가장 핵심적인 원인은 무엇일까? 바로 산업혁명이다. 산업혁명 이전에도 서구에서는 몇몇 강국이 출현해 서로 경쟁했지만 그들의 국력 차이는 큰 편이 아니었다. 그러나 산업 혁명 시대에 이르러 각국의 차이가 크게 벌어졌다.

산업혁명: 인류 역사의 분수령

대항해시대는 유럽 상업 자본주의의 발전으로 이어졌다. 그리고 상업 자본주의의 발전은 산업혁명으로 향하는 길을 닦아 마침내 18세기 말 산업 자본주의의 서막이 열렸다.

노벨 경제학상 수상자 더글러스 노스Douglass North는 산업혁명이 "인류 역사를 나누는 분수령이 되었다"라고 했다. 역사가 레프텐 스타브리아노스Leften S. Stavrianos도 산업혁명이 세계 역사에서 "가장 중요한 사건"이라고 했다. 따라서 산업혁명을 제대로 인식하지 못한다면 오늘날의 세계를 전면적으로 이해할 수 없다.

산업혁명 덕분에 유럽과 유럽의 확장으로 볼 수 있는 북아메리카는 세계의 다른 지역을 크게 앞질렀다. 산업혁명은 또한 그것을 주도한 서구뿐 아니라 비서구권 국가에도 영향을 미쳐 전 세계적 변혁을 불러일으켰다. 이와 관련해 마르크스와 엥겔스는 다음과 같이 말했다. "부르주아지는 생산 도구를 급속히 개량함으로써, 또 교통을 편리하게 개편함으로써 모든 민족, 심지어 가장 미개한 민족까지도 문명으로 이끌었다. 저렴한 상품 가격은 만리장성을 무너뜨리고 미개인의 완강한 외국인 혐오증까지도 항복시키고야 마는 위력적인 무기다. 부르주아지는 멸망하고 싶지 않은 모든 민족은 부르주아지의 생산 양식을 받아들일 수밖에 없도록 만든다. 그들은 모든 민족에게 소위 문명을 받아들이도록, 즉 부르주아가 되도록 강요한다. 간단히 말해 부르주아지는 자기 모습과 유사한 하나의 세계를 만들어간다."

근대 세계는 이렇게 창조되었다. 근대 세계는 서구를 모델로 조성된 글로벌 세계다. 이것은 20세기에 이르러서야 변화가 일어났다. 이것이 산업혁명의 위대한 의미로, 산업혁명이 인류의 운명을 바꾸었다고 한 이유가 바로 여기에 있다.

서방의 흥기: 제국주의와 대국의 패권 다툼

산업혁명의 결과 서방이 흥기하게 되었다. 이는 두 가지 현상을 초래했는데, 하나는 제국주의이고 다른 하나는 대국의 패권 다툼이다. 산업혁명이 글로벌화된 새로운 세계를 건립하고 그 과정에서 서방 국가가 주도적인 역할을 했지만, 그들은 세계 전체의 이익을 위해 새로운 세계를 건립한 것이 아니었다. 자신들의 이익을 위해 세계 개조를 시작한 것이다. 그렇기 때문에 제국주의와 대국 간 패권 다툼 현상은 반드시 나타날 수밖에 없었다.

사실 산업혁명, 심지어 그 이전부터 국제무역은 폭력을 통한 정복과 불가분의 관계였다. 마르크스는 『자본론Das Kapital』(1867) 제3권에서 "압도적인 지배권을 행사하던 상인자본은 도처에서 약탈 제도를 만들어냈다. 이는 고대와 새로운 시대 상업 민족의 발전이 폭력적인 약탈, 해적, 노예사냥, 식민지 정복과 직접적으로 연관되어 있다는 것을 의미한다. 이러한 모습을 카르타고, 로마, 이후의 베네치아, 포르투갈, 네덜란드 등에서 모두 볼 수 있다"라고 했다. 대항해시대와 그것을 이은 폭력적인 상황이 일상적인 상태가 되어버렸다. 그러면 그들은 무엇을 약탈하려고 했는가? 바로 시장과 식민지였다.

먼저 시장을 보자. 서방 사람이 대항해시대를 전개한 이유는 주로 동방 시장, 특히 중국 시장을 찾기 위해서였다.

처음 대항해시대에 뛰어들어 성공한 국가는 포르투갈로 그들은 전 세계를 돌아다니면서 식민지를 찾았다. 국토 면적도 작고 인구도 적은 데다 국력도 약했던 포르투갈은 세계 각지에 많은 무역 거점feitoria을 건립했다. 중국의 마카오도 포르투갈의 무역 거점이었으며 이를 기반으로 세계 다른 지역과의 연계를 통해 시장을 열게 된 것이다. 다른 유럽 국가도 뒤이어 각자의 식민 거점에 무역 네트워크를 조성해나갔다. 19세기 중반에 이르러 영국은 무력을 사용해 중국의 문호를 열어젖혔고 홍콩을 할양받았다. 영국의 중국 침략은 영토를 빼앗기 위한 것이 아니라 중국이라는 거대한 시장을 차지하기 위한 것이었다.

다음으로 식민지를 보자. 유럽 열강은 시장을 두고 다투는 동시에 식민지를 두고도 치열하게 경쟁하며 각자의 식민제국을 세웠다. 옛날에 유목 민족은 많은 지역을 정복하면서 주로 피정복 지역 생산품을 약탈해 통치자의 것으로 만들었을 뿐이다. 몽골제국이 유라시아 대륙 대부분을 정복했을 때에도 마찬가지였다. 그런데 대항해시대 이후 유럽 열강은 식민제국을 건설하고 식민지의 자원을 약탈해 종주국의 경제를 발전시키는 데 활용했다. 이처럼 식민지는 서방의 세력이 왕성해지는 데 결정적 영향을 미쳤다. 그중에서도 아메리카 대륙 식민지는 더욱 중요한 역할을 했다.

미국 역사가 케네스 포메란츠Kenneth Pomeranz는 『대분기: 중국과 유럽, 그리고 근대 세계 경제의 형성The Great Divergence: China, Europe, and the Making of the Modern World Economy』(2000)에서 다음과 같이 말

했다. "축적된 자산에 포함된 기술을 비교했을 때, 유럽은 산업혁명 이전 200~300년 동안 중요한 강점을 가지고 있었던 한편 여전히 낙후된 영역도 있었다. 그러나 유럽은 식민지를 통해 자원을 확보할 수 있었다. 그로 인해 19세기의 인구 팽창과 1인당 자원 이용이 크게 확대되기 전부터 이미 심한 압박을 받고 있던 유럽 생태계는 더 이상 손해를 입을 필요가 없었고, 많은 인력을 다양한 노동 집약적 산업에 새롭게 배치할 필요도 없었다. …… 이러한 외부 요인이 없었다면 유럽의 경제와 사회에 영향을 준 발명품이 18세기 중국, 인도 등 기타 지역에서 꾸준히 이어진 기술 발전보다 더 혁명적일 수는 없었을 것이다. 그들이 자원 규제 완화를 추진하지 않았다면 유럽의 다른 혁신이 토지의 제한을 넘어 1인당 소득이 무한정 증가할 수 있는 새로운 환경을 독자적으로 창출하지는 못했을 것이다."

그러므로 서구 열강과 뒤이어 세를 떨친 일본이 왜 그토록 적극적으로 식민지를 차지하려고 했는지 이해할 수 있을 것이다. 그들의 목적은 전 세계 각지의 자원을 이용해 발전하는 것이었다.

지식혁명: 경제 세계화의 동력

경제 세계화의 최종 동력에 대해 많은 사람들이 다양한 의견을 내놓았는데, 여기서 강조하려는 것은 지식혁명이다.

로버트 하일브로너의 견해를 보자.

"사회는 커다란 마차와 같고 그 마차는 오랜 기간 '전통'이라는 비탈길을 달려왔다. 그러나 지금은 마침내 차에 내연 기관이 설치되었다. 교역, 교역, 재교역, 이득, 이득, 재이득. 이러한 활동이 놀라운 추진력을 만들어냈다. 편안한 기성 사회를 무너뜨리고 이 낯설고 환영받지 못하는 사회로 대체할 만큼 충분히 강력한 힘은 무엇일까?"

"이것은 단순히 어떤 하나의 중대한 이유에서 나온 것이 아니다. 새로운 생활 방식은 마치 나비가 번데기 안에 배태되어 있다가 생명의 힘이 충분히 강해졌을 때 그것을 뚫고 나오는 것처럼 옛 방식 안에서 성장을 하다 그 구조를 타파하는 것이다. 경제혁명은 어떤 중대한 사건이나 개별적인 모험 활동, 특별한 법 또는 권위 있는 개인이 만드는 것이 아니다. 이것은 내재적으로 성장하는 하나의 변화 과정이다."

기술 진보, 무역 등은 내재적 성장을 이끄는 단 하나의 원인이 아니라 내재적 성장의 변화 과정에서 나타나는 일면이다. 내재적 성장이 이루어지는 과정에는 많은 요소가 있는데 그중 가장 중요한 것으로 지식혁명을 꼽을 수 있다.

지식혁명이란 무엇일까? 미국 경영학자 피터 드러커Peter F. Drucker는 다음과 같이 지적했다.

"지식의 의미가 근본적으로 변화함으로써 산업혁명, 생산력 혁명과 경영 혁명의 기초가 만들어졌다. 1700년이 시작된 후 단 50년 만에 과학기술이 세상에 나왔다. 과학기술Technology은 '기술Techne'과 '학문Logy'이 합쳐진 말로 전자는 물건을 만들어내는 비결을 의미하고 후자는 조직적이면서 체계적이고 목적을 지닌 지식을 의미한다."

"지식의 정의가 급격히 변화하면서 산업혁명으로 이어졌다. 지식은 줄곧 '존재Being'와 관련 있는 것으로 인식되어 왔다. 그러다 하룻밤 사이에 지식이 '행동Doing'과 관련 있는 것으로 바뀌었다. 지식이 일종의 자원이자 이기利器로 바뀐 것이다. 줄곧 사유재산으로 여겨지던 지식이 하루아침에 공공재로 둔갑했다. …… 지식은 세 가지 혁명을 낳았다. 지식의 정의가 획기적으로 달라진 첫 번째 단계가 장장 100여 년 동안 지속되며 지식이 도구, 공정, 제품 등에 응용되었고 마침내 산업혁명을 일으켰다. 두 번째 단계는 1880년부터 제2차 세계대전이 종결될 때까지로 지식의 새로운 정의가 노동과 연관을 맺으면서 생산력의 혁명을 태동시켰다. 마지막 단계는 제2차 세계대전 종결 후에 전개되었는데, 지식이 '지식' 자체로 운용되기 시작하면서 오늘날까지 이르렀다. 자본, 노동력과 더불어 현재는 지식이 중요한 생산 요소가 되었다."

피터 드러커의 이런 견해는 매우 일리 있다. 지식혁명은 확실히 현대 사회의 변화를 가져온 근본 원인이며 서방의 지식혁명 역시 글로벌화의 산물이다. 많은 과학기술사가들은 중국, 인도, 이슬람 지역의 기술이 유입되지 않았어도 유럽에서 산업혁명이 일어났을지를 두고 회의적인 견해를 밝혔다.

다만 다른 점이 있었다. 서방에서 지식혁명이 전개될 때 중국 같은 국가는 이에 대해 무지했고 심지어 문호를 닫고 외부와 왕래를 끊기까지 했다. 나아가 그들은 그들 스스로 먼저 만들어낸 지식조차도 중시하지 않았다.

프랑스의 대문호 빅토르 위고Victor Hugo는 "인쇄술, 대포, 기구氣球, 마취약 같은 발명품은 중국이 우리보다 앞섰다. 그러나 유럽에서는 이들 발명품이 즉시 생기발랄하게 일종의 신기한 물건으로 발전했다면 중국에서는 여전히 배아 상태 그대로 세상에 알려지지 않은 채 정체되어 있었다. 중국은 정말로 태아를 보존하고 있는 알코올 병이었다"라고 신랄하게 비판했다.

루쉰魯迅 선생 또한 "외국은 화약을 사용해 포탄을 만들어 적을 방어하는데 중국은 여전히 그것을 사용해 폭죽을 터뜨리며 귀신을 섬기고 있다. 외국은 나침반을 가지고 항해를 하는데 중국은 풍수나 살피고 있다"라고 했다. 중국과 유럽 국가는 지식혁명을 대하는 태도가 달랐기 때문에 각자 다른 발전의 길로 나아가게 되었다. 나는 이것이 여러 사람들이 이야기한 '니덤 난제'³에 대한 하나의 답이라고 본다.

중국은 줄곧 이 문제의 해답을 얻지 못하다가 개혁개방⁴ 이후에야 비로소 '지식이 곧 힘'이라는 전 국민의 공감을 얻게 되었다. 지식을 중시하는 것으로부터 중국에서 진정한 지식혁명이 시작되어 40년 동안 천지개벽할 거대한 변화를 만들어냄으로써 글로벌 역사에서 화려한 하나의 장을 이루어가고 있다.

경제학자 자크 아다Jacques Adda는 "세계 경제는 15세기 말 유럽에서 시작되었으며 자본주의 세력을 왕성하게 한 원인이자 결과였다. 최근 수십 년 동안 일체화 체제가 나타난 세계 경제는 유럽 경제 세계에 연원을 두고 있어 어떤 이는 유럽이 중심이 된 경제 세계라고 말하기도 한다. 만일 일본이 영향력 있는 발전을 이루지 못하고 중국이 깨어나지 못한다면 사람들은 오늘날의 세계를 유럽 경제 세계의 연장으로 여길 것이다"라고 했다.

따라서 중국인들은 몇백 년의 세계 역사를 보며 오늘날 중국의 경제 발전에 자부심을 느끼겠지만 중국이 매우 긴 우회로를 지나왔다는 것도 볼 수 있어야 하겠다.

미주(모두 역자주입니다)

1 포수경蒲受畊이라고도 하며 호는 해운海雲이다. 남송 말에서 원나라 초까지 푸젠성에서 해상무역으로 세력을 떨친 호족으로, 그 선조는 10세기 전 점성占城(현재베트남)에 거주하던 아라비아인의 후예였다. 포개종蒲開宗의 아들로 천주 시박사市舶司를 30년간 지냈다. 1276년 원나라 군이 남송의 도성 임안臨安(현재 항저우)을 점령해 다섯 살짜리 남송 황제 공종恭宗을 포로로 잡아가자 포수경은 원나라에 투항했고, 지원至元 15년(1278)에 푸젠행성福建行省 중서좌승中書左丞에 임명되었다.

2 정화의 원래 성씨는 이슬람의 예언자 무함마드의 중국식 한자인 마馬 씨이고, 이름은 삼보였다. 중국 남부 윈난성에서 태어났으며, 1381년 명 태조 주원장이 원의마지막 점령지이던 윈난성을 차지하자 당시 '마화馬和'로 불리던 어린 정화는 명나라 군대의 포로가 되어 거세된 후 다른 소년들과 함께 명나라 군대의 전령으로편입되었다.

3 영국 생화학자이자 과학사가인 조지프 니덤Joseph Needham이 『Science and Civilization in China』(1954)에서 "고대 중국이 인류의 과학기술 발전에 중요한 공헌을 했음에도 왜 과학과 산업혁명이 근대 중국에서 발생하지 않았을까?"라고 의문을 제기한 것을 말한다. 1976년 미국 경제학자 케네스 볼딩Kenneth E. Boulding이 이를 '니덤 난제'라고 칭한 이후 많은 사람들이 니덤 난제에서 한걸음더 나아가 '중국의 근대 과학은 왜 낙후되었는가?', '중국은 왜 근대에 낙후되었는가?' 같은 문제를 제기하며 열렬히 토론했다.

4 중화인민공화국 덩샤오핑鄧小平의 지도 체제 아래 1978년 12월에 개최된 중국공산당 제11기 중앙위원회 제3회 전체회의에서 제안되고 시작된 중국 국내 체제의개혁 및 대외 개방정책을 말한다.

베네치아공화국

최초의 자본주의 국가

:

류징화(劉景華) | 톈진사범대학 역사문화학원 교수

베네치아를 최초의 자본주의 국가로 보는 것은 다소 과장된 시각이다. 베네치아
의 자본주의는 전형적인 자본주의가 아니라 일종의 상업 자본주의라고 할 수 있
는데, 그 배경에는 중세의 상업 발달, 특히 국제무역의 발달이 있다. 그러나 베네
치아가 후대에 많은 유산을 남긴 것은 분명한 사실이다. 현대 경제 이념, 상업 원
리와 경제 운용 방식 같은 것을 예로 들 수 있다.

왜 중세 서구에서 상업이 발달했을까?
왜 이탈리아일까? 왜 베네치아일까?

베네치아를 최초의 자본주의 국가로 보는 것은 다소 과장된 시각이다. 베네치아의 자본주의는 전형적인 자본주의가 아니라 일종의 상업 자본주의라고 할 수 있다. 그리고 그 배경에는 중세의 상업 발달, 특히 국제무역의 발달이 있다.

중세 유럽의 상업 발달은 낙후된 유럽의 농업 상황에서 자극받아 시작되었다. 당시 유럽에서는 인구 증가에 따라 생필품 수요가 빠르게 증가하고 있었으나 그에 비해 농업 생산력 수준은 상당히 뒤처져 있었다. 이 둘 사이의 모순을 해결하려면 외부에서 물건을 수입해 유럽 내부의 요구를 만족시켜야 했다. 이러한 상황으로 인해 국제무역이 발전하게 된 것이다.

농업 생산력 수준이 상대적으로 낙후되었던 중세 유럽 경제는 근본적으로 자급자족을 실현할 수 없었다. 당시 유럽의 농업 생산력이 떨어진 주요 원인은 자연환경 때문이었다. 전체적으로 유럽의 자연 조건은 농업 생산에 무척 불리했다.

유럽의 기후를 보자. 유럽 북부는 매우 춥고 남부 지중해 지역은 여름에 건조하며 더웠다. 우기와 더위가 같이 오지 않아 높은 온도와 습도를 필요로 하는 다수확 작물(예를 들면 벼)의 생장에 불리했다. 토양을 보면, 유럽 북부는 강수량이 겨울에 집중되어 토양의 배수 기능이 떨어지고 땅의 점성이 높아 갈아엎으려면 무거운 쟁기를 이용해야 했다. 그러나 개별 농가는 보통 이런 능력을 갖출 수 없었다. 한편 남부 지중해 지역은 날씨가 더워 수분이 쉽게 증발했다. 그러므로 토양 속 수분을 보존하기 위해 땅을 깊이 갈 수 없었고 그 결과 토지의 경작층이 얕아져 농작물이 충분한 영양분을 흡수하지 못해 수확량이 많지 않았다. 이러한 자연 조건이 중세 유럽의 농업 생산력을 뒤처지게 했다.

중세 유럽의 농업 생산력 수준이 낮은 데에는 전통적인 요인도 있었다. 즉 게르만인의 농업 생산 수준이 뒤떨어져 있었던 점이다. 게르만인은 기원후 1세기를 전후해 유목경제에서 단순한 정주농업으로 전환했다. 10세기 이후 철제 농기구를 사용하면서 농업 생산이 비교적 큰 폭으로 증가했지만 여전히 자연력에 주로 의존하는 조방농업 단계에 머물러 있었다. 당시 농작물의 단위 면적당 생산량은 매우 낮았는데, 예를 들면 영국의 밀 생산량은 에이커당 6~9부셸

(1에이커는 약 4제곱미터, 1부셸은 약 36리터)에 지나지 않았다. 중세 유럽의 농업 생산량을 파종량 대비 수확량으로 살펴보면 일반적으로 1 대 4, 높은 곳이라도 1 대 6 정도였다.

유럽 영주의 장원은 자급자족했지만 장원 경제구조에는 기본적인 결함이 존재했다. 바로 영주가 필요로 하는 고급 수공업품과 사치품은 장원에서 생산할 수 없다는 것이다. 따라서 이러한 것은 무조건 외부에서 구매해야 했으며 베네치아인이 주력한 향료 무역이 대표적인 예다.

실제로 향료(주로 후추)는 유럽 중, 상류층(형편이 좋은 농민 포함)의 생활필수품이었다. 자급자족을 하던 영주의 집안에서 돼지를 도살해 한 번에 다 먹지 못하면 보관해 두어야 했다. 그런데 어느 정도 시간이 지나면 변질된 고기에서 냄새가 났기 때문에 다시 먹기 위해서는 반드시 후추를 사용해서 조미해야 했다. 이런 의미에서 후추는 유럽 중, 상류 사회의 필수품이었지만 유럽 내에서 생산되는 품목이 아니므로 외부에서 들여오는 것에 의지할 수밖에 없었다.

결론적으로 유럽 전체는 자급자족으로 영위할 수 없었다. 중, 상류층이 필요로 하는 고급 소비품과 사치품은 물론 일정한 생활필수품을 외부 세계에서 받아들여야 했다. 이웃한 비잔틴제국과 아랍 세계의 생산 수준이 유럽보다 높았고 더 멀리 떨어진 인도와 중국의 경제 수준은 더욱 높았기 때문에 상대적으로 선진 지역의 물품이 유럽에 수입되어 그들의 생산력 부족 문제를 해결해주었다.

중세에 이러한 소비품과 사치품은 주로 지중해의 동방무역을 거쳐 유럽으로 들어왔다. 따라서 동방과의 무역은 유럽의 생명선이었으며 이탈리아의 몇몇 도시가 이를 주도했다. 베네치아는 향료인 후추를 수입하는 임무를 주로 맡았고 제노바는 지중해 동쪽(이집트, 흑해 연안 등)에서 곡물을 운송해오는 일을 책임졌다. 베네치아와 제노바는 전체 유럽을 대표하는 대외 창구로 중세 유럽에서 가장 규모가 큰 국제도시로 발전했다.

이탈리아 도시가 동방무역의 중심이 된 원인으로 다음의 세 가지 요인을 들 수 있다. 첫째, 역사적 요인이다. 이탈리아는 고대 로마제국의 중심 지역으로 공업과 상업 발달의 전통을 일정 부분 계승해왔다. 그렇다고 중세 이탈리아에서 영향력 있던 국제무역도시의 기원을 고대 로마제국에서 찾을 수 있다는 의미는 물론 아니다. 둘째, 지리적 요인이다. 전체 유럽에서 보자면 이탈리아는 동방 세계와 가장 가깝다는 지리적 이점을 지녔다. 또한 바다에 면해 있어 해상무역을 전개하기에 편리했다. 셋째, 정치적 요인이다. 중세 초 이탈리아의 많은 지역이 비잔틴제국에 종속되어 동방과의 교류와 교환이 비교적 손쉬웠다. 시칠리아는 한동안 아랍에게 점령당했기에 그들과의 왕래가 용이했다.

이탈리아를 중심으로 활발히 전개된 지중해 국제무역은 12세기에 이르러 기본적으로 베네치아와 제노바로 세력 범위가 나뉘었다. 베네치아는 동지중해 무역을 장악했고 제노바는 서지중해 무역의 패권을 차지했다.

왜 베네치아였을까? 베네치아는 사실 지중해 중심과 비교적 멀리 떨어져 있고 오히려 서유럽의 광대한 내륙 가까이에 위치한다. 이것은 곧 베네치아의 후추 무역이 이탈리아에 한정되지 않고 전 유럽을 영업 범위로 상대했다는 것을 의미한다.

베네치아는 치우친 곳에 위치하면서도 지리적 이점이 있었다. 우선 아드리아해의 해류가 베네치아에 이익이 되었다. 길쭉한 아드리아 해협에서 해류는 동해안을 따라 북쪽으로 흐르다가 정점인 베네치아만에 이르면 서해안을 따라 남쪽으로 흐르며 되돌아간다. 상선이 지중해에서 올 때 동해안을 따라 가면 제일 먼저 도착하는 이탈리아의 지역이 베네치아다. 더구나 베네치아의 내지는 이탈리아에서 가장 풍요로운 롬바르디아 평원이었으며, 여기에서 북쪽으로 가면 알프스 산맥을 최단 거리로 넘어 유럽 내륙에 이를 수 있었다. 남쪽으로는 아펜니노(이탈리아)반도를 따라 토스카나 지역으로 나아갈 수 있었다.

본래 작은 어촌이던 베네치아에서 해외무역이 발전하기 시작한 것은 6세기 무렵이다. 베네치아는 8세기에 비잔틴제국과 통상조약을 체결해 아주 이른 시기부터 동방 상품 수입지가 되었으며 10세기에는 유럽과 콘스탄티노플, 소아시아 사이의 무역을 장악했다. 11~13세기 십자군 원정이 한창일 때 베네치아와 제노바는 유럽에 많은 선박을 제공했고 비잔틴제국이 쇠락하자 베네치아의 무역은 레반트(동방, 즉 동부 지중해 연안)까지 확장되어 이때부터 동방무역이 시작되었다.

이후 베네치아는 지중해 무역의 주도권을 놓고 제노바와 다투었는데 몇 차례 전쟁을 통해 결국 제노바 상인을 동지중해에서 몰아냈다(마르코 폴로Marco Polo는 제노바와 전쟁을 벌이던 중 포로가 되어 제노바 감옥에 갇혀 있을 때 『동방견문록Il Milione』을 구술했다). 그리하여

14~15세기의 동지중해 무역은 베네치아 천하가 되었다. 가장 전성기 베네치아에서는 배 300여 척과 3만 명 가까운 상인이 지중해 무역에 종사했다. 베네치아는 또한 제노바와 함께 서유럽의 플랑드르와 영국으로 가는 해상무역을 개척하기도 했다. 베네치아 무역은 15세기에 최정점에 도달했다.

베네치아가 해상무역에 활용한 선박은 장선長船이다. 장선은 향료처럼 부피가 작으면서 가치가 높은 귀중품을 싣기에 적합했다. 항해할 때 돛과 노를 사용하는 장선은 속도가 빠르고 노를 젓는 선원을 수병으로 바꾸어 해적과 전쟁을 할 수도 있었다. 그래서 베네치아 상단은 종종 작전 능력을 갖춘 함대가 되기도 했다. 베네치아 함대는 일찍이 여러 차례 유명한 해전에서 승리를 거두었는데, 14세기 제노바와의 키오자해전, 16세기 오스만제국과의 레판토해전 등을 예로 들 수 있다. 14~16세기의 베네치아는 서구의 군사력을 좌우하는 핵심 역량이었다.

베네치아는 적극적으로 영토를 확장해 자치도시에서 도시국가로 확대되었기 때문에 역사에서는 베네치아공화국이라 부른다. 베네치아는 이탈리아 동북부와 내지의 포강 유역을 세력 범위에 넣고 발전의 기반을 다졌다. 또 아드리아해 동해안의 넓은 땅인 달마티아 일대(오늘날 크로아티아 연해)를 차지했으며 그리스 남부 펠로폰네소스반도와 크레타섬을 식량공급기지로 삼았다. 베네치아공화국이 가장 번성했을 때의 인구수(150만 명)는 비록 프랑스의 10분의 1이었지만 재정 수입(160만 두카트)은 프랑스의 1.6배였다. 베네치아 화폐 두카트는 중세 유럽의 통용 화폐가 되어 그 지위가 오늘날의 달러와 유사했다.

　베네치아와 함께 이탈리아 4대 도시국가로 불리던 제노바공화국, 피렌체공화국, 밀라노공국은 모두 도시 인구수가 10만 명 이상인 중세 유럽의 최대 도시였다. 이탈리아에는 또한 피사, 루카, 볼로냐, 베로나 같은 30여 개 작은 도시국가가 있었다. 그들은 대부분 상업국가임을 천명했고 도시 규모가 비교적 큰 편이었으며 인구수는 2~5만 명으로 당시 영국의 수도 런던과 비슷했다.

베네치아는 왜 최초의 자본주의 국가로 불릴까?
베네치아가 남긴 역사적 유산은 무엇일까?

베네치아는 전통 사회에서 상업과 무역을 최고로 발전시켰다고 말할 수 있다.

베네치아는 '상업입국商業立國'을 표방해 전 시민이 대부분 상업과 관련이 있을 정도로 선원, 기술자 할 것 없이 '모든 베네치아인은 모두 상인'이었다. 베네치아 의회는 베네치아의 위대함은 베네치아 상인이 전 세계에 널리 퍼져 있는 것에 있다고 이야기했다. 베네치아인은 위로 총독부터 아래로 평민에 이르기까지 장사를 하는 것이 명예로운 일이라고 생각했다. 베네치아 대사와 관리는 항상 상업 상황을 보고해야 했고 총독도 직접 무역에 종사했으며 신부조차도 상업적 이윤을 거부하지 못했다.

그래서 어떤 이는 "베네치아 정부는 하나의 주식회사다. 총독은 대표이사고 원로원은 이사회다. 시민들은 주식을 가지고 있는 사람들이다"라고 묘사하기도 했다.

베네치아는 상업자본주의 국가의 초기 형태라 할 수 있다. 그것을 자본주의라고 하는 것은 그들이 현대 서방 자본주의에 풍부한 역사적 유물을 남겨주었기 때문이다. 이를 경제 이념, 상업 원칙, 경제 운용 방식, 근대 정치 형태 등 네 가지로 정리해 이야기해보자.

먼저 베네치아와 이탈리아 도시가 만들어낸 현대 경제 이념을 살펴보자.

1. 상품 화폐 의식

전통 농업 경제는 생활의 기본적인 필요를 충족시키는 것을 주요 목적으로 삼았기 때문에 생산물도 수요를 만족시키기만 하면 되었으므로 그 가치를 따질 필요가 없었다. 반면 상업의 기초는 화폐를 매개체로 상품을 교환하는 것이기 때문에 새로운 인식이 점차로 형성되었다. 즉 각종 유용한 물품은 모두 화폐로 평가해 전환될 수 있었고 다시 화폐를 사용해 자유롭게 다른 물건과 교환할 수도 있었다. 이런 상품 화폐 의식은 각종 활동의 상업화와 각종 물품의 상품화를 촉진했다. 또 상품 화폐 의식이 농촌으로 침투해 장원의 영주가 농노의 노역 지조地租를 화폐 지조로 환산하도록 촉진했다. 그 결과 봉건 노예제와 장원제가 붕괴되며 봉건 관계가 와해되었다. 이런 과정은 이탈리아에서 가장 먼저 나타났다.

2. 시장 의식과 진취적 정신

상인은 상품을 다른 사람에게 팔아야 하므로 시장이 필요했다. 따라서 시장을 개척하려는 의식이 생겨났고 새로운 상품을 판매할 때마다 시장의 유무를 살피게 되었다. 어떤 상인은 시장이 필요로 하는 바를 먼저 파악한 후에 어떤 물건을 취급할지 결정하기도 했다. 이제 시장을 개척하는 것이 상인의 가장 중요한 일이 되었다. 시장을 개척한다는 것은 종적으로 깊이 파고드는 것과 횡적으로 넓혀나가는 것의 두 가지 차원으로 구분할 수 있다. 깊이 파고드는 것은 기존 시장의 소비 수준을 끊임없이 높이는 것을 말하며, 넓혀나가는 것은 소비자의 규모를 끊임없이 확대하는 것을 말한다. 시장을 확장하는 데에는 생소한 세계로 겁 없이 뛰어드는 진취적인 모험 정신이 필요했다.

3. 부의 추구와 상대적 가치를 높이려는 의식

이것은 일종의 사회 가치관의 변화다. 과거에 부는 단지 생존을 유지하는 수단에 지나지 않았으나 상업으로 인해 부는 상대적 가치를 지닌 자본으로 바뀌었다. 이 새로운 부의 추구가 유럽 근대 문명이 발전하는 데 있어 경제 측면에서 주요 추동력이 되었다.

4. 새로운 상업관

상업은 부를 축적하는 가장 빠른 길이었기에 상업과 상인에 대한 사람들의 선입견이 변하기 시작했다. 사람들은 상업의 중요성과 상인의 역할에 점점 더 관심을 가지게 되었다. 사회 각 계층의 다양한 수요는 상업과 연관될 수밖에 없었기 때문에 상인이라는 존재에 어느 정도 의존해야 했다. 따라서 상업을 경시하던 과거 관념에서 벗어나 상업과 상인을 새롭게 보고 평가하는 분위기가 형성되었다. 상업이 경제의 주변에서 중심 무대로 나옴에 따라 상인은 경제 운용 시스템에서 중요한 역할을 하게 되었다.

5. 새로운 소비관

기독교는 현세 생활에서의 금욕주의를 신봉했다. 상인은 재물을 모아 부자가 된 후 많은 돈과 재물을 소비해 생활을 개선했다. 그러면서 상인들은 최초로 기독교의 금욕주의를 의심하게 되었다. 소비는 생산을 자극해 생산의 발전과 혁신의 원동력으로 작용했다.

이상의 경제 이념 외에 상업은 다음의 몇 가지 원칙을 받들었다.

1. 평등 원칙

이 점은 매우 중요하다. 상업 교역에서는 교역을 행하는 양측의 신분이 평등하다. 상품 가격의 고저는 상품 주인 신분의 귀천과 아무 관계가 없었다. 즉 영주가 상품을 구매하더라도 반드시 상대방이 평등한 신분과 독립된 의지를 가졌음을 인정해야 했다. 이것은 등급이 엄격했던 서구 봉건사회 질서에 큰 충격을 주었다. 상업이 발전할수록 평등 원칙은 점점 더 중요해졌다.

2. 신용 원칙

생산 역시 상업 매매 행위와 관계가 있었다. 화폐가 부족해 구매자가 제때 결제할 수 없었기 때문에 외상 거래를 시작했고 신용 제도로 발전했다. 이것이 구매자의 신용이다. 한편 판매자의 신용도 있는데, 구매자가 대금을 미리 지불하면 판매자는 약속한 시간에 물건을 구매자에게 넘겨주어야 했다. 이것은 판로가 좋아 공급이 달리는 물건을 미리 예약하는 방법으로, 예를 들면 이탈리아 상인은 영국의 양모를 주문 구입할 때 통상적으로 계약금이나 전체 대금을 먼저 보냈다. 이처럼 13~14세기 유럽에서 신용 네트워크가 형성되었으며 그 중심에 베네치아와 이탈리아가 있었다.

3. 계약 원칙

이것은 상업의 신용 원칙과 평등 원칙을 확대하고 보장성을 강화하는 방법이다. 계약은 사회 각 영역으로 확대되었고 문자로 보장성을 강화하기 위해 흰 종이에 검은색 글씨로 문서를 작성하고 서명과 수결을 했다. 계약은 성립된 이상 양측 신분 귀천에 관계없이 엄격하게 준수되어야 했다.

다음으로 베네치아와 이탈리아가 시작해 현대까지 이어진 경제 운용 방식을 살펴보자.

1. 복식 부기를 핵심으로 하는 현대 회계 제도

이전의 장부는 단순한 금전출납부로 최후 잔액만 확인할 수 있었다. 그러나 복식 부기법은 모든 거래를 대변과 차변으로 나누어 이중 기록하고 계산하는 형식이다. 이로써 원가 계산이 용이하고 손익을 정확히 파악해 최대 이윤을 추구할 수 있다. 최초의 복식 부기법과 장부는 베네치아 같은 도시에서 나타났는데 15세기 베네치아 문서에는 많은 회사의 복식 장부가 포함되어 있다. 한편 16세기 독일의 대상 야코프 푸거Jacob Fugger가 베네치아에 잠시 머무르는 동안 복식 부기법을 배워 아우크스부르크로 가져왔다고 전해진다.

2. 어음

13세기 이탈리아 상업혁명의 최대 특징 중 하나는 어음 제도의 출현이다. 이후 상인이 직접 상품을 따라 다니지 않고 상품 운송은 전문 운송 회사가, 교역에 따른 결재는 전문 심부름꾼이 어음 송달을 맡았으며, 다시 이를 대리상이 현금으로 바꾸어주었다. 이것이 현대 어음 제도의 시작으로 당시 상업 발전에서 어음은 직접적인 촉진 역할을 했다. 상인은 자기 집에 앉아서 거래를 완성했기 때문에 이전의 행상行商이 좌상坐商으로 바뀌었다. 또 직접 상품을 운반하는 대신 대리인을 고용함으로써 상인의 업무가 크게 확장될 수 있었다.

3. 은행

중세 이탈리아에서 최초로 생겨난 은행의 가장 중요한 기능은 시중에 남아도는 자금을 모아 현금이 필요하거나 신용이 있는 상인에게 빌려주는 것이었다. 현대 은행의 신용 대출 제도가 여기에서 시작되었다. 이탈리아의 은행은 베네치아 등이 주력한 원거리 항해 무역이 대량의 자금을 필요로 하면서 만들어졌다. 동시에 상인의 업무 결제가 은행을 통해 대체對替되었는데 이러한 은행 간 대체는 베네치아와 제노바에서 보편적으로 이용되었다.

4. 보험

보험의 기본 원칙은 재난을 당했을 때 손실을 최소한도로 줄이는 것이다. 우선 상인은 화물을 배 여러 척에 나누어 싣거나 배 한 척에 여러 상인의 화물을 실었다. 이는 달걀을 한 바구니에 담는 것을 피하는 것처럼 손실을 최소화하기 위함이었다. 전문적 보험기관 역시 이탈리아의 지중해 무역에서 최초로 출현했다. 상업이 발전하면서 보험업은 14세기에 이미 제노바와 베네치아 사람들에게 널리 알려져 있었다.

5. 현대 회사 제도

현대 회사 제도의 핵심은 파트너십 투자, 그리고 투자자와 경영자의 분리다. 이탈리아에서 이런 파트너십 행위와 회사 제도는 여러 형태로 나타났다. 루카의 사회 동업제, 피렌체의 가족 회사제 그리고 베네치아가 주로 채택한 가족이 핵심이 되어 가족 외의 자본을 흡수하는 동업제 등을 예로 들 수 있다. 베네치아의 해상무역에서는 동업이 성행해 화물을 배 한 척에 싣는 위험을 피할 수 있었다. 그리하여 동업은 손실을 여럿이 함께 분담하는 결과를 낳았다. 처음에는 임시 합작 형식으로 상업 항로마다 대부분 합작 항해를 채택해 공동 소유 또는 합작 방법으로 각 동업자가 책임을 균등하게 분담했다. 이와 같은 것으로 선박 동업제, 선대船隊 동업제가 있었다. 임시 선대 동업제 중 어떤 것은 지속적이거나 심지어 영구적인 동업으로 변했다. 다른 유형의 파트너십 또는 회사 제도와 비교할 때 베네치아의 가족이 중심이 된 동업제는 핵심이 있는 가운데 유연하게 운용되며 자본이 유동적이어서 자본 이전 및 전환이 더 편리해 자본의 효과와 역량을 최대한 발휘할 수 있었다.

다시, 거시적으로 정리해보자. 베네치아로 대표되는 이탈리아 도시의 국제무역 활동은 유럽과 외부 세계가 접촉하는 상업 통로를 열었을 뿐만 아니라 유럽에 상당히 갖추어진 국제 상품 유통 시스템을 마련해 유럽 경제의 통합과 분업을 촉진했다. 이로써 후대의 글로벌 무역 시스템의 기초가 다져졌다. 그것은 또한 모범적인 효과도 낳았는데, 국제무역이 자신은 물론 전체 유럽에 가져다주는 이익과 장점을 보여줌으로써 유럽 다른 지역에게 동방과 무역해야 할 필요성을 강조했다. 이로부터 국제무역의 범위를 더욱 넓히려는 유럽인의 심리적 기초가 형성되었다. 신항로를 탐구하고 개척하는 행위는 얼마간 이런 심리의 부추김을 받은 것이다. 그러므로 후대 글로벌 무역의 모델은 베네치아가 창조했다고 말할 수 있다.

마지막으로 베네치아와 피렌체가 근대국가의 정치 형태를 양성한 부분을 짚어보자. 흔히 자본주의 입헌제와 대의제의 기원을 두고 영국의 대헌장과 의회, 프랑스의 삼부회를 이야기한다. 그러나 영국과 프랑스의 이런 정치 형태는 중세 왕국 정치에서는 결정적으로 작용하지 못했고 17~18세기가 되어서야 비로소 자산계급 정치 사상가에 의해 모범으로 받들어졌다. 실제로 최초의 근대국가 정치 형태를 세상에 드러낸 것은 이탈리아의 베네치아와 피렌체다. 알프스 산맥 북쪽의 유럽이 분열된 봉건국가에서 통일된 민족국가로, 절대군주가 국가의 영혼과 상징이 되는 시기로 나아갈 때 베네치아와 피렌체에서는 이미 근대 정치 형태가 싹터서 성숙 단계에 이르고 있었다. 그래서 19세기의 역사가 야코프 부르크하르트Jacob Burckhardt는 "이탈리아인이 근대 유럽의 아들들 가운데 장자가 되었다"라고 이야기한 것이다.

베네치아와 피렌체에 이미 갖추어져 있던 근대 정치 형태의 몇 가지 기본 원칙을 살펴보자.

1. 근대 정치 정신 혹은 정치의식

이것은 바로 국가는 어느 한 사람의 국가가 아니라 전체 구성원의 국가라는 것으로, 전체 구성원 모두가 국가의 명운에 관심을 가지고 국가의 사무에 개입했다. 국가 사무는 "전체 국민이 부지런히 고민해야 하는 문제"이며 국민은 정치적으로 끊임없이 새로울 것을 요구했다.

2. 근대국가의 정치 수단, 즉 국가 내부의 통치와 대외 정책의 세심한 결합

내부의 안정적인 단결에 기초해 외교 정책은 국내 정치에 도움이 되는 방향으로 전개했다. 국가는 '심사숙고해서 세심하게 설계한 결과'였다. 예를 들어 상업 활동을 모든 사람에게 개방해 가장 빈곤한 사람도 충분한 보답을 받을 수 있게 함으로써 그들이 정치 문제에 무관심한 사회 문제 집단이 되지 않게 했다. 그리고 이를 통해 도시 국가의 내부 결속을 다질 수 있었다. 외교 측면에서는 주도면밀함과 냉정함을 유지하며 당파투쟁에 휩쓸리거나 영원한 동맹에 휘말리는 것을 피했다.

3. 근대국가의 정치기구와 상호 견제

도시 공화국의 입법, 행정 등의 기구가 분립되어 각자 그 직무를 관장하면서 상호 견제를 했다. 베네치아의 원로원은 가장 중요한 국가 권력 기관으로 국정 방침을 결정하고 모든 법령을 비준했다. 원로원의 상설기구인 10인 위원회가 결정한 것은 법률적 효력을 지녔으며 심지어 총독을 파면하거나 총독의 생사를 결정할 수도 있었다. 대의회는 베네치아의 최고 입법기관이자 감독 기관으로 원로원 구성원을 선거할 수 있었다. 또한 대의회는 총독 감독권이 있었다. 총독은 행정 권력을 가지고 있었지만 '총독 맹세'에 따른 각종 제약과 규정을 준수해야 했다. 이처럼 기구 분립에 따라 각자 직무를 관장하면서 상호 견제하는 사상이 영국과 프랑스에서는 17세기의 존 로크John Locke, 18세기의 몽테스키외Charles Louis de Secondat Montesquieu에 이르러서야 비로소 체계화되고 이론화되었다.

4. 현대 정치에서 운용되는 관료제도 역시
베네치아 같은 이탈리아 도시에서 최초로 시작되었다

선거를 통해 선출되는 주요 관리 외에 도시 정부 기구에는 많은 상임 공무원이 있었는데 이들은 임명, 추천, 고시 등 다양한 방법으로 선발되었다. 상임 관리가 행정 업무를 집행한다는 것은 근대국가가 중세에 비해 크게 진보했음을 보여주는 것이다. 중세 유럽의 봉건 군주 시대에는 왕실이 국가 권력의 중심이었다. 계급 군주제 시대의 의회는 비상설 정치기구였다가 점차적으로 국왕과 귀족으로 이루어진 조정을 형성했는데, 이때는 귀족 정치 시대라고 할 수 있다. 서구 민족국가가 귀족 정치에서 관료 정치로 전환되는 것이 16세기에 시작되었는데, 근대국가로 향하는 이러한 선구적인 발걸음을 먼저 내디딘 곳 역시 베네치아를 비롯한 이탈리아 도시국가였다.

베네치아의 정치제도는 베네치아인 스스로 좋아한 것이다. 그들은 베네치아의 혼합형 입헌제가 도시 공화국의 정치와 사회 안정의 초석이라고 믿었다. 16~19세기 영국, 네덜란드, 미국은 모두 베네치아 제도의 안정성을 입헌 이론과 정치 실천의 교훈으로 삼았다.

베네치아와
이탈리아의 실패

　그러면 베네치아와 이탈리아는 왜 실패했을까? 중세 베네치아와 이탈리아는 서구에서 가장 발달된 지역이었지만 앞장서서 자본주의로 발전하지 못했을 뿐만 아니라 16~17세기에 오히려 쇠락의 길로 접어든 후 다시는 재기하지 못했다. 또 한편 당시 서구 정치 형세에서 원래부터 낙후되어 있던 영국과 프랑스는 민족국가로 흥기한 데 비해 선진적이던 이탈리아는 민족국가를 형성하지 못했다. 그 결과 이탈리아는 전통적으로 강한 군사력을 보유한 오스만제국과의 경쟁에서 승리하지 못했으며 프랑스 같은 신흥 민족국가의 침략 대상이 되었다.

역사적으로 보면, 베네치아와 이탈리아의 실패는 전통 사회구조에서 상업 자본주의가 실패한 것으로 볼 수 있다. 다음 두 가지 측면에서 이를 좀 더 분석해보자.

첫째, 이것은 상인자본의 본성 때문이다. 상인과 상업은 전체 사회가 발전하는 데 있어서 거대한 작용을 일으켰다. 그들은 시장 의식과 상품 의식을 불러일으키고 부와 자본을 빠르게 축적해나갔다. 또 생산자와 소비자 사이를 중개해 최대한 빨리 상품을 시장에 선보이고 상품 가치가 실현될 수 있게 했다. 그러나 상인의 독립적인 발전은 종종 사회 경제 발전과 반비례했다. 카를 마르크스는 이러한 법칙은 베네치아인이 경영한 중개무역 역사에서 가장 두드러지게 나타났다고 언급했다.

왜냐하면 사회 총자산에서 상인자본이 차지하는 비중이 클수록 재생산 과정에 더 많은 사회 자금이 투입됨으로써 생산에 기반을 둔 사회 경제 전반의 발전 속도가 둔화되기 때문이다. 게다가 상인자본이 커짐에 따라 그것을 통해 얻을 수 있는 사회 총이윤은 크게 상승한 반면 산업자본의 이윤은 줄어들었다. 이런 상황에서 산업자본은 생산을 위해 적극적으로 투자하지 않게 되어 생산 분야에 투입되는 사회 자금이 감소하면서 산업 발전이 저해되는 것이다.

상인자본이 독자적으로 발전하는 상황에서 상인들은 사회 경제적으로 활발히 활동하면서 사회 자산에 대한 지배력을 차츰 강화했다. 이 지배력을 바탕으로 상인자본은 자신의 상업적 이윤이 극대화되게 하고 상업과 유통의 역할을 과장하는 한편 상품 생산 자체의 의미는 낮게 평가했다.

상인자본은 어떤 사회 형태에서도 생존할 수 있는 강한 적응력을 가지고 있었기 때문에 사회 변혁에는 큰 관심이 없었고 심지어 변혁을 방해할 수도 있었다. 상인자본이 생산에 직접 종사하지 않는 이상 새로운 생산력을 대표하기는 힘들었다. 상인은 상업의 독점을 유지하는 데에만 관심이 있었다. 그러므로 상인자본이 우세한 지역에서는 시대에 뒤떨어진 상태가 지배하는 경우가 많았다. 베네치아가 바로 이와 같았다. 이러한 환경에서는 자본주의 생산의 싹이 광범위하게 출현하지 못한다.

상인자본의 흥미와 활동 범위가 상업 영역에 국한되어 상업 시장에서 최대한의 이익을 내는 것에 치중했기 때문에 생산은 소홀히 취급되었다. 베네치아는 견직물, 조선, 유리 제조 등의 방면에서 이름을 날렸음에도 15세기 베네치아 총독이 이 도시 부자들의 이름을 열거할 때 산업으로 부를 이룬 이들은 언급하지 않았다.

둘째, 베네치아와 이탈리아 경제구조의 취약점 때문이다. 중세 베네치아의 최대 강점은 경제 활동에서의 외향성과 상업성이었는데 이것이 도리어 그들의 취약점이 되었다. 왜냐하면 과도한 외향성과 상업성이 그들의 경제구조를 기형적 상태로 만들 수도 있었기 때문이다. 국제 환경이 변화해 상업로가 이동하면 바로 이 취약점이 직접적으로 영향을 받아 전면적인 붕괴로 치닫게 되니 '엎어진 둥지에 어찌 성한 알이 있겠는가?' 베네치아의 지중해 동방무역에는 세 가지 약점이 있었다.

첫째, 베네치아는 전체 유럽을 위해 서비스했다. 그렇다면 다른 지역도 조건이 갖추어진다면 베네치아처럼 전 유럽을 위해 봉사할 수 있지 않을까? 베네치아는 지중해 무역에서 강점을 가지고 있었지만 오스만제국이 지중해 항로를 막자 베네치아의 강점은 사라져 버렸다. 그러자 대서양에서 출발하는 신항로의 필요성이 대두되며 신항로를 찾는 주도권이 대서양 연안 국가의 수중에 들어가게 되었다. 신항로가 개척된 이후 유럽의 국제무역은 자연스럽게 대서양을 중심으로 펼쳐졌으며 당시 발견된 신대륙은 대서양 맞은편에 있어 유럽의 대서양 연안 국가에서 더욱 가까웠다.

그러므로 재미있는 현상이 일어났는데, 신항로 개척은 스페인, 포르투갈이 주도했지만 콜럼버스, 아메리고 베스푸치Amerigo Vespucci 같은 항해가와 탐험가는 이탈리아 사람이었다. 이는 이탈리아 사람들도 신항로 개척의 필요성을 인식하고 있었지만 유럽 내지에 위치했기 때문에 대서양으로 세력을 펼치기 어려웠음을 설명해준다.

둘째, 베네치아는 상업과 국제무역에 치중했기 때문에 조선, 유리, 견직물 같이 발전된 지주 산업도 국제무역과 관계가 있거나(유리 제조 기술은 지중해 동쪽에서 배웠고 견직업의 원료는 동방에서 가져왔다) 무역을 위해 봉사해야(조선업) 했다. 말하자면 베네치아는 국제무역에 참여하고 심지어 국제무역을 장악했지만 그들의 무역은 수출 무역이 아니어서 국내에 생산 토대가 없었다. 따라서 교역되는 물품 대부분이 베네치아가 생산한 것이 아니었기 때문에 무역에 큰 제약을 받을 수밖에 없었다는 것이다.

국내 생산 배경이 뒷받침되지 않은 국제무역은 언제라도 쇠퇴할 수 있다는 것을 베네치아가 똑똑히 보여주었다.

셋째, 베네치아는 중개무역을 했다. 즉 물품을 동방에서 가져왔기 때문에 동방의 정치, 경제 분위기가 강한 영향을 미쳤다. 한편 베네치아의 시장은 유럽 각지에 있었으니 유럽 각지의 정치, 경제 환경이 영향을 주었다. 그리고 화물이 해로를 거쳐 동방에서 베네치아로 운반되었으므로 풍랑을 맞거나 해적에게 약탈당할 위험에 항상 노출되어 있었다. 마찬가지로 화물이 유럽 각지로 운반될 때에도 폭풍우와 해적, 알프스산맥의 험준함, 영주의 관세 부과, 도적의 약탈 같은 어려움이 있었다.

이런 요인은 극복할 수 있는 것도 있지만 결코 극복되지 않는 것도 있었다. 베네치아로 대표되는 상업 도시는 물론 수공업에 주력한 피렌체와 밀라노조차 원료 공급과 상품 판매를 모두 국외에 의존했기 때문에 이런 피동적인 운명에서 벗어날 수 없었다.

횡적으로 비교해보면, 15~16세기 유럽 구조의 대변화 국면에서 베네치아와 이탈리아는 시대적인 맥락을 장악하지 못했기 때문에 국제적인 지위가 나날이 하락했다. 이것 역시 내부와 외부 원인으로 나누어 분석할 수 있다.

먼저 내부 원인을 보자. 베네치아와 이탈리아 경제의 외향성과 상업성, 이탈리아 각 도시의 독립성(즉 국가의 분열성)이 이탈리아의 통일과 민족국가 형성을 어렵게 만들었다.

여기서 전제는 11~16세기 이탈리아를 하나의 국가로 보지 않는 것이다. 당시 이탈리아에서는 거의 모든 도시가 각각의 정치 실체이자 도시국가로, 모든 도시는 자기가 장악한 지역에서 각자 통치를 했기 때문에 다른 도시가 간섭하는 것이 쉽지 않았다.

그들은 대부분 상업 혹은 국제무역을 주업으로 삼았고 어떤 곳은 국제무역과 국제금융에 개입하기도 했다. 이것은 일종의 동질화된 경제구조로 각 도시국가는 국제시장에서 격렬하게 경쟁했다. 그들은 주요 에너지를 국제시장에 쏟으며 자신들이 통치하는 내부 시장과 경제는 소홀히 했다. 이 때문에 이탈리아는 통일을 향한 희망과 의식이 결핍되어 있었고 특히 중앙집권형 민족국가 형성은 거론조차 되지 않았다.

통일된 국가가 없으면 강한 군대를 만들 수 없었다. 도시 간 연합으로 군대를 조직한다고 해도 임시적일 뿐이었다. 르네상스 시대를 대표하는 단테Dante Alighieri와 마키아벨리Niccolò Machiavelli 등이 이탈리아의 통일을 호소하고 대다수 도시도 통일을 갈망하기는 했지만 그들은 단결과 분투에 의지하는 것이 아니라 강대한 초도시적 역량에 의지하기를 바랐다. 이와 관련해 거의 모든 도시에서 두 당파 사이의 분쟁이 있었다. 구엘프Guelfi는 로마 교황이 이탈리아 통일의 우두머리가 되기를 바랐고, 기벨린Ghibelline은 신성로마제국 황제가 이탈리아를 통일시키기를 바랐다. 이처럼 혼란한 이탈리아 국내 정치 상황에서 통일된 민족국가를 세우는 것은 요원한 일이었다.

이때 이탈리아 밖 유럽에서는 격변이 진행되고 있었다. 당시 영국, 프랑스, 스페인, 포르투갈 등은 전제군주제 민족국가를 형성하며 통일되어 국력이 강성해졌다. 물론 모든 민족국가가 성공을 거둔 것은 아니었다. 스페인과 포르투갈은 신대륙을 발견하고 신항로를 개척해 세계시장을 위한 지리적 기초를 닦았지만, 이 세계시장 시스템을 국내 상공업에 활용하지 못하고 중상주의를 실행하지 않아서 결과적으로 그들은 아메리카 대륙의 금은 개발 등 신대륙과 동방 약탈에 머물렀다.

네덜란드의 상업은 17세기에 정점에 도달했는데, 그들은 전 세계 바다를 종횡무진 다녔지만 상업으로 부를 축적하는 데 한정되었고 심지어 그렇게 얻은 부를 대출 자본으로 전환하는 것 같은 전통적인 사고에 머무르며 산업을 발전시키려는 노력을 하지 않았다. 결과적으로 네덜란드는 18세기에 몰락했다. 영국과 프랑스만이 통일된 민족국가와 중앙집권화를 건설하고, 중상주의를 실행해 부를 축적했으며, 당시 형성되어 있던 세계시장을 이용해 국내 가공 제조업을 발전시키면서 새로운 방식의 자본주의 생산을 촉진했다.

이탈리아는 혼란스러운 상황에서 벗어나지 못했다. 스페인, 포르투갈과 비교했을 때 이탈리아는 통일된 민족국가를 건설하지 못했고 신대륙과 동방에서 큰 부를 획득하지도 못했다. 영국, 프랑스와 비교했을 때 통일된 민족국가를 건설하지 못한 이탈리아는 새롭게 힘을 얻고 있던 대서양 무역에서 어떠한 이익도 얻지 못했으며 특히 상업과 국내 공업 발전을 강력하게 뒷받침해줄 중상주의를 실행하지 않았다. 그 결과 차이가 점점 벌어지면서 이탈리아는 영국, 프랑스의 경쟁 상대가 될 수 없었다. 16세기 말에 이르러 이탈리아는 자신들의 오랜 활동 무대이던 동방무역조차 지중해로 대거 남하한 네덜란드 상인과 영국 상인에게 넘겨주었다.

분열된 국내 정치 상황은 외적의 침입을 방어할 수 없게 만들어 중세 이탈리아 남부는 오랜 기간 노르만인에게 점령되거나 스페인의 통치를 받았다. 이탈리아 북부와 중부의 도시들은 서로 싸우고 죽였다. 도시국가들은 상대방과 싸워 이기기 위해 늑대를 제집에 들이는 화를 자초했는데, 1494년 이탈리아 밀라노 대공이 은밀히 프랑스 군대를 불러들였다. 이로 인해 장장 반세기도 넘게 지속된 이탈리아전쟁이 시작되었다.

프랑스, 오스트리아, 스페인, 독일, 헝가리, 심지어 스위스까지도 번갈아가며 이탈리아 영토에서 전쟁을 벌였으나 분열된 이탈리아는 외국 군대가 마음대로 자기 영토를 유린해도 속수무책으로 내버려두었고 심지어 침략자에게 식량과 주둔지를 제공하기까지 했다. 16세기 이탈리아전쟁은 이탈리아의 기반을 완전히 무너뜨렸다.

오스만제국 같은 막강한 외부 역량이 베네치아의 발칸반도 영토를 점령하자 전체 이탈리아가 수세에 처하게 되었다. 1571년 레판토해전에서 오스만제국을 상대로 승리를 거두었지만, 그것은 베네치아가 스페인, 교황령, 제노바, 몰타 등과 연합해서 싸운 결과로 '다음이 없는 승리'라고 비난받았다. 왜냐하면 이는 단지 오스만제국이 이탈리아와 지중해 전체를 점령하는 것을 막은 것에 지나지 않았기 때문이다.

베네치아는 국제무역 시스템을 건설하고 무역 운송에 있어 현대적인 성과를 거둔 반면 경제 발전 방향이 전통적인 상업 방식에 국한됨으로써 새로운 변화 국면에서 무력함을 드러내며 쇠퇴했다.

베네치아는 강한 군사력을 보유한 전통 있는 오스만제국에 대항할 수 없었고 신흥 민족국가의 새로운 무역 시스템과 경쟁할 힘도 없었다. 베네치아는 유럽의 무역과 경제가 확장되는 데 있어 '글로벌 모델'을 제공한 선구자였음에도 유럽의 중심을 차지하지 못하고 몰락하는 비극적 운명에 처했다.

베네치아공화국은 18세기 말까지 지속되었지만 유럽 내 존재감은 미미한 수준에 머물렀다.

합스부르크제국의 패권 추구와 실패

정치 경제와
지정학적 전략 배경

∴

스인홍(時殷弘) | 국제정치학자

2

합스부르크가는 유럽 역사에서 가장 유명한 가문으로 합스부르크가를 둘러싼 이
야기는 다양한 영화, 드라마의 소재가 되었다. 중국 국제정치학자이자 국제전략
가인 스인홍 선생이 두 차례에 걸친 합스부르크제국의 패권 추구 실패부터 그 통
치 시기가 미친 정치 경제와 지정학적 전략을 소개한다.

근대 국제체제의 기원
: 민족국가 vs. 중세 제국

　많은 역사적 대사건과 마찬가지로 중세 국제 질서가 와해되고 근대 국제체제가 부상하는 것은 상대적으로 긴 과정을 거쳤기에 그 시간상의 시작점과 끝점을 세밀하고 명확하게 정하기가 어렵다. 그럼에도 편의상 설득력 있는 기점을 정해야 하는 경우 많은 역사가와 국제정치학자는 1494년을 주목하곤 한다.

　1494년 프랑스가 이탈리아를 침공했다. 이로써 르네상스 시대 이탈리아 도시국가 중심의 국제체제가 파괴되었고 이를 계승한 근대 국제체제가 중세 국제 질서를 대체하기 시작했다.

　기본적으로 르네상스 시대 이탈리아의 국제체제는 근대 국제 정치의 최초 형식이라고 할 수 있었다. 그들은 아펜니노반도라는 명확한 지리적 한계 안에서 풍부한 특색을 지닌 르네상스 문화와 르네상스 시대 이탈리아의 경제, 기술 방식을 배경으로 성장했다. 그리고 독립된 주권을 가진 이탈리아 도시국가가 체제의 기본 단위였기에 공통의 문화를 보유한 동질한 성원으로 이루어져 있었다. 이 체제의 구조는 다극화되어 그것이 존재하던 대부분의 시간 동안 베네치아, 피렌체, 밀라노, 나폴리, 제노바 등 주요 5개 도시가 서로 권력을 나누어 균형을 이루고 있었다. 각 도시국가가 상호 교류를 위해 상주 외교 사절을 둔 것이 가장 두드러진 특징이면서 가장 중요한 혁신인데, 이로부터 근대적 색채를 지닌 외교가 실행되고 규범화된 무역이 빈번히 이루어지는 한편 국지전과 내정 간섭(당시 드물지 않던 극단적 형태인 전복을 포함)이 행해지기도 했다. 나아가 이탈리아의 국제체제에서는 다면적이거나 비교적 정밀한 국제 규범이 발달하기 시작했는데, 그중에는 외교 사절과 외교 방식에 관한 규범은 물론 대국 간 국면 조정과 전쟁을 제한하는 것에 관한 규범도 있었다.[1]

근대 국제 정치의 시작이라는 의미에서 봤을 때 르네상스 시대 이탈리아의 국제체제 내에서 일어난 다음의 사건이 매우 중요한 역할을 했다. 우선, 마키아벨리의 저작이 깊이 있고 심오한 사상의 발전과 전파에 영향을 주었다. 기독교 관념이 무너지고 고전 관념이 다시 살아나는 분위기 속에서 종교와 도덕에서 분리되어 나온 정치—최초로 축출됐던 예술—가 최고의 우월한 지위를 차지하게 된 것이다. 제국과 로마 교황청이 쇠락해가는 시기였기에 모든 것을 압도할 어떠한 법도 존재하지 않았으므로 각 정치 세력 간 무법천지의 잔혹한 투쟁이 벌어졌으며 이것이 카이사르와 유사한 전제 참주의 출현을 야기했다.

"끔찍한 자연 선택 과정이 5개 강국의 출현으로 이어졌다. 그들은 서로 무너뜨릴 능력이 없었기 때문에 상대방의 존재를 용인하는 균형 상태를 유지할 수밖에 없었다. 그리하여 그리스 체제, 즉 헬레니즘 체제 붕괴 이후 최초의 국제체제가 세상에 나와 유럽 체제의 선구가 되었다."[2]

1494년 여름, 이탈리아 국제체제 내에서 제멋대로 행해지던 권력 정치의 결과 밀라노 섭정 루도비코 스포르차Ludovico Sforza(재위 1494~1499)가 재앙에 가까운 결정을 내렸다. 그는 알프스 산맥 너머 프랑스 국왕 샤를 8세Charles VIII(재위 1483~1498)에게 나폴리를 정복하고 제노바를 점령하도록 도와주겠다고 약속하고는 이탈리아로 출병을 요청했다. 샤를 8세는 이 기회를 틈타 이탈리아로 세력을 대거 확장했다.

루도비코 스포르차가 이리를 끌어들여 이탈리아 전체를 전화의 소용돌이로 몰아넣은 것을 알게 된 이탈리아인들이 유일하게 생각해낸 구제 방법은 바로 스포르차를 모방하는 것이었다. 즉 또 다른 이리인 스페인을 끌어들여 이탈리아에서 프랑스를 몰아내기로 했다. 이로써 이탈리아 국제체제는 붕괴되었고 아펜니노반도는 막 떠오르기 시작한 근대 유럽 국제체제의 열강이 치열하게 다투는 무대가 되었다. 이는 곧 서구의 중심이 이탈리아와 지중해에서 유럽 대륙의 서쪽인 북대서양 동쪽으로 이동한 것으로 볼 수 있다.

한편 국제정치학자 조지 모델스키George Modelski는 1494년을 근대 국제체제와 근대 세계 정치의 시작으로 보는 것은 앞서 언급한 사건 때문만은 아니라고 지적했다. 또 하나의 중요한 사건이 있었다. 바로 같은 시기에 전개된 지리상의 발견에 따른 유럽의 해외 확장이 첫 번째 글로벌 체제가 1494년에 나타나도록 이끌었다는 것이다. 1494년 6월 초, 샤를 8세가 이탈리아로 진격하기 7주 전에 포르투갈과 스페인 대표가 스페인 서북부의 작은 마을 토르데시야스에서 만나 조약Treaty of Tordesillas을 체결했다. 초기 유럽 해외 진출의 주인공인 포르투갈과 스페인은 전 세계 대양 항해, 장거리 무역, 식민지 경영을 두고 동경 48도선(브라질 아마존강 하구 부근을 지난다)을 따라 동서 큰 범위로 나누어 각각 포르투갈과 스페인이 독점한다고 규정했다. 토르데시야스 조약의 더 큰 의의는 "글로벌 수준에서 상호작용하는 체제, 세계 최초의 글로벌 정치체제"가 만들어졌다는 것이다.[3]

근대 국제체제가 갓 태어난 시기에 역사적 이정표가 될 만한 중대한 사건이 많이 발생했다. 이 체제의 출발점이 된 프랑스의 이탈리아 침략 외에 이와 유사한 사건을 계기로 유럽은 전 세계로 확장해나가며 세계 정치에 커다란 영향을 주는 위치를 차지했다. 이에 따라 국제 정치 구조에 근본적인 변화가 일어나 향후 450년간 세계 권력의 중심은 점점 서쪽으로 옮겨갔다.

독일 역사가 루트비히 데히오Ludwig Dehio는 17~18세기에 영국에 속해 있던 북아메리카의 식민지가 점점 강성해지는 것으로 이러한 권력의 이동을 이야기했다. "해역海域은 유럽의 에너지를 내륙에서부터 유럽 대륙의 서해안으로 끌어내 해군과 식민지 역량을 발전시켰다. 해군과 식민지 역량은 해양 국가를 중심으로 강화되었으며 최종적으로 유럽 서쪽 해안선 밖 잉글랜드에 모든 힘이 집중되었다. 지금 이 잉글랜드의 권력이 이동하기 시작했다. 마치 분수대 받침을 가득 채운 물이 흘러 넘쳐 아래 받침을 채우듯이 권력은 잉글랜드에서 서쪽으로 나아가 대서양을 건너고 있다.”[4]

여기서 상기해야 할 것은 포르투갈이 이 변화의 시작 단계에서 선도적인 역할을 했다는 점이다. 포르투갈은 대서양과 인도양 항로를 개척하고 새로운 동서 교통로와 전 세계를 잇는 '환상 구조'를 탄생(이전에 베네치아가 중심이 되거나 중개한 '구세계의 선형 체계'를 대신했다)시킴으로써 세계 역사를 뒤흔드는 혁신을 이루어냈다고 할 수 있다.[5]

포르투갈은 천연의 항구를 보유한 반도국가로 지중해에서 플랑드르 지방으로 가는 당시 유럽에서 가장 중요한 항로에 자리하며 또 대서양과 아프리카로 선박을 보내기에도 아주 좋은 위치에 있었다. 그들은 14세기에 이미 민족 통합과 결속을 매우 견고하게 다져 서구 역사에서 처음으로 통합된 민족국가를 형성했다고 인정될 정도다. 포르투갈은 장거리 무역, 조선업과 기타 관련 산업에 장점을 지닌 경제적 특징과 14세기 말 정치 변혁으로 조성된 군주와 도시 각 계급의 연맹이라는 정치적 특징을 가지고 있었다.

15세기에 들어서자 포르투갈은 세계 역사를 새롭게 쓰는 일련의 행보를 점진적으로 실현하는 데 매진했다. 먼저 1420년대에 아조레스제도와 모로코 서쪽 대서양에 있는 마데이라제도를 발견, 개발했다. 이어 1434년부터 아프리카 서해안을 탐험하기 시작해 무역 거점 공간을 마련했다. 다음으로 1487년에 바르톨로메우 디아스 Bartolomeu Dias가 희망봉을 발견했고, 마지막으로 1498년에 바스쿠 다가마가 인도로 가는 항로를 개척했다.

포르투갈 국왕은 이러한 활동을 조직하고 격려하며 이끌었다. 포르투갈은 대서양과 인도양의 여러 섬을 점령하고 식민지화했으며 대륙 간 장거리 무역을 시작했는데 이를 통해 장거리 항해 기술의 우수성을 과시하고 장거리 임무에 적합한 새로운 선박을 제작했다.

1500년 이후 몇십 년 동안 포르투갈은 거의 매년 동방으로 함대를 파견했다. "1515년에 이미 뉴펀들랜드 해안 밖의 대구 어장과 브라질에서부터 동아프리카, 페르시아만, 말라바르 해안, 향료 제도에 이르는 세계적인 네트워크가 만들어졌다. …… 이제 각 지역에서 대양을 거쳐 다른 모든 지역에 도달할 수 있게 되었다."[6] 이것이 바로 글로벌 정치 경제의 시초다.

더욱 중요한 것은 근대 강국의 최초 출현과 형성으로, 이는 근대 국제체제 탄생 시기에 역사적인 이정표가 된 또 하나의 중대한 새로운 사건이다. 서구 최초로 '근대적' 의미의 3대 강국인 프랑스, 영국, 스페인과 더불어 '전통적인 중세 형태 제국'인 합스부르크가가 여기에 속한다.

1453년 백년전쟁이 종결됨에 따라 영국은 완전히 유럽 대륙에서 축출되었고 마침내 프랑스는 가지고 있던 역량으로 자신을 강화하고 대외 정책에서 새로운 방향을 추구하는 데 집중할 수 있게 되었다. 영국과 프랑스 간에 벌어진 백년전쟁이 가져온 중요한 변화가 하나 있다. 전쟁이 오래도록 계속되는 동안 프랑스의 왕권이 강화되고 봉건귀족의 세력은 약화되면서 전통적인 중세 사회의 계급과 구조(삼부회, 파리고등법원 등)가 지니고 있던 중요성이 상실되기 시작했다는 것이다. 이 과정은 전쟁이 끝난 이후 더 가속화되었다.

1461년부터 결혼 동맹, 전쟁, 무역 등 각종 수단을 동원한 '위대한 영토 확장자' 루이 11세Louis XI(재위 1461~1483), 뒤이어 샤를 8세와 루이 12세Louis XII(재위 1498~1515)가 프랑스 영토의 통일을 완성했다. 백년전쟁을 치르는 동안 프랑스인의 마음속에 일어난 민족적 자부심, 애국심과 더불어 다방면의 전형적인 중앙집권화 조치가 프랑스의 정치적 통일에 큰 힘을 실어주었다.[7]

"백년전쟁 이후 불과 수십 년 사이 영국, 부르고뉴, 브르타뉴로부터 귀속한 왕실 영토의 공고화, 의회의 승인 없이 직접세(특히 인두세)를 부과할 수 있는 관행, 새로운 국무 대신의 지속적인 행정 능력, 강력한 포병을 갖춘 '왕립' 군대의 존재 등에 힘입어 프랑스는 성공한 통일 근대국가로 보였다."[8] 프랑스의 근대 강대국화는 중앙집권 국가가 역사상 최초로 부상한 것으로 여겨진다.

한편 영국은 근대 강대국화 초기 단계에서 특히 재정과 상업적 성취에 의존했다. 영국의 부흥은 1485년에 시작된 튜더 왕조의 첫 번째 왕 헨리 7세Henry VII(재위 1495~1509)가 국내 안정에 집중해 수입원을 확충하고 지출을 절감하는 재정 정책을 성실히 실행할 수 있느냐에 달려 있었다. 우선 헨리 7세는 왕실 지출을 줄이고 채무를 갚아나갔으며 상업과 어업을 장려해 장기간 내전과 국제 전쟁으로 지친 영국이 원기를 회복하도록 애썼다. 이를 통해 사회가 비교적 우월한 산업 전통과 지정학적 경제 위치에 힘입어 자발적으로 그 밖

의 것을 성취하도록 했다.[9]

다른 한편 헨리 7세는 왕실 영지를 회복하고 실패한 반란 귀족과 왕위 경쟁자의 영지를 빼앗았다. 증대한 무역에서 관세 수입을 획득했고 왕실 법원과 기타 법정을 운영해 이득을 얻었다. 이 모든 것이 근대 초기에 쉽게 실현할 수 없었던 건전한 국가 재정 능력을 향상시켜 주었다. 동시에 유럽의 중심이 지중해에서 북대서양으로 옮겨감에 따라 영국은 고유의 해양 지정학적 정치, 경제 잠재력을 개발해 혜택을 받기 시작했다. 백년전쟁에서의 패배가 오히려 영국의 미래에 장점으로 작용했는데, 유럽 대륙에서 축출됨으로써 영국은 '새롭고 확고하게 규정된 독특한 국격'과 '신이 내려준 축복 같은 바다의 원리를 발견'할 수 있었다.[10]

경제적으로 영국 사회는 해양 교통의 편리함과 서유럽, 중부유럽 및 서남유럽과의 더욱 발전된 무역 네트워크를 이용하기 시작했고 이를 기반으로 영국의 상공업 번영을 이끌었다. 영국 국왕은 봉건귀족 세력을 억누르고 왕에게 권력을 집중시키면서 국내 안정과 도시와 농촌 간 질서를 증진시켰다. 대외 정책에서는 헨리 8세Henry VIII(재위 1509~1547)의 수석 대신 토머스 울지Thomas Wolsey 추기경을 거치면서 16세기 말 이후 300여 년 동안 유지한 유럽 대륙에 대한 영국의 기본 국책 전통을 만들어나가기 시작했다. 이것이 바로 '세력 균형 조정자'로서 약한 자를 도와주고 강한 자를 억눌러 영국 본토의 안정과 해외에서의 우월한 지위를 보장하는 것이었다.[11]

프랑스와 영국의 궤적과 마찬가지로 스페인 역시 뚜렷한 민족성과 역사 노선을 가지고 근대 강대국으로 떠올랐다. 스페인은 이민족의 지배를 받으며 분열되고 허약한 상태에서 벗어나자마자 통일된 유럽 강대국의 길로 재빨리 나아갔으며 반세기 만에 '보편 제국'으로 발전하기 위해 야심차게 노력했다고 말할 수 있다.

스페인의 빠른 상승은 1469년에 시작되었다. 이 해에 이베리아반도 동북부 아라곤왕국의 페르난도 왕자와 카스티야왕국의 이사벨 공주가 결혼함으로써 두 왕국은 통합의 발판을 마련했다. 1474년 이사벨 공주는 카스티야의 여왕 이사벨 1세Isabel I de Castilla(재위 1474~1504)가 되었고 페르난도 왕자가 아라곤의 왕 페르난도 2세 Fernando II de Aragón(재위 1479~1516)로 즉위한 1479년에 두 왕국은 카스티야—아라곤 연합 왕국인 스페인왕국이 되었다. 공동 군주인 페르난도 2세와 이사벨 1세는 전쟁을 수단으로 삼고 가톨릭을 신종하는 스페인 민족주의를 동원해서 이민족이자 이교도인 무어인과 유대인을 이베리아반도에서 축출하고 그라나다를 수복했으며 동시에 북부의 나바라왕국을 합병했다. 이것이 바로 유명한 '레콩키스타 Reconquista(국토회복운동)'다. 이를 통해 당시 유럽에서 가장 강한 군사력을 갖추어 영토 통일을 실현했으며 굳건한 신앙심으로 스페인 사람들을 뭉치게 함으로써 스페인 민족국가 형성을 촉진했다.[12]

막 흥기한 이 민족국가는 최초의 중앙집권 국가이기도 했다. 두 군주는 효과적인 중앙 관료제를 완성해 전제군주제를 실시하고 대귀족 세력을 억압했다. 뿐만 아니라 국내 중앙집권 발전 추세에 발맞추어 대외 확장을 추구했는데 대서양과 이웃한 반도의 유리한 위치를 이용해서 포르투갈과 거의 동시에 해외 원정을 시작했다. 스페인은 신속하게 중앙아메리카와 남아메리카를 정복해 대량의 백은을 끊임없이 획득함으로써 국가 재정을 크게 강화할 수 있었다. 대서양을 건너 서쪽으로 확장한 것은 "이 모험적이고 호전적인 민족에게 새로운 길을 열어주었지만 그렇다고 스페인의 대륙적 특성이 엷어지거나 스페인을 해군과 상업 강국으로 발전시키지는 않았다."[13]

기억해야 할 중요한 것은, 부상하기 시작한 프랑스, 영국, 스페인의 3대 근대 강대국이 지리상의 대발견을 이끈 포르투갈과 함께 모두 최초의 근대 민족국가라는 점이다. 근대 역사에서 가장 큰 혁신이 바로 민족국가다. 근대 민족국가의 출현은 앞서 서술한 프랑스, 영국, 스페인의 국가 통일과 중앙집권화 추세를 강화하는 데 필요했을 뿐만 아니라 이러한 중대한 역사적 사건에 동반되는 사상의 변화를 언급할 때에도 필요했다. 즉 새로 일어난 유럽 민족국가 혹은 근대 강국은 중앙집권국가를 세우고 각자의 대내외적 주권 지위를 확장하고 유지하기 위해 근대 정치사상이 형성되던 시대에 매우 중요했던 왕권신수설, 국가주권, 국가이익학설 같은 이론 사상의 기치를 내세웠다. 이러한 사상이 뒷받침하는 가운데 가톨릭교회, 황제, 대귀족, 종교 파벌 같은 모든 분권적 봉건 불복종 세력과 전쟁을 시작해 통일된 지고至高의 국가 권위(그 시대는 곧 군주 권위)를 전면적으로 수립하려고 애썼다.[14] 이것은 근대 민족국가에서 일어난 최초의 이데올로기 혁신이라고 할 수 있다.

프랑스, 영국, 스페인이라는 유럽 최초의 근대 강국 세 나라와 같은 시기에 왕조 간 결혼과 영지 상속을 유지하며 존재한 '전통적인 중세 형태 제국'이 바로 오스트리아의 합스부르크가문이다. 앞에서 살펴본 것처럼 세 나라가 영토를 집중하며 근대 민족국가를 형성해

나간 것과 정반대로 합스부르크가는 영토를 분산해 민족의 속성을 더욱 복잡하게 만들었다. 12세기 초 공작의 영지에서 시작된 합스부르크가의 통치 범위는 결혼, 매수, 전쟁을 통해 점점 확장되었다.

특히 1493년에 즉위한 막시밀리안 대공이 1508년 신성로마제국 황제 막시밀리안 1세Maximilian I, Holy Roman Emperor(재위 1508~1519)가 된 것을 전후로 오스트리아는 주로 결혼과 계승을 통해 차례로 영국 해협 남쪽의 부르고뉴와 풍요로운 네덜란드를 획득했고 이어서 보헤미아와 헝가리를 합병했다. 합스부르크가가 혼인 관계로써 확장한 최대 성과는 막시밀리안 1세의 아들 펠리페와 스페인왕국의 페르난도 2세와 이사벨 1세의 딸 후아나의 결혼으로 이루어졌는데, 이를 통해 카스티야, 아라곤, 사르데냐, 시칠리아와 이탈리아 남부를 포괄하는 거대한 스페인 본토와 속지 등이 합스부르크가로 귀속되었다.[15]

1519년 막시밀리안 1세의 뒤를 이어 신성로마제국 황제가 된 카를 5세Karl V. Holy Roman Emperor(재위 1519~1556)가 물려받은 대제국(여러 덩어리로 나뉜 합스부르크제국)은 하나로 통일되지 않은 영토 안에 서로 다른 정치, 사회, 민족 구조가 다수 존재하는 형태였다. 말하자면 그들은 근대와는 거리가 먼, 구제국의 왕조 권력에 의해서만 연결되어 있었다. 그러나 근대 국제체제가 아직 정형화되지 않은 시대였기 때문에 합스부르크가는 그 방대한 규모와 그에 상응하는 자원, 보편 제국의 야심, 가톨릭교의 반종교개혁 열망, 신성로마제국이라는 허명이 남긴 영향에 의지해 최상의 강국으로서 근대 국제체제를 말살하는 거대한 역사적 물결을 일으켰다.[16]

1494년부터 1559년까지 이들 유럽의 네 강대국과 기타 유럽 국가가 복잡하게 뒤섞여 66년 동안 단속적으로 '이탈리아전쟁'을 벌였다. 이것은 막 생겨난 근대 국제체제 내에서 첫 번째로 일어난 중대한 전쟁으로, 어떤 이는 더욱 정확하게는 근대 국제체제가 이 길고 긴 전쟁 속에서 출현했다고 이야기하기도 한다. 프랑스 국왕 샤를 8세가 이탈리아에 출병함으로써 전쟁이 시작되었기 때문에 주인공은 프랑스와 스페인이었다.

　전체 형세가 다양하게 변화하는 불확실한 상황이 전개되었지만 대략적으로 정리하면 1494년부터 1515년까지 프랑스는 유럽의 현실에 극렬히 도전하며 이탈리아에 대한 주도권을 쟁취하려고 했을 뿐만 아니라 유럽에서 프랑스의 우위를 점하려고 했다. 그러자 스페인은 오스트리아, 영국, 교황령과 몇몇 이탈리아 도시국가의 군대와 연합해서 반프랑스 전선을 구축했다.

　1515년 이후에는 스페인이 이탈리아와 유럽의 패권을 적극적으로 추구하게 되었다. 그러자 프랑스는 심지어 이교도 국가인 오스만제국까지 포함하는 대동맹을 여러 차례 구성해 스페인과 오스트리아를 이미 장악한 합스부르크가를 저지하며 반격했다.[17]

　결국 1559년 4월 카토캉브레지 조약Peace of Cateau-Cambrésis의 체결로 이탈리아전쟁이 끝났고 프랑스는 이탈리아에 대한 대부분의 권리를 스페인에게 넘겼다. 이탈리아전쟁은 유럽 역사 발전 과정에 다음과 같은 큰 영향을 주었다. 첫째, 이탈리아 국제체제를 붕괴해 이후 이탈리아는 근대 유럽 국제체제의 한 부속으로 전락했다. 둘째, 프랑스와 스페인 외에 중부 유럽과 서유럽의 여러 국가(영국, 오스트리아, 독일의 여러 연방과 스위스 등)가 점차 전쟁에 휘말려들었고 나아가 유럽 국제 정치와 오스만제국 사이에 매우 긴밀한 관계가 형성되었다. 이를 기반으로 확대되고 다원화된 유럽 국제체제가 기초를 다지게 되었다. 셋째, 이탈리아 국제체제의 상주 외교관 제도가 중부 유럽과 서유럽 전체로 확대되어 유럽 근대 국제 사회와 국제 외교 시스템 형성을 제도적으로 촉진했다.[18] 마지막으로 이탈리아전쟁은 독일의 종교개혁 운동과 한데 얽히면서 근대 국제관계사 최초의 '보편 제국' 추구, 즉 합스부르크제국 카를 5세의 패권 추구를 실패로 이끌었다.

카를 5세의
패권 추구와 실패

합스부르크제국 영토는 막시밀리안 1세의 아들 펠리페와 페르난도 2세와 이사벨 1세의 딸 후아나의 결혼으로 급속히 확장되었다. 그리고 1500년에 펠리페와 후아나 사이에서 후계자 카를이 태어났다. 카를은 15세에 부르고뉴 대공, 이듬해에 스페인 왕위를 계승해 카를로스 1세Carlos I(재위 1516~1556)가 되었고, 이어 1519년에 할아버지 막시밀리안 1세의 신성로마제국 황제 제위와 오스트리아 합스부르크 세습 영지를 물려받아 카를 5세가 되었다.

1526년 헝가리 왕 러요시 2세Lajos II(재위 1516~1526)가 오스만제국과의 전쟁에서 후사 없이 사망하자 카를 5세는 헝가리와 보헤미아의 통치권을 가지게 되었다. 이로부터 1556년 퇴위할 때까지 카를 5세는 세계사에서 최초로 '해가 지지 않는 제국'이자 유럽에서 차지하던 규모가 중세 초기 이래 어떤 유럽 국가도 이에 미치지 못한 대제국을 통치했다. 그러나 카를 5세의 포부는 제국의 당시 영토에 머무르지 않았다.

카를 5세의 기본 국책에는 3대 주도 사상이 있었다.

첫째, 공통 군주 한 명이 지배하는 방대한 제국 구조를 대체로 유지하면서 각 나라가 원래부터 보유한 정치 형태와 국체國體 지위를 바꾸지 않고 공통되고 단일한 제국 조직을 구축하지 않으며 제국을 구성한 각 나라 간 밀접한 연계를 촉진하지 않았다.

둘째, 유럽의 패권을 쟁취했다. 이는 합스부르크가가 유럽의 다른 국가를 지도하는 지위를 가지는 것으로 직접 지배하지는 않는 방식의 패권이다.

셋째, 가톨릭의 '참신앙', 교회의 권위, 제국 황제권에 대항하는 종교개혁 흐름에 맞서 가톨릭의 절대적 정통 지위를 수호하고 독일의 프로테스탄트 운동을 제압하는 동시에 크리스트교 세계를 이끌어 이교도인 오스만튀르크족을 유럽에서 몰아냈다.[19]

카를 5세 재위 기간 동안 대외 정책에서는 유럽에서 가장 부유하고 인구가 많은 지역인 이탈리아에서의 주도권을 놓고 프랑스와 벌인 쟁탈전과 독일의 프로테스탄트 세력을 제거하는 일, 그리고 분열된 독일의 여러 연방을 황제 아래로 통일시키는 데 힘을 쏟았다. 그는 합스부르크제국의 판도를 수호하고 확대해가면서 최대 라이벌이던 프랑스를 최종적으로 정복하고자 했다. 스페인 왕이 신성로마제국 황제가 된 사건 자체가 중대한 의미를 지녔는데, 그로 인해 출현한 전대미문의 거대한 제국이 유럽의 형세를 급변시켰고 실마리를 처음 드러낸 근대 국제체제는 엄중한 검증을 받게 되었다.

상황은 더욱 심각해져 1525년 프랑스 왕 프랑수아 1세François I(재위 1515~1547)가 이탈리아 북부 파비아에서 벌어진 전투에서 신성로마제국에 패해 포로가 된 후 이듬해 서부르고뉴와 프로방스 지방을 스페인에게 넘겨주는 조약에 서명했다. 이로써 카를 5세는 그야말로 전성기를 누리게 되었다.

카를 5세가 패권을 추구한 과정에서 제국주의와 근대 국제체제의 중대한 문제가 드러났다. 우선 근대 유럽 국제체제의 탄생과 변천에 있어서 처음으로 외부의 힘이 커다란 영향을 미친 점, 카를 5세의 패권 추구 노력의 '방어적 측면'은 곧 '안전한 제국주의를 위해서'였다는 점, 합스부르크 스페인은 카를 5세 시기에 제국의 '과도한 팽창'으로 인한 문제가 상당히 심각했다는 점이다.

여기에 오스만제국의 서지중해에 대한 강한 압박이 실제로 16세기 스페인의 성격과 변화에 결정적인 영향을 주었다. 카를 5세는 자신의 제국이 풍부한 자금과 인력 자원을 토대로 전쟁을 전문으로 하는 오스만제국의 도전에 직면해 있음을 깨달았다. 그들은 스페인에게 여러 방면에서 위협이 되었는데, 해적이 해안 지역을 습격하거나 시칠리아로부터 곡물을 공급받던 해로를 쉽게 장악할 수 있었고 스페인에 남아 있던 여전히 많은 무어인 세력을 이용해 오스만제국의 스페인 침공을 내부에서 호응하게 했다.

"이로 인해 스페인은 자신이 오스만제국의 침략을 저지하는 천연 보루로써 유럽 전선의 최전방에 위치하고 있음을 깨달았다. 바로 이 점에서 카를 5세의 제국주의가 융성하기 시작했다. 하나의 제국으로서 오스만제국의 기습에 맞서려 한 것이다. 아라곤왕국은 매우 허약한 상태로 오스만제국의 침공을 저지하거나 물리칠 수 없었고 카스티야도 국경 밖의 방어선을 필요로 했는데 카를 5세의 제국주의가 그 방어선을 제공해주었다. 그는 넓게 분포되어 있던 영지에서 재정과 군사 자원을 동원했고, 독일 은행가의 대여금과 함께 제노바 동맹의 해군력을 이용해서 이탈리아와 시칠리아를 지켜냈다. 이로써 오스만제국의 살육으로부터 스페인 본토를 방어할 수 있었다."[20]

대체로 모든 제국 역사의 마지막에는 치명적인 '과도한 팽창'이 문제가 되곤 했으며 카를 5세의 대제국도 예외가 아니었다. 특히 스페인제국 역사 연구의 권위자 존 엘리엇John H. Elliot의 평가에 따르면, 카를 5세는 독일 문제와 프랑스와의 전쟁에 과도하게 개입함으로써 오스만제국 세력을 향해 공격적인 정책을 지속적으로 실행할 수 없게 되었다. 좀 더 광범위하게 말하면, 제국의 과도한 팽창 때문에 스페인은 계속 전쟁을 치러야 했으나 많은 경우 스페인의 근본적인 이익과 발전에 조금도 도움이 되지 않은 전쟁이었고 심지어는 해악이 되기도 했다. "정벌이 무한정 계속되었다는 것은 정벌에 종사하는 사회의 낡고, 시대에 뒤떨어진 사회조직 또한 무한히 지속되었음을 의미한다." 이것이 16세기 합스부르크제국이 체제와 경제 같은 핵심 부분에서 상대적으로 낙후된 하나의 중요한 원인이었다.[21]

카를 5세의 패권 추구는 실패했다. 그 실패의 주요 증거가 1559년 카토캉브레지 조약과 1555년 아우크스부르크 화의Augsburger

Religionsfrieden다. 카토캉브레지 조약은 프랑스, 합스부르크 스페인, 영국이 체결한 것으로, 이 조약으로 프랑스는 스페인의 동맹세력이던 사보이아(프랑스 남부와 이탈리아 북부에 있던 공국으로 현재는 프랑스령)의 에마누엘레 필리베르토Emanuele Filiberto 공작에게 사보이아와 피에몬테를 돌려주었고 코르시카를 제노바에게 양도했으며 밀라노에 대한 권리를 완전히 포기했다. 프랑스가 포기한 밀라노, 나폴리, 시칠리아, 사르데냐 등 이탈리아의 절반 이상을 차지한 것은 스페인이었지만 실제로 프랑스를 정복하려 했던 카를 5세의 희망은 완전히 사라졌다. 그리고 프랑스는 전쟁을 치르며 동쪽 국경을 대폭 밀고 나가 프랑스와 스페인 양 강대국 사이에 대체적으로 세력 균형의 국면을 확립했다.

정리하면, 막 태동을 시작한 근대 유럽 민족국가는 주권 지위를 공고히 다지게 되었으며, 무질서하게 분산되어 있던 중세 제국의 팽창이 갑자기 중단되었다. 이렇게 세력 균형을 이룬 초기 단계의 근대 국제체제가 그 최초 형태를 드러냈다. 아우크스부르크 화의는 이탈리아전쟁과 서로 뒤섞인 독일의 종교개혁을 진압하려는 전쟁에서 비롯된 것이다. 가톨릭과 제국의 권위를 크게 드날리려고 생각한 황제는 1547년에 뮐베르크에서 독일 프로테스탄트 제후 연합군에 대승을 거두었다.

그러나 이 대승은 황제의 독일 동맹자에게 가까운 장래에 제국이 전권 통치를 할 것 같다는 걱정을 불러일으켰다. 1552년 작센 선제후 모리츠Moritz von Sachsen가 반란을 일으켜 무방비 상태의 카를 5세를 공격하자 황제는 허겁지겁 도주했고 그의 독일 정책도 붕괴되었다. 3년 후 카를 5세는 아우크스부르크에서 프로테스탄트 제후들과 종교 화의를 체결해 루터교파의 합법적 정당성을 인정했고, 각 연방의 제후가 백성의 종교 신앙을 결정할 권한이 있다고 규정했다. 이것이 유명한 '그의 왕국에, 그의 종교Cuius region, eius religio'라는 신앙 속지주의 원칙이다.

이로써 카를 5세의 제국에 대한 꿈은 사라져버렸고 독일은 정치 분열이 계속되었을 뿐 아니라 종교 분열도 돌이킬 수 없게 되었다. 이듬해인 1556년 카를 5세는 퇴위했으며 그의 동생 오스트리아 대공 페르디난트 1세Ferdinand I, Holy Roman Emperor(재위 1556~1564)의 강력한 요구로 합스부르크제국은 둘로 나뉘었다. 카를 5세의 아들 펠리페 2세Felipe II(재위 1556~1598)는 스페인과 해외 식민지, 네덜란드, 이탈리아와 프랑스의 프랑슈콩테 지역을 계승했고, 페르디난트 1세는 신성로마제국 황제의 지위를 이어 받아 합스부르크제국의 나머지 지역을 다스렸다.

카를 5세가 재위한 40년 가까이 가톨릭의 수호자 프랑스는 계속해서 그와 전쟁을 하는 데 최우선적인 역량을 투입했는데, 그 동기는 완전히 세속적이었다.[22] 가장 중요하고 열정적이면서 강인한 투사는 1515년부터 30여 년 간 재위한 프랑수아 1세다. 그는 실제로 유럽 대륙의 세력 균형이 이루어져야 한다고 생각했으며, 이러한 세력 균형에 뜻이 있는 동맹체를 건설하는 것이 프랑스 안전의 전제가 된다는 것을 알고 있었다.

파비아전투에서 패하고 포로가 된 프랑수아 1세는 영토 할양 조약에 강제로 서명했지만 석방 후 즉시 조약을 파기하고 전쟁을 계속한 것은 물론 아주 신속하게 프랑스의 대동맹 체계를 건설했다. 이 체계는 세 부분으로 구성되었다. 하나는 동방 체계로 오스만제국, 폴란드, 트란실바니아를 포함한다. 다른 하나는 중부 유럽 체계로 스위스, 독일 프로테스탄트 제후를 포함한다. 마지막은 남방 체계로 베네치아, 교황령, 이탈리아의 친프랑스 도시국가를 포함한다. 이는 또한 유럽 근대사에서 첫 번째 세력 균형 구조라 말할 수 있다. 이 가운데 가장 중요하고 참신하면서 또한 역사가 사이에 많은 논란이 된 것은 프랑스가 오스만제국과 영구 동맹 혹은 '전략적 동반자 관계'를 맺은 것이다.

1525년 말 프랑수아 1세가 콘스탄티노플로 사절을 보내 술탄 술레이만 1세Süleyman I(재위 1520~1566)에게 도움을 청하자 그는 흔쾌히 허락했다. 오스만제국 군대는 신속하게 육지와 바다 두 방향에서 합스부르크제국을 향해 대거 진격해 일시에 빈Wien 성 아래까지 도착했다. 1536년 프랑수아 1세가 파견한 프랑스 수석 대사가 술레이만 1세와 프랑스—오스만제국 통상조약을 체결했다.[23] 프랑스와 오스만제국 함대가 여러 차례 지중해에서 연합해 합스부르크제국을 공격한 것으로 보아 프랑스—오스만제국 통상조약에는 비밀 군사 협정이 포함되어 있을 가능성도 있다.

카를 5세는 유럽 대륙과 지중해에서 두 강국의 협공을 받는 전략적 곤경에서 벗어날 수 없었다. '최고 그리스도교 폐하His Most Christian Majesty'라고 자칭한 프랑수아 1세와 이교도인 오스만제국의 동맹은 카를 5세의 유럽 패권 추구를 저지하는 데 있어 가장 중요한 역할을 했다. 이것은 근대사에서 유럽 세력 간 균형을 이루는 데 주요한 역할을 한 첫 번째 외부 원천 혹은 외부 원인이었다. 말하자면 프랑스가 유럽에 외부 세계를 끌어들이는 데 있어 결정적인 역할을 한 것이다.

펠리페 2세의
패권 추구와 실패

　펠리페 2세는 카를 5세에게서 스페인과 해외 식민지, 네덜란드, 이탈리아와 프랑스의 프랑슈콩테 지역을 계승했고, 또한 카를 5세의 보편 제국 수립을 향한 열망과 열렬한 가톨릭 통일 이념을 이어받았다.

　42년 동안 재위한 군주는 시종일관 어떠한 대가를 치르더라도 세계 제국 스페인을 유지하며 제국을 확장시키겠다는 뚜렷한 목적의식을 가지고 있었다. 펠리페 2세를 중심으로 스페인 사람들이 가졌던 세계 통치를 향한 환상은 많은 역사 문헌과 문물에서 직접 볼 수 있다.

펠리페 2세는 1548년 스페인에서 네덜란드까지 순행하고 1571년 레판토해전에서 승리를 거두었다. 그리고 1580년 포르투갈을 합병함으로써 합스부르크가가 '보편 제국'이 되었다고 강력히 주장했다. 1590년대에 이탈리아와 스페인에서 보편주의 문화 사조가 나타났는데, 1600년에 이탈리아 철학자 톰마소 캄파넬라Tommaso Campanella가 저술하기 시작한 계시록 형식의 『스페인 군주국De Monarchia Hispanica』에서 절정에 이르렀다. 카를 5세를 훨씬 뛰어넘는 광적인 가톨릭 신봉과 반종교개혁 이념이 결합한 펠리페 2세의 제국주의는 일종의 구세救世 제국주의였다. 따라서 국왕의 전략적 판단과 상식보다 종교적 원칙이 우선시되었다.

펠리페 2세가 주력한 세 가지 방면의 목표를 살펴보자.

첫째, 스페인제국의 모든 지역을 지키고자 했다. 특히 네덜란드가 제일 먼저 무너지는 도미노가 되어 이탈리아, 아메리카, 이베리아반도 주변 왕국에 대한 스페인제국의 지배권이 심각하게 동요하거나 붕괴하지 않도록 네덜란드의 독립을 추구하는 모반 세력을 완전히 뿌리 뽑으려 했다.

둘째, 아무도 도전할 수 없는 유럽의 패권국으로 스페인을 만들려고 했다. 특히 영국을 정복하기 위해 힘을 쏟았는데, 이는 지정학적 측면에서 일석삼조의 효과를 거둘 수 있는 것이었다. 즉 스페인이 아메리카에서 운송해오는 재물을 영국이 가로막거나 약탈하는 행위를 막고 네덜란드의 반란에 가장 중요한 역할을 하던 국제적 지지를 없앨 수 있었다. 또한 이베리아반도의 안전을 해칠 수 있는 영국의 해상 위협을 선제적으로 차단할 수 있었다. 한편 1562년 이후 프랑스의 종교 분열이 가져온 장기간에 걸친 내전에 개입함으로써 프랑스를 스페인의 가톨릭 종속국으로 삼으려 했다.

셋째, 프로테스탄트 세력을 완전히 없애고 가톨릭의 통일을 회복함으로써 스페인제국의 보편 종교와 정치적 통치를 확립하려 했다. 여기에서 중요한 것은 위에서 언급한 목표와 일치하는 것으로, 프로테스탄트 네덜란드의 반란을 제압하고 개신교 영국을 정복하며 프랑스 국내 가톨릭 연맹을 지지해 위그노파를 제압하고 프랑스 왕위를 빼앗는 것이었다.

통치 영역으로만 보면 펠리페 2세의 스페인제국은 카를 5세의 제국보다 분명히 작았다. 합스부르크의 광활한 중부 유럽 영지를 그 통치 아래 두지 않았기 때문이다. 그러나 중요도 면에서 펠리페 2세는 카를 5세보다 더욱 크고 견고한 '권력 기반'을 가지고 있었다.

카를 5세의 제국은 산산조각 난 '지리적 거대 괴물'로 내부 통합이나 유기적 연계가 부족하고 제국 각 부문 간 이익이 종종 충돌해 화합될 수 없었다. 더구나 카를 5세가 스페인 왕위에 있던 40여 년 동안 스페인에서 지낸 시간은 16년도 안 되었다. 1543년부터 퇴위할 때까지 카를 5세는 스페인에서 아예 보이지 않았다. 그가 독일에서 처리해야 할 일과 프랑스와의 전쟁에 지나치게 얽매이면서 스페인은 "어떠한 이익 충돌 상황에서도 두 번째 자리를 차지했고, 우선권은 늘 신성로마제국의 위엄과 명망, 권위에 대한 고민에 있었다. 대다수 스페인 사람들은 이러한 상황을 쉽게 이해할 수 없었다."[24]

합스부르크 영토가 둘로 나뉜 새로운 국면에서 펠리페 2세는 줄곧 마드리드를 자신이 상주하는 통치의 중심지로 삼았으며 이베리아반도의 안전을 제국 국방의 핵심으로 생각했다. 한편 펠리페 2세가 통치하는 동안 반종교개혁 운동의 기세가 절정으로 치달은 것은 상당 부분 스페인 민족이 열렬하게 신봉한 가톨릭 신앙 덕분이었다. 이는 펠리페 2세의 제국 충동에 매우 강한 정신적인 동력을 제공해 주었다.[25]

더욱이 카를 5세 시대와 비교하면, 스페인이 소유하고 있던 아메리카 식민지에서 훨씬 많은 자원이 개발되었을 뿐만 아니라 포르투갈을 합병함으로써 유럽의 모든 해외 식민지가 펠리페 2세의 손에 들어오게 되었다. 한마디로 카를 5세에서 펠리페 2세에 이르기까지 "플랑드르에 기반을 둔 중부 유럽 제국이 스페인을 중심으로 하는 대서양 제국으로 바뀌면서 신대륙의 모든 자원을 장악했다"[26]라고 할 수 있다. 또한 펠리페 2세는 전례 없는 모종의 전 세계적 대전략을 펼칠 수 있는 시야와 조직 체계를 갖추고 있었다.[27]

마찬가지로 중요한 점은, 카를 5세 시대에 비해 외부 환경이 많은 면에서 펠리페 2세가 패권을 추구하기에 유리하게 변했다는 것이다. 독일 프로테스탄트 제후들은 아우크스부르크 화의에 따라 자기 영지 안에서 통치를 보장받게 되자 종교개혁의 열정에서 "평범하고 지루하며 생기라고는 없는 독일인의 삶"[28]으로 빠르게 물러나버렸다. 강력한 반종교개혁 운동이 프로테스탄트의 전파를 성공적으로 저지한 것이다.

같은 시기 프랑스는 여러 해에 걸친 종교 내전으로 인해 장기간 침체 상태에 빠져 펠리페 2세가 패권을 도모하는 것을 무력하게 지켜볼 수밖에 없었다. 동쪽에서는 술레이만 1세가 세상을 떠난 후 이

전에 합스부르크제국과 균형을 이루던 오스만제국의 국력이 급속도로 약해지기 시작했다. 그 결과 1571년 오스만제국의 해군은 스페인—베네치아 연합 함대에게 레판토에서 대패했다. 또 헨리 8세의 딸로 독실한 가톨릭 신자였던 영국 여왕 메리 1세Mary I(재위 1553~1558)는 펠리페 2세가 스페인 왕위를 계승하기 얼마 전에 그와 결혼해서 영국은 스페인의 예속 국가처럼 되었다. 유럽 안팎은 보편 제국을 이룩하려는 합스부르크의 힘을 다시는 막을 수 없을 것 같았다.

그러나 역사의 필연성과 우연성이 동시에 작용해 펠리페 2세의 제국 앞에 패권 추구를 가로막는 두 세력이 나타났다. 첫째, 네덜란드공화국United Provinces of the Netherlands으로 1568년에 시작해 13년 동안 계속된 네덜란드 독립전쟁의 성과였다. 둘째, 개신교 영국으로 메리 1세가 1558년에 후사 없이 세상을 떠나자 신교도 엘리자베스 1세Elizabeth I(재위 1558~1603)가 뒤이어 왕위에 올라 통치하게 되었다.

넓은 의미에서 영국과 네덜란드는 모두 해상 강국의 부상이며 유럽 국제 정치에 대한 반작용으로 해외 확장을 추구한 것이라고 할 수 있다. 이 속에 담긴 중요한 메커니즘의 핵심은 이렇다. "해외 확장이 국제체제와 동시에 탄생한 것은 서방 세계의 경계를 뛰어넘은 생기발랄한 모습이며 동시에 그것의 통일을 무너뜨린 것이다."[29]

영국과 네덜란드, 두 해상 강국은 펠리페 2세의 패권 추구를 실패로 이끄는 데 결정적인 역할을 했다. 그들은 펠리페 2세의 패권 추구를 좌절시켰을 뿐만 아니라 해양 강국이 유럽 대륙의 여러 국가와 연합해 반패권주의를 이끌면서 유럽의 세력 균형을 유지하는 하나의 운영 방식을 개척했다. 이런 것이 모두 초기 근대 국제체제에서의 중요한 발전과 변화라고 할 수 있다.

네덜란드 독립전쟁이 발발하고 11년이 지났을 때 네덜란드는 타협을 주장하는 남부의 10개 주와 독립을 추구하는 북부의 7개 주로 양분되었다. 1581년 북부의 7개 주는 스페인과의 관계 단절을 선언하고 연합 공화국인 네덜란드공화국을 수립했다. 정권은 연합 의회와 총독 오라녀공(당시 독립전쟁의 지도자 '침묵공' 빌럼 판 오라녀 Willem Van Oranje)이 공동으로 담당했다. 1609년 스페인과 네덜란드는 정전 협정을 체결해 네덜란드의 독립 지위를 사실상 승인했다. 이어 약 30년 동안 계속된 유럽의 종교 전쟁을 종결하고 법률적으로 주권 원칙을 확정한 1648년 베스트팔렌 조약Peace of Westphalia으로 네덜란드의 독립이 정식 인정되었다.

해상 운송과 무역은 네덜란드의 거의 전부였다. 이들이 네덜란드의 공공 및 민간의 재력, 육군과 해군력, 사회 정치 구조, 국민성과 사상을 궁극적으로 뒷받침했다. 이런 의미에서 해상 강국 네덜란드는 장장 40년에 달하는 무장 투쟁으로 펠리페 2세와 그 후계자에게 지속적으로 결정적인 타격을 가했다. 이로써 네덜란드가 합스부르크 스페인을 무너뜨렸다고 보는 견해도 있다.

이 과정에서 네덜란드는 세계 역사에서 의미 있는 몇 가지 큰 혁신을 했다. 우선 법학자 휘호 흐로티위스Hugo Grotius의 『자유해양론Mare Liberum』(1609)을 기준으로 삼아 네덜란드는 대양 항해, 원양 무역과 식민지 경영을 독점하던 스페인과 포르투갈의 체제를 부정하고 개방적이고 광범위한 글로벌 체제를 열었다. 흐로티위스의 법률 대작 『전쟁과 평화의 법De jure belli ac paci』(1625)은 네덜란드의 독립에 매우 큰 영향을 주었으며, 베스트팔렌 조약이 비준한 주권 원칙은 주권국가체제의 원칙을 확립해주었다. 또한 의회제도와 칼뱅파 신교의 장점에 종교적 관용을 결합해 개방적이고 다원화된 국내 정치, 종교 체제를 창조했다. 이들은 모두 근현대 자유 민주 체제의 맹아 형태로,[30] 네덜란드는 '사회 자유', '해양 자유', '유럽 자유'[31]의 창시자다.

당연히 네덜란드 한 나라의 규모와 제한된 역량으로는 펠리페 2세의 패권 추구를 막을 수 없는 것은 물론 네덜란드 자신의 독립과 안전을 지키기에도 부족했다. 따라서 엘리자베스 1세가 통치하는 영국의 반패권주의 노력이 절대적으로 필요했다. 영국은 사회 경제 형태, 정치 문화 특징과 종교 신앙 등의 측면에서 네덜란드와 많은 부분 유사했다. 그러나 네덜란드와 비교했을 때 영국의 부흥은 해외 사업, 해상 역량과 더욱 밀접하게 연결되어 있었으며 여기에 더해 섬나라라는 지리적 위치가 주는 안전성, 대규모 육상 기반, 더욱 힘을 기울인 해양력에 의지했다.[32]

네덜란드가 주의회와 총독이 서로 구속받고 심지어 충돌로 번지기도 한 '이중 결정 시스템'이었던 것과 달리 엘리자베스 1세에게 권력이 효과적으로 집중되어 있던 영국의 군주제는 정책과 전략 수립과 실행에 유리했다. 견고한 의지, 심리적 안정, 신중하게 실질을 추구하는 사유 방식, 전반적 상황에 대한 전략적 인식 등과 함께 왕조나 군주 개인의 이익이 아닌 민족국가의 이익을 위해 집중한 것은

신흥 영국의 가장 중요한 정치 자산이었다.[33]

엘리자베스 1세는 왕위에 오른 후 10년 동안 프랑스와 스페인을 상대로 하는 대외 정책에 중점을 두었는데 특히 스페인의 도움을 빌려 프랑스의 위협에 대응했다. 그러나 프랑스 내란과 1567년 스페인 대군의 네덜란드 침공을 보며 전략을 바꾸었다. 스페인이 패권을 추구하는 거대한 흐름 앞에서 유럽의 세력 균형을 추구하고 신교도 영국의 안전을 수호하는 것이 최우선 과제가 되었다.

엘리자베스 1세는 네덜란드 독립전쟁, 프랑스 위그노교도, 가톨릭에 귀의했지만 여전히 반스페인 정책을 취한 프랑스 왕 앙리 4세를 금전적으로 적극 지원했다. 그리고 자신이 격려하고 지원하던 영국 해적을 이용해 스페인의 원양 상선을 자주 약탈했다.[34] 또한 반패권주의 국제 대연맹을 건설하려고 노력했는데 그중에는 영국, 네덜란드, 프랑스뿐 아니라 포르투갈, 독일 신교 제후와 오스만제국이 포함되어 있었다.

엘리자베스 1세가 통치하는 동안 영국은 오래도록 이어질 대외 정책 전통의 기초를 다졌다. 그것은 바로 해상에서의 우월한 역량을 이용해 '균형자Balancer' 역할을 하면서 저지대 국가가 정복당하는 것을 절대로 용인하지 않고 유럽 대륙의 전체적인 균형을 유지하며 추구한다는 것이었다.

이러한 영국의 투쟁은 펠리페 2세의 모든 계획에 심각한 타격을 주었다. 스페인이 유럽 대륙에서 패권을 완전히 잃어버리는 것을 피하려면 영국을 제압하는 것 외에 다른 방법이 없었다. 1588년에 이르러 이런 전략적 인식은 일거에 영국에 상륙해 분쇄하는 대규모 원정으로 급격히 격상되었다. 특히 1587년에 엘리자베스 1세는 펠리페 2세와 영국 내 가톨릭 세력이 연합해 정권을 전복하려는 것을 막기 위해 오랜 기간 구금되어 있던 전 스코틀랜드 여왕이자 영국 왕위를 계승할 수 있던 메리 스튜어트를 처형했다. 이로써 영국 내부의 호응을 얻으려던 펠리페 2세의 희망을 완전히 없애버렸을 뿐만 아니라 스페인에게 큰 치욕을 안겨주었다.

1588년 5월 대규모 스페인 무적함대가 리스본을 떠나 "골리앗이 다윗을 공격한"[35]것처럼 곧장 영국을 향해 돌진했다. 그러나 이 결정적인 대결은 예상치 못한 결과로 마무리되었다. 스페인 무적함대가 영국 해군의 공격을 받아 큰 타격을 입고 돌아가는 길에 폭풍우를 만나 거의 완전히 파괴된 것이다.[36] 최대 강국의 패권적 지위가 이로부터 급전직하했다는 점에서 이 해전은 세계 근현대사에서 다른 어떤 해전보다도 큰 의미를 지닌다. 이듬해에 나바라의 앙리가 프랑스 왕에 등극해 앙리 4세Henry IV(재위 1589~1610)가 되었다. 그는 프랑스의 국가 이익을 종교 분쟁보다 우선했으며 몇 년 후 새롭게 통일된 프랑스로서 스페인에게 선전 포고했다. 이를 계기로 프랑스는 유럽 강국으로서의 지위를 회복했고 영국과 네덜란드와 더불어 합스부르크 스페인의 또 하나의 큰 적수가 되었다.

1598년 펠리페 2세가 세상을 떠났다. 이는 16세기 합스부르크 제국의 두 차례에 걸친 거대한 패권의 조류가 막을 내렸음을 의미한다. 80여 년에 걸쳐 이어진 이 과정은 유럽 근대사에서 첫 번째 관건의 시기로 국제 구조 측면에서 매우 중대한 의미를 지닌다. 이 과정에서 출현한 두 해상 강국 가운데 영국의 발전이 특히 중요하다. 프랑스는 우여곡절 끝에 마침내 오래 지속될 수 있는 강대국을 이룩했다. 합스부르크제국이 전성기를 지나 쇠퇴기에 접어들면서 남긴 것은 대략 50년 이후부터 되돌릴 수 없는 이류 국가로 전락한 스페인과 이후 300여 년 동안 억지로 열강의 지위를 유지한 오스트리아다. 몇몇 강국이 중심이 된(다극화된) 근대 국제체제의 탄생과 공고화는 이후 3세기 동안 어떤 패권 야심국도 펠리페 2세 제국이 전성기에 지녔던 우월한 지위에 도달할 수 없게 만들었다.

미주(모두 역자주입니다)

1 칼레비 홀스티K. J. Holsti, 『International Politics: A Framework for Analysis』 제3판, 제2장 제3절 '르네상스 시기 이탈리아의 국제 정치', 개릿 매팅리Garrett Mattingly, 『Renaissance Diplomacy』 제5장 '르네상스의 배경'과 제9장 '1455년부터 1494년까지 이탈리아의 협조' 참조.
2 루트비히 데히오Ludwig Dehio, 『The Precarious Balance』, p. 24.
3 조지 모델스키George Modelski, 『Long cycles in world politics』, p. 69.
4 루트비히 데히오, 앞의 책, p. 118.
5 조지 모델스키, 앞의 책, p. 70.
6 조지 모델스키, 앞의 책, p. 73.
7 저우구이인周桂銀, 『유럽 국가체제 속 패권과 세력 균형歐洲國家體係中的覇權與均勢』, 산시사범대학출판사, 2004, pp. 34~35.
8 폴 케네디, 『강대국의 흥망』, p. 57.
9 폴 케네디, 앞의 책, p. 59.
10 루트비히 데히오, 앞의 책, p. 29.
11 조지 트리벨리언G. M. Trevelyan, 『A shortened History of England』, Penguin, 1959, p. 214.
12 존 엘리엇John H. Elliot, 『Imperial Spain, 1469~1716』, New York, 1963년, pp. 77~85. 이 책의 저자는 당시 영어권에서 합스부르크—스페인제국 연구의 최고 권위자였다.
13 루트비히 데히오, 앞의 책, p. 31. 백은과 가톨릭을 열렬히 신봉하는 국가에서는 "공업과 상업, 사실상 모든 근대 노동 윤리가 번성할 수 없었다." 비교적 공업과 상업에 열중하던 유대인과 무어인을 축출한 후에는 더욱 그럴 수밖에 없었다. 상동, p. 30.
14 저우구이인周桂銀, 앞의 책, pp. 42~50.

15 폴 케네디, 앞의 책, pp. 32~34.

16 루트비히 데히오, 앞의 책, pp. 32~34. 근대 초기 유럽 강국의 현상과 관련해 앞서 인용한 각 항목 관련 저서는 제외. 개럿 매팅리의 앞의 책, 제12장 '유럽 열강'과 고든 크레이그Gordon Craig, 조지 알렉산더George Alexander, 『Force and Statecraft』, 상무인서관, 2004년, 제1장, '열강의 출현' 참조.

17 이탈리아전쟁의 간략한 과정은 폴 케네디, 앞의 책, pp. 36~37 참조. 비교적 상세한 서술은 매팅리, 앞의 책, 제13, 14, 17, 18장 참조.

18 저우구이인, 앞의 책, pp. 32~34.

19 존 엘리엇, 앞의 책, pp. 159~163, 164~169.

20 존 엘리엇, 앞의 책, p. 169.

21 존 엘리엇, 앞의 책, p. 169.

22 "균형이 합스부르크 쪽으로 기울어지자 프랑스의 발루아 왕조는 프로테스탄트와 오스만제국과의 동맹에 점점 의지함으로써 '그리스도교 세계'를 깨뜨리는 데 도움을 받고자 했다." 이것은 실제로 17세기 30년 전쟁 기간에 리슐리외 추기경의 기본 정책이었다.

23 이것은 역사상 최초로 치외법권 등 '특혜조약'을 포함한 통상조약이다. 이 가운데 프랑스와 오스만제국 상인은 상대방 국가의 국민과 대등한 대우를 받는다고 규정되어 있어, 프랑스 국민은 오스만제국 경내에서 치외법권을 누릴 수 있었고 또한 북아프리카 연안에서 무역할 수 있는 특권도 가졌다.

24 존 엘리엇, 앞의 책, p. 164.

25 카를 5세와 다르게 펠리페 2세는 스페인 사람들의 민족 영웅이 되었다. "펠리페 2세 아래에서 또는 그를 통해서 합스부르크가의 무질서한 권력은 견고한 민족적 기초를 찾게 되었다." 루트비히 데히오, 앞의 책, p. 46.

26 존 엘리엇, 앞의 책, p. 211.

27 루트비히 데히오, 앞의 책, 제1부 제3장 제2절의 제프리 파커Geoffrey Parker의 『The Grand Strategy of Phillip II』에 관한 평론 참조.

28 루트비히 데히오, 앞의 책, p. 43.

29 루트비히 데히오, 앞의 책, p. 50.

30 루트비히 데히오, 앞의 책, pp. 74~80. 세계사에서의 네덜란드가 이룩한 혁신과 역량에 관한 사회, 종교, 정치 원천에 대해서는 조지 모델스키George Modelski, 실

비아 모델스키Sylvia Modelski, 『Documenting Global Leadership』 제3장 '연합주가 대양을 열다'; 마크 브롤리Mark Brawley, 『Liberal Leadership: Great Power and Their Challengers in Peace and War』 Cornell Univ Pr, 1993, pp. 27~29; 폴 케네디, 앞의 책, pp. 66~70 참조.

31 '유럽 자유Liberty of Europe'는 17~19세기 유럽에서 널리 사용되던 용어로, 유럽 각 주권국가의 독립적인 자유와 이를 통해 체제 내에서 패권을 배제하는 유럽 국제관계의 기본적인 상태를 가리킨다.

32 영국 역량에 관한 지리, 사회, 종교, 경제, 정치와 전략의 원천에 대해서는 앨프리드 머핸, 『The Influence of Sea Power upon History, 1660-1782』, Boston, 1890, 제1장 해양력의 요소; 조지 모델스키, 앞의 책, pp. 80~83; 폴 케네디, 앞의 책, pp. 59~63; 조지 트리벨리언, 앞의 책, 제3편 튜더 왕조; 폴 크로슨Paul S. Crowson, 『Tudor Foreign Policy』, London, 1973, 제19장, 제20장(엘리자베스 1세가 어떻게 스페인제국과 교황청에 대항했는지에 관한 기술) 참조.

33 엘리자베스 1세에 대한 가장 유명한 전기는 1934년에 발간된 존 닐John E. Neale의 『Queen ElizabethI: A Biography』이다.

34 영국 왕립해군은 미래에 영국이 세계에서 우월한 지위를 차지하는 데 가장 중요한 초석이 된 해상 역량인데, 당시 국가의 전략적 도구였던 해적에서 시작되었다는 특징이 있다. 루트비히 데히오는 이와 관련해 다음과 같이 이야기했다. "섬나라라는 위치는 대륙에서는 전혀 알 수 없는 편의에 따라 사적 주도권을 제공했다. 즉 오래전부터 존재한 '상인모험회사'의 대열에서 영국의 영웅인 해적buccaneers, 상인과 자본주의 실업의 조직자가 나타났다. 그들은 각종 유형의 발견자로 발전했고 국가의 위대한 해양사의 선구자가 되었다. 이베리아반도 국가가 상업주의를 독점함으로써 합법적인 해외무역에서 제외된 이들은 식민지 제국으로 이어지는 길고 먼 해로를 습격해 믿기 어려울 만큼 많은 재물을 약탈했을 뿐만 아니라 조선과 항해 기술도 획득해 그들이 진정한 바이킹의 계승자가 되게 했다. 엘리자베스 1세는 조심스럽게 그들을 조종하다 필요할 때는 책임을 부인하면서 조용히 목표를 추진했다." 루트비히 데히오, 앞의 책, pp. 53~54.

35 루트비히 데히오, 앞의 책, p. 55.

36 이와 관련해서는 개릿 매팅리, 『The Defeat of the Spanish Armada』, 런던, 1959 참조.

네덜란드

바다의 마부 황금시대

∶

스청(施誠) | 서우두사범대학 교수

3

리하르트 바그너Richard Wagner의 유명한 오페라 〈방황하는 네덜란드인Der fliegende Holländer〉은 영원히 바다 위를 떠돌게 된 네덜란드 상선을 둘러싼 18세기 전설에 바탕을 둔 작품으로, 당시 네덜란드에서 발전한 장거리 무역의 축소판이라 할 수 있다. 네덜란드공화국을 몰락하게 만든 원인은 아주 복잡한데, 18세기 말 군주제를 반대한 네덜란드의 '애국파'가 프랑스를 끌어들여 내부의 정치적 충돌을 수습했고 이것이 결국 네덜란드공화국의 멸망을 초래했다. 여하를 막론하고 네덜란드공화국은 전 세계 경제사에 짙은 한 획을 남겨놓았다. 그들이 부를 이룬 신화와 네덜란드에서 최초로 탄생한 국제 해양법과 상업법 원형은 모두 이 '바다의 마부'가 근대 세계에 남겨놓은 유산이다.

'바다의 마부'는
어떻게 부를 축적했을까?

17세기 이전 네덜란드

고대와 중세 네덜란드

우리가 흔히 '네덜란드'라고 부르는 국가는 역사적으로 다른 명칭과 지리적 범위를 가지고 있었다. 네덜란드의 정식 국명은 '네덜란드 왕국Kingdom of the Netherlands'으로 유럽 서북부에 위치하며, 서쪽과 북쪽은 북해, 동쪽은 독일, 남쪽은 벨기에와 이웃하는 총면적 4만 여 제곱킬로미터, 평균 해발고도 11미터인 나라다. 역사적으로 이 지역은 '움푹 패인 땅'이라는 의미에서 네덜란드라 불렸고, 중세에 이

곳에 영지가 많았기 때문에 복수형으로 '저지대 국가들Low Countries'이라고 하기도 했다.

일찍이 신석기시대부터 현재 네덜란드 영토에서 인류가 생활했다. 고대 로마의 역사가 타키투스Cornelius Tacitus는 가장 용감한 게르만족인 바타비아인(네덜란드인의 선조) 기병이 로마제국에서 이름을 날렸다고 했는데, 이것이 네덜란드에 관한 최초의 역사 기록이다.

481년 클로비스 1세Clovis I(재위 481~511)가 프랑크왕국의 메로빙거 왕조를 세웠을 때 네덜란드가 그 핵심 지역이 되었다.

프랑크왕국 샤를마뉴 대제Charlemagne(재위 768~814)의 세 손자가 843년 베르됭 조약Treaty of Verdun을 체결하고, 카롤링거제국을 세 왕국으로 분할했을 때 네덜란드는 중 프랑크왕국에 귀속되었다. 13세기에 이르러 봉건제도가 시행됨에 따라 네덜란드 지역에는 공작령 4개, 백작령 6개와 몇몇 주교구가 설치되었다.

15세기에 부르고뉴 공작 '선량공' 필리프 3세Philippe III le Bon가 네덜란드 각지를 통일하기 시작했다.

1467년 부르고뉴 공작 '용담공' 샤를Charles le Téméraire이 외동딸 메리를 신성로마제국 황제의 아들 막시밀리안에게 시집보냈다. 1477년 '용담공' 샤를이 세상을 떠나자 부르고뉴 공국은 막시밀리안에게 귀속되어 합스부르크가의 통치 아래에 놓였다.

1494년 막시밀리안이 신성로마제국의 황위를 계승하고 네덜란드 지역의 통치권을 아들 '미남왕' 펠리페에게 주었다. 펠리페는 스페인 공주 후아나와 결혼해 스페인 왕위 계승 서열에 들어가게 되었다.

1506년 펠리페의 아들 카를(미래의 신성로마제국 황제 카를 5세이자 스페인 국왕 카를로스 1세)이 부르고뉴 공국을 계승했다.

1516년 카를이 스페인 왕위를 계승해 카를로스 1세가 되면서 네덜란드는 스페인의 속지가 되었다.

네덜란드 혁명

'네덜란드 혁명'은 네덜란드가 스페인의 통치에서 벗어나 독립을 얻기 위해 1566년부터 1648년까지 장장 80년간 벌인 투쟁을 가리킨다. '네덜란드 혁명'의 근본 원인은 스페인의 잔혹한 통치에 있었다.

스페인은 왜 네덜란드를 잔혹하게 통치했을까? 세 가지 이유를 들 수 있다.

첫째, 네덜란드는 스페인이 프랑스와 유럽 대륙 패권을 다투는 데 있어 전략적인 요지로 스페인 입장에서는 확실하게 제어할 필요가 있었다.

둘째, 16세기에 네덜란드 경제가 호황을 이루어 인구가 300만 명에 달했고 크고 작은 도시 300여 개가 있었다. 스페인은 매년 네덜란드로부터 세금 250만 플로린을 착취했는데, 이는 당시 국고 수입의 절반 정도를 차지하는 액수였다. 그러므로 스페인은 쉽게 네덜란드의 독립을 용인할 수 없었다.

셋째, 1517년 종교개혁 이후 칼뱅파, 재세례파 같은 개신교 종파가 네덜란드 각지에서 유행하기 시작했다. 그러자 가톨릭을 신봉하는 스페인 국왕 카를로스 1세(신성로마제국 황제 카를 5세)와 그의 아들 펠리페 2세가 이들을 혹독하게 탄압했다. 이것이 바로 네덜란드를 스페인 통치에서 벗어나는 길로 이끌었다.

1581년 7월 26일 네덜란드 북부의 7개 주가 스페인 국왕 펠리페 2세를 축출하고 연합공화국 성립을 선언했다. 그리고 오라녀 가문의 빌럼이 총독이 되어 공화국을 통치하게 되었다.

1588년 스페인의 무적함대가 영국에 대패하고 1590년 스페인이 프랑스 왕위 전쟁에 뛰어든 것은 네덜란드 혁명이 승리하는 데 있어 유리한 외부 조건을 제공했다. 1609년 스페인은 네덜란드공화국과 '12년 정전 협정'을 체결하고 사실상 네덜란드공화국을 승인함으로써 네덜란드 혁명은 북부에서 최종적으로 승리를 거두었다.

1618년 유럽의 가톨릭 동맹과 프로테스탄트 연합 사이에 30년 전쟁이 시작되어 독일이 주전장이 되었다. 전쟁 결과 스페인 세력이 한없이 약화되었고 1648년에 체결된 베스트팔렌 조약에서 네덜란드공화국의 독립이 정식으로 승인되었다. 이후 네덜란드는 합법적인 주권국가로 세계에 우뚝 서게 되었다.

네덜란드공화국 '황금시대'의 자유무역 성립 원인

네덜란드 '황금시대'의 구체적인 시기를 두고 학술계에서는 몇 가지 견해가 있다. 네덜란드인은 1600~1672년을 그들의 '황금시대'라고 본다. 그러나 현대 학자들은 1580~1670년으로 보기도 하고 1584~1702년이라고도 한다. 따라서 학계에서는 일반적으로 17세기를 네덜란드공화국의 '황금시대'라고 칭한다.

황금시대의 네덜란드는 해운 대국이자 무역 강국으로 그들의 선박이 세계 각지 바다에 퍼져 있었으며, 이로 인해 네덜란드인은 '바다의 마부'라고 불렸다. 또한 당시 네덜란드는 유럽 금융의 중심으로 암스테르담에 세계 최초로 현대적 주식 거래소, 은행, 보험 회사가 세워졌다.

17세기 초 네덜란드 인구는 250만 명 정도였는데, 같은 시기 영국 인구는 650만 명, 프랑스 인구는 1,650만 명이었다. 국토도 좁고 인구도 적으며 자원도 부족한 네덜란드공화국은 어떻게 17세기에 '황금시대'로 진입할 수 있었을까?

네덜란드공화국의 정치체제

네덜란드공화국은 연방제를 채택했고 최고 권력 기구는 각 주의 성직자, 귀족, 시민 대표로 이루어진 의회였지만, 각 주 대표의 인원 수가 같지 않았다. 홀란트 주와 헤이르더 주는 각 6명씩이었고 나머지 주는 대표자의 수가 더 적었다. 그러나 7개 주가 표결할 때는 주마다 1표씩만 주어졌으며 모든 의결은 반드시 모든 주가 동의해야 통과될 수 있었다. 다시 말해 만장일치로 통과되어야 공화국 의회의 결의가 유효했다.

의회가 장악한 국가 권력은 다음 몇 가지 방면을 포함하고 있다. 즉 입법권, 세수비준권, 국가 재정 지출 감독권, 외교권(선전 포고, 강화와 외교 사절 파견 포함), 군사권(군대를 주관하고 육군과 해군 사령관 임명)을 가졌으며 전쟁 시기에 의회는 감군監軍을 전장에 파견해 지휘관과 함께 중대한 군무를 구체적으로 협상할 수 있었다. 의회의 의장은 각 주 대표가 일주일씩 돌아가며 맡았다. 이것은 아마 세계에서 임기가 가장 짧은 관직이었을 것이다. 르네상스 시대 피렌체 장로회의를 구성한 장로의 임기가 일반적으로 매우 짧은 편인 2개월이었는데 네덜란드 의회 의장의 임기는 단 일주일이었다.

이론적으로 홀란트 주는 표결 때 1표만 주어졌으므로 의회에서 어떠한 특권도 없었다. 그러나 그들이 승인한 세수 배당액이 공화국에서 가장 많았기 때문에(1612년에는 57퍼센트였다) 실제로 의회에서 홀란트 주는 다른 주에 비해 큰 영향력을 행사할 수 있었다.

이러한 의회는 너무도 분명한 결함을 가지고 있었다. 바로 7개 주의 만장일치제를 채택했다는 점이다. 또한 7개 주의 대표가 마음대로 결정하는 것도 아니고 대표는 반드시 자기 주 의회의 만장일치 동의를 얻어야 비로소 공화국 의회에서 의견을 제시할 수 있었다. 이것이 네덜란드 의회의 의사 결정을 지연시키거나 심지어 연기되게 만든 원인이었고 실제로 이 결함이 훗날 네덜란드의 쇠락에 큰 영향을 주었다. 네덜란드공화국의 정치체제는 양날의 검과 같았다고 할 수 있다.

상공업 발전이 뒷받침되어 대외무역에서 큰 부를 축적

네덜란드 대외무역의 기초를 다진 3개 주요 산업이 있다. 모직물 제조업, 청어잡이, 조선업이었다.

먼저 모직물 제조업을 살펴보자. 네덜란드 남부는 예부터 유럽에서 가장 중요한 모직 방직업 중심지였다. 17세기 초 네덜란드 남부의 모직업 노동자들이 종교 박해를 피해 북부 지역으로 대거 이

주하면서 북부 방직업, 모직업의 발전이 촉진되었다. 이후 네덜란드 북부 레이덴은 네덜란드에서 가장 중요한 모직 방직업 중심지가 되었다. 1601~1610년 레이덴의 평균 모직 생산량은 66,943필이었으나 1651~1660년에는 매년 평균 106,101필로 늘어났다. 생산된 모직물은 주로 지중해 연안 지역으로 수출되어 네덜란드에 부를 가져다주었다.

다음으로 북해의 청어잡이가 네덜란드 경제에 큰 도움을 주었다. 어떤 이는 북해를 일컬어 네덜란드의 '보물창고'라고 하기도 했다. 1609~1621년 북해에서는 매년 1,000척 가까운 네덜란드 어선이 청어 30여 만 톤을 잡았다. 이후 청어는 유럽 각지로 운반되어 네덜란드가 필요로 하는 식량, 청어를 염장하는 데 필요한 소금, 와인, 기타 상품으로 교환되었다. 청어잡이로 얻은 이윤은 네덜란드 조선업을 발전시켰고 이를 통해 네덜란드의 해상 운송과 무역은 한층 번영하게 되었다.

마지막으로 17세기 네덜란드의 조선업은 세계 정상 수준이었으며 이것이 네덜란드 항해 무역에 직접적인 기술적 조건을 제공해주었다. 당시 암스테르담에는 많은 조선소가 있었고, 전국적으로 거의 매일 배를 한 척씩 만들어낼 수 있었다. 17세기 초 네덜란드의 조선 원가는 영국에 비해 40~50퍼센트 저렴했다.

네덜란드는 청어잡이 배 이외에 견고하고 내구성이 있으면서 장거리 항해에 적합한 배를 건조할 수 있었고 또한 배의 선미에 대포를 설치해 전쟁 시에는 상선이 군함 역할도 하게 했다. 1630년대에 네덜란드는 상선 2,500척을 보유했는데, 이는 유럽 해상 운송 총량의 절반을 차지하는 수였다. 이후 1670년에 네덜란드가 보유한 상선은 3,510척이고 이들 상선의 총적재량은 56.8만 톤으로, 선박당 평균 적재량이 162톤에 달했다. 네덜란드의 선진 조선 기술은 일찍이 러시아 표트르 대제Pyotr I(재위 1682~1725)의 관심을 불러일으켜 1697~1698년에 표트르 대제는 변장을 하고 와서 네덜란드의 조선 기술을 시찰했다고 전해진다. 네덜란드의 이러한 주요 산업과 유리한 지리적 위치가 항해 무역 발전에 큰 도움을 주었다.

발달된 금융 제도가 항해 무역에 필요한 자금을 보장

1609년 네덜란드는 세계 역사상 최초로 근대적 은행인 암스테르담은행을 설립하고 환전, 예금, 대출, 대체 업무 등을 하며 전체 유럽, 나아가 세계 무역에 금융 서비스를 제공했다. 1625년 암스테르담은행의 예금 계좌 수는 1,350개에 달했는데, 1619년 함부르크은행은 539개, 1621년 뉘른베르크은행은 663개였다.

네덜란드의 금융업 발달을 살펴볼 수 있는 또 다른 지표가 있다. 바로 대출 이자율이 당시 유럽에서 가장 낮았던 것이다. 17세기 초 네덜란드 은행의 대출 이자율은 6.25퍼센트였으나 1650년을 전후해 5퍼센트로 내려갔고 이후 4퍼센트로 고정되었으며 어떤 때는 3퍼센트로 내려가기도 했다. 1648년 암스테르담은행의 예금액은 3억 길더에 달했다. 풍부한 자금을 지니고 있으면서 이자율은 낮았던 네덜란드의 금융업이 상공업과 대외무역에 필요한 자금을 안정적으로 제공해주었다.

대외무역에 유리한 환경 조성

한자동맹이 몰락하고 해체됨으로써 네덜란드가 유럽의 항해 무역에서 패권을 차지할 수 있었다. 한자동맹은 13세기에 독일의 몇몇 도시가 체결한 상업 동맹으로 뤼베크가 그 중심이었다. 14세기에는 한자동맹 가입 도시가 160여 개로 늘었는데 독일뿐 아니라 발트해 연안의 국가와 도시도 동맹에 가입해 발트해 지역의 해운과 무역을 독점했다. 그러나 15세기에 들어서서 몰락의 길을 걷던 한자동맹은 1669년에 정식으로 해체되었다. 이런 상황은 네덜란드가 발트해 해운과 무역을 장악하는 좋은 기회로 작용했다.

한편 신항로 개척 이후 유럽 상업의 중심이 지중해 지역에서 대서양 연안의 항구 도시로 이동했다. 서구 역사에서는 이 사건을 '상업혁명'이라고 한다. 이에 따라 대서양 연안의 안트베르펜, 암스테르담, 런던이 재빨리 유럽의 상업 중심을 차지하고 그 지역 경제 발전을 촉진했다. 1575년 스페인 군대의 공격을 받은 안트베르펜은 이후 스페인에게 타격을 주기 위해 대서양으로 통하는 출구를 폐쇄했는데, 이것이 안트베르펜에게 재앙이 되었다. 그들 자신의 출구를 잃게 된 안트베르펜은 상업, 금융업 중심지로서의 지위를 북쪽의 암스테르담에게 넘겨주었다. 1585년부터 암스테르담이 안트베르펜을 대신해 당시 서구에서 가장 중요한 상업과 금융의 중심이 되었다.

또한 네덜란드공화국은 융통성 있는 외교 정책을 채택해 자유무역에 유리한 국제 환경을 조성했다. 상업 이익을 모색하기 위해 네덜란드는 유럽 열강 사이의 대립을 충분히 이용하면서 형세 변화를 따라 끊임없이 외교 책략을 조정했다. 30년 전쟁 기간에 네덜란드는 영국, 프랑스, 덴마크, 스웨덴 등과 동맹을 맺고 독일과 스페인을 약화시켰으며 결과적으로 스페인은 네덜란드의 독립을 정식으로 승인할 수밖에 없었다. 1665~1667년에 벌어진 제2차 영국—네덜란드 전쟁에서 네덜란드는 프랑스와 동맹을 맺고 영국을 물리쳤다. 1668년에 프랑스가 네덜란드를 침입하자 네덜란드는 다시 태세를 전환해 영국, 스웨덴과 동맹을 맺고 프랑스를 물리쳤다. 이처럼 종횡으로 다양하게 동맹을 맺는 외교 정책은 네덜란드의 안전을 보장해 주었을 뿐만 아니라 그들이 17세기에 해상 패권을 차지하는 데에도 도움을 주었다. 어떤 의미에서는 '영원한 친구도 없고 영원한 적도 없다'는 외교 원칙을 네덜란드인이 영국인보다 더 일찍 인식하고 실천했다고 볼 수 있다.

네덜란드 민족의 혁신 정신

17세기 전반에 네덜란드는 300만 점에 달하는 중국 자기를 수입, 운송해서 국내와 유럽 각지에 팔았다. 그러나 네덜란드인은 자기를 운송 판매하는 데 만족하지 않고 로테르담과 델프트에 자기 공장을 세워 중국 청화자기를 모방해 제작했다. 1700년 무렵 델프트 청화자기의 수준이 최고에 이르러 델프트 자기는 네덜란드 상인에 의해 네덜란드에서 동방으로 운반된 후 중국에서 구입한 자기와 섞여 일본으로 수출되기도 했다.

네덜란드가 자유무역으로
얻은 성취

네덜란드의 대외무역은 유럽, 아메리카, 아프리카, 아시아에서 이루어졌으며 항해 활동은 주로 네덜란드 동인도회사와 서인도회사가 장악했다. 이 두 회사에 대해 간단히 알아보자.

발트해와 북해의 항해와 무역 독점

17세기 중엽 암스테르담은 한자동맹 각 도시의 무역 지위를 대신해 발트해 연안 상품을 운송하는 제1의 항구, 세계 무역의 중심이 되었다. 그 결과 상품 운송, 보관, 수입, 가공, 판매를 담당하게 되어 항구에 정박한 상선은 항상 2,000여 척이 넘었다. 네덜란드 상선은 발트해 연안의 식량, 밀랍, 황마, 아마, 목재 등을 암스테르담으로 운송해 온 후 영국, 스페인, 포르투갈 등지로 가져다 팔았다. 덴마크와 스웨덴 사이 외레순 해협을 통과하며 관세를 납부한 네덜란드 상선은 1500년에 1,300척이었으나 1600년에 5,000척으로 증가했고, 상선의 적재량도 배로 증가했다. 네덜란드 상선은 또한 스페인의 양모와 비누 원료 등을 영국으로 운송했다. 한편 라인강 같은 내륙 하천도 이용함으로써 네덜란드는 기본적으로 유럽 남북의 해상 운송과 무역을 독점했다.

네덜란드와 아프리카의 무역

네덜란드와 아프리카 사이의 무역은 1621년에 설립한 서인도회사가 대부분 주도했다. 서인도회사는 의회로부터 정치와 상업에서 몇몇 특권을 부여받았다. 첫 번째 특권은 아프리카, 서인도제도, 아메리카, 오스트레일리아 무역을 독점하는 것이다. 네덜란드 선장 아벌 타스만Abel Tasman이 오스트레일리아 일대를 탐험하다가 그 근처 여러 지역을 발견한 이후 네덜란드는 이들 지역과 무역 관계를 맺고 있었다. 두 번째 특권으로 서인도회사는 토착 세력과 동맹을 체결하고 군사 요새, 식민지 등을 건설할 수 있었다. 그러나 규모나 영향 등 모든 면에서 서인도회사는 동인도회사만 못했다.

1530년대에 네덜란드는 서아프리카 골드코스트(지금의 가나공화국)에 식민지와 노예 매매 거점을 건설했다.

1674~1740년 네덜란드에서 아프리카로 간 배는 750척이었는데, 그중 33척은 해안 방어(군함의 일종), 334척은 일반 화물 적재, 383척은 아프리카 노예 매매에 이용되었다. 1700~1723년에 네덜란드가 서아프리카로 수입한 각종 상품(주로 방직품, 군수 물자, 화폐용 조가비, 술, 철괴 등)의 총액은 5,258,540굴덴이었다. 1675~1731년에 네덜란드가 서아프리카 골드코스트에서 수출한 각종 상품(황금, 백은, 황동, 후추, 밀랍, 설탕, 동물의 가죽, 염료, 고무)의 총액은 2,439.1만 굴덴 가까이 되었다.

그러나 네덜란드가 서아프리카에서 행한 가장 중요한 무역은 당시 유럽의 다른 열강과 마찬가지로 아프리카 노예를 아메리카 농장에다 파는 것이었다. 1630~1795년에 네덜란드 서인도회사는 아프리카 노예 46만 명을 매매했다. 이는 유럽 각국의 전체 대서양 노예무역의 5퍼센트를 차지하는 비율이다. 네덜란드는 노예무역으로 많은 이익을 얻었는데, 서인도회사는 아프리카에서 12~75굴덴에 산 노예를 브라질 농장주에게 경매로 넘길 때에는 200~800굴덴을 받았다.

네덜란드와 아메리카의 무역

1620~1630년대부터 네덜란드 서인도회사는 북아메리카에 '뉴네

덜란드' 식민지를 건설한 것 외에 앤틸리스제도, 카리브해, 수리남, 가이아나 등지에 식민지를 건설했다. 또 1630년에는 포르투갈의 식민지 브라질에서 땅을 빼앗아 '니우홀란트Nieuw-Holland'라고 했다.

　현대 학자들이 추측한 통계에 의하면, 1625~1794년에 아메리카 식민지에서 네덜란드가 사들인 상품(주로 사탕수수, 담배, 커피, 행운목, 인디고, 모피 등)의 총액은 1억 3,460만 굴덴이나 되었다고 한다.

네덜란드와 아시아의 무역

　네덜란드 항해 무역의 중심은 아시아를 상대로 한 것이었으며 네덜란드는 아시아와의 무역에서 가장 많은 이익을 얻었다. 네덜란드와 아시아의 무역은 1594년에 시작되었다. 네덜란드는 상선 4척으로 구성된 선단을 파견해 1595년에 처음으로 희망봉을 돌아 자바에 도착했고 많은 향신료를 가지고 돌아왔다. 아프리카를 우회하는 이 항로는 줄곧 포르투갈이 장악하고 있었는데 네덜란드인은 이 항로에 대한 정보를 얻기 위해 무역상 얀 하위헌 판 린스호턴Jan Huyghen van Linschoten을 포르투갈의 동방 식민지로 보내 10년 동안 상업 기밀을 정탐하게 했다. 린스호턴은 귀국 후 아프리카 해안을 우회하는 항로에 관한 작은 책을 저술했다. 린스호턴의 책은 출판되자마자 유럽 여러 나라가 앞다투어 각자의 언어로 번역 출간해 당시 가장 많은 발행 부수를 기록한 책이 되었다. 이 항해는 향료 무역에서 포르투갈이 누리던 지위가 무너질 수 있다는 것을 보여주었다.

이후 네덜란드는 점점 많은 선단을 아시아로 파견했다. 1598년에 네덜란드는 5개 선단 22척의 상선을 동방으로 파견했다. 그중 몇몇 상선은 침몰되기도 했지만 전체적으로 네덜란드 선단은 큰 성공을 거두었다. 예를 들면 1598년에 네덜란드 상선 8척이 인도네시아에 갔으며 그 가운데 상선 4척이 후추를 가득 싣고 돌아와 400퍼센트의 높은 이윤을 얻었다. 나머지 상선 4척은 말루쿠제도(일명 '향료 제도')로 가서 반다, 암본섬에 상관商館을 설립하고 육두구, 정향을 싣고 돌아와 마찬가지로 큰 이득을 얻었다.

1602년 네덜란드공화국은 네덜란드 상업회사들이 아시아에서 경쟁적으로 무역하는 것을 방지하기 위해 각 회사를 합쳐 동인도회사 Vereenig de Oostindische Compagnie, VOC를 건립했다.

동인도회사는 세계 최초로 주식을 발행해 자본을 모집한 회사로 이를 통한 최초 자본은 650만 플로린이었다. 당시 네덜란드에서는 가장 부유한 오라녀 가문과 가장 가난한 거지를 제외하고 거의 모든 사람이 동인도회사의 주식을 가지고 있었을 정도였다. 이 점에서 네덜란드 동인도회사는 세계 역사상 최초의 전 국민 소유 기업이라고 할 수 있다. 동인도회사는 네덜란드 의회로부터 희망봉에서 마젤란 해협 사이 무역에 종사할 수 있는 권한을 부여받았다. 동시에 국외에서 자신들의 총독 임명, 군사 요새 건설, 군대와 함대 조직 건설, 대외 선전 포고와 강화 같은 국가 주권을 대행할 권리도 부여받았다. 이로써 어떤 면에서 네덜란드 동인도회사는 네덜란드공화국의 제2의 주권국가라 볼 수도 있다. 바다 위를 떠다니는 네덜란드공화국인 셈이었다.

1619년에 동인도회사는 바타비아(현재 인도네시아 자카르타)를 건설해 아시아 무역과 행정의 중심으로 삼았다. 그리고 1641년에는 포르투갈에게서 믈라카 해협을 빼앗아 이때부터 유럽과 아시아 사이의 향료 무역을 독점했다. 유럽과 아시아 사이 항로의 안전을 유지하고 후방 보급을 위해 1652년에 그들은 남아프리카 케이프타운에 식민지를 건설했다. 그 결과 동인도회사는 전체 인도양 연안을 무역 활동 범위로 가지게 되어, 서쪽의 남아프리카와 페르시아부터 인도, 스리랑카, 믈라카, 인도네시아를 거쳐 동아시아의 중국과 일본에까지 이르렀다.

동인도회사의 아시아 무역 활동은 대체로 3단계로 나눌 수 있다.

제1단계는 1602년에서 1680년까지로 아시아의 각종 상품(후추와 향료)과 시장(일본의 백은과 황동)의 독점적 지위를 획득하는 것이 동인도회사의 주요 목표였다. 동인도회사는 아시아 소비자들이 필요로 하는 상품은 아주 소량만 제공하고 나머지는 금은으로 채워 아시아의 향료와 교환했기 때문에 이 시기에 그들은 아시아 무역에서 구조적인 무역 역조 상태에 처해 있었다. 그들은 반드시 유럽 다른 나라와의 무역에서 금은을 획득한 후 그것을 아시아의 향료를 구입하는 데 사용해야 했다. 이렇게 심각한 무역 불균형을 해결하기 위해 당시 동인도회사 총독은 한 가지 방법을 고안해냈다. 바로 동인도회사가 아시아 내부 무역에 적극적으로 가담해 아시아 다른 지역과의 무역에서 얻은 이윤으로 향료, 비단, 면포, 자기 등을 구입해 유럽으로 가져가 팔아서 이익을 꾀하는 것이다.

제2단계는 1680년에서 1740년까지로 이 시기 동인도회사의 무역은 주로 이윤이 매우 적고 비전통적인 아시아 상품(면포, 커피, 차, 자기, 향료)을 유럽으로 가져오는 것을 위주로 했다. 이때 그들은 인도, 아라비아, 중국에서 부분적인 시장을 얻을 수 있었다.

제3단계는 1740년에서 1780년까지로 동인도회사의 아시아 무역과 해상 운송의 규모가 대폭으로 줄어들었다. 그 이유는 영국과 프랑스가 벌인 글로벌 패권 전쟁이 아시아 무역에도 영향을 주었기 때문이다.

네덜란드와 아시아의 무역에서 동인도회사가 차지한 지위와 역할을 살필 때 다음의 몇몇 숫자와 사실에 주의를 기울여야 한다.

첫째, 1602년에 설립되어 1796년 도산할 때까지 동인도회사는 상선 4,785척을 아시아에 파견했다(영국 동인도회사가 아시아에 보낸 선박은 2,690척에 불과했고 총선적량도 네덜란드 동인도회사의 5분의 1이었다).

둘째, 동인도회사가 아시아에서 네덜란드로 가져간 화물의 총중량은 250만 톤 정도였다.

셋째, 동인도회사에서 아시아 무역에 종사한 전체 유럽인의 수는 100만 명 가까이 되었다. 다시 말해 수백 년 동안 네덜란드와 아시아의 무역에 100만 명에 달하는 사람이 직간접적으로 참여했다는 것이다. 1500년부터 1795년까지 유럽의 다른 국가와 지역에서 아시아에 파견한 총인원은 88만 명 정도였다.

넷째, 1669년에 네덜란드 동인도회사는 이미 세계 역사상 전례 없이 부유하고 강한 개인 회사가 되어 있었다. 그들은 상선 150여 척, 전함 40척, 직원 5만 명과 용병 1만여 명을 보유하고 있었다.

1640~1795년 네덜란드 동인도회사 수입 지출 현황(화폐 단위: 백만 네덜란드 굴덴)

시간	지출	상품 판매 수입	수지 균형
1640–1650년	42.7	78.4	35.7
1650–1660년	71.1	84.2	13.1
1660–1670년	80.4	92.3	11.9
1670–1680년	77.0	91.3	14.0
1680–1690년	87.6	103.4	15.8
1690–1700년	106.9	127.2	20.3
1700–1710년	122.6	139.5	16.9
1710–1720년	135.2	163.7	28.5
1720–1730년	172.9	185.6	12.7
1730–1740년	159.0	167.0	8.0
1740–1750년	148.7	159.7	11.0
1750–1760년	184.9	188.0	3.1
1760–1770년	198.9	213.6	14.7
1770–1780년	186.5	199.6	14.1
1780–1790년	212.3	145.9	−76.4
1790–1795년	86.7	61.2	−25.5

다섯째, 1640년부터 1795년 사이 동인도회사의 수입 지출 현황을 살펴보면 꾸준히 흑자를 기록하다가 1780년 이후부터 적자 상황이 나타나기 시작했다.

여섯째, 동인도회사가 존재한 200여 년간 그들이 주식을 가진 국민에게 지불한 배당금은 연평균 18퍼센트 정도였다. 이는 세계 역사상 전례 없는 일이었다.

일곱째, 동인도회사는 근대 국제법 탄생의 촉매제였다.

국제사법재판소가 네덜란드 헤이그에 있다는 것은 널리 알려져 있다. 이 국제사법재판소를 이야기할 때면 휘호 흐로티위스라는 중요한 인물을 떠올릴 수밖에 없다. 국제법의 탄생은 실제로 동인도회사가 아시아에서 행한 무역과 직접적인 관련이 있기 때문이다.

1601년 네덜란드 선장 야코프 판 헤임스케르크Jacob van Heemskerck가 '암스테르담 연합회사'(네덜란드 동인도회사의 전신)의 파견으로 네덜란드 선단을 인솔해 향료를 구매하러 동인도로 갔다. 1602년 이 네덜란드 선단은 인도네시아의 순다 해협 동쪽 반텐항에 도착했다. 헤임스케르크는 현지인에게서 포르투갈 상선 한 척이 마카오에서 화물을 싣고 말루쿠제도에 도착했다는 중요한 정보를 얻었다. 그래서 그들은 포르투갈 상선을 습격하기로 결정했다.

1603년 2월 25일 새벽에 헤임스케르크는 믈라카 해협(현재 싱가포르 동부 해안 창의 부근)에서 포르투갈 상선 '산타카타리나Santa Catarina'호를 발견했다. 당시 기준에 따르면 산타카타리나호는 대형 상선으로 1,500톤의 화물을 실을 수 있었다.

몇 가지 수치를 대비시켜 보면 산타카타리나호가 대형 상선이라는 것을 이해할 수 있다. 우선 마젤란이 세계일주를 할 때 탔던 기함 '빅토리아호'는 적재량이 85톤이었다. 콜럼버스가 신대륙을 발견할 때의 기함 '산타마리아호'는 적재량이 100톤이었다. 포르투갈의 상선에는 중국 원사 1,200다발, 수놓은 비단, 실크, 대량의 황금, 금실로 테두리를 두른 인도 면직물 의복, 60톤에 달하는 중국 자기 같은 대량의 화물을 포함해 병사 700명, 승객 100명을 실을 수 있었다. 이로부터 중국 자기는 네덜란드에서 크락 자기Kraak Ware라고 불렸는데, 이것의 원래 의미는 '대범선 자기' 또는 '상선 자기'라는 뜻이다.

하루 동안의 전투 끝에 포르투갈 선장이 항복했다. 헤임스케르크는 산타카타리나호에 실려 있던 화물과 포로를 전부 싣고 네덜란드로 돌아왔다. 화물은 암스테르담에서 경매에 붙여 1601년 당시 암스테르담 연합회사 총자본의 3배가 넘는 350만 굴덴의 수입을 얻었다. 거액의 수익을 얻은 경매를 지켜본 네덜란드인은 향료 이외에 중국의 비단, 자기 같은 상품을 유럽으로 가져다 팔면 많은 이익을 얻을 수 있음을 알게 되었다.

그러나 당시 포르투갈 정부는 헤임스케르크의 행위를 불법적인 해적 행위로 간주해 네덜란드에게 산타카타리나호와 거기에 실려 있던 화물을 전부 반환할 것을 요구했다. 화물과 경매에서 얻은 수입을 합법적으로 지키기 위해, 막 설립된 네덜란드 동인도회사는 관례에 따라 이 안건을 네덜란드인이 만든 해사법원에 회부하고 흐로티위스를 변호인으로 선임했다. 그 결과 네덜란드의 해사법원은 포르투갈 상선 산타카타리나호와 그 화물을 모두 합법적으로 몰수해 분배하라고 결정했다. 그에 따라 헤임스케르크와 선원들이 경매 수입의 10.4퍼센트, 해사법원이 23퍼센트를 갖고 나머지는 새로 설립된 네덜란드 동인도회사로 귀속되었다.

흐로티위스는 헤임스케르크의 행위가 불법 해적 행위임을 알고 있었지만 그가 변호인이 된 이상 헤임스케르크의 행위가 합법적인 것이라는 증거를 찾아야만 했다. 그가 찾아낸 증거는 다음과 같왔다.

첫째, 흐로티위스는 포르투갈인이 아시아 토착민에게 행한 간섭과 위협이 아시아에서 네덜란드의 향료 무역의 앞날에 손해를 끼친다고 생각했다. 바꾸어 말하면, 아시아 토착민을 상대로 한 포르투갈의 파괴 행위가 실제로 미래 아시아에서 네덜란드의 향료 무역을 파괴한다는 것이다. 견강부회한 이유가 아닐 수 없다.

둘째, 흐로티위스는 '주체 권리' 개념을 제기했는데, 이는 당시에 확립되지 않은 것이었다. '주체 권리'는 곧 사람은 태어나면서부터 자주권을 가지고 있고, 자유로운 개체는 자기 권리를 자유롭게 행사할 수 있다는 것이다. 이 말 속에 담긴 의미는 헤임스케르크는 자유인이고 따라서 그가 포르투갈 상선을 공격한 것은 그의 자유 권리를 행사했다는 것이다. 말이 되는 주장일까?

셋째, 흐로티위스는 헤임스케르크가 주권을 지닌 독립 네덜란드 국가를 대표해서 한 행동이기 때문에 그가 포르투갈 상선을 공격한 행위는 네덜란드공화국이 스페인과 포르투갈 국왕 펠리페 3세Felipe III(재위 1598~1621)와 벌인 전쟁의 일부분이라고 했다. 그러므로 '정의로운' 전쟁이라는 것이다.

여기에서 몇 가지 문제를 좀 더 설명할 필요가 있다. 첫째, 1603년 당시 네덜란드는 근본적으로 유럽 어떠한 국가의 승인도 얻지 못했다. 다시 말해 그들은 근본적으로 독립된 주권을 가지고 있지 않았다. 둘째, 흐로티위스는 헤임스케르크의 행위가 스페인과 포르투갈 국왕 펠리페 3세에 대항하는 것이라고 했다. 이렇게 말한 이유는 1580~1640년 사이에 포르투갈이 스페인에 합병되었기 때문이다.

그러므로 흐로티위스가 제기한 세 가지 이유 중 두 가지는 모두 성립되지 않는다. 네덜란드는 당시에 근본적으로 주권과 독립권이 없었기 때문이다.

이 안건이 있은 후 흐로티위스는 1605년에 「포획법론De Jure Praedae」이라는 중요한 논문을 발표했다. 학술계와 국제법학계에서는 일반적으로 이것을 근대 국제법의 탄생이라고 본다.

네덜란드의 황금시대는
왜 끝났을까?

　1794년 9월 프랑스 군대가 네덜란드에 침입했고 네덜란드공화국은 멸망했다. 1795년 1월 프랑스는 네덜란드공화국 영토에 바타비아 공화국이라는 괴뢰 국가를 세웠다. 이때부터 네덜란드의 역사는 새롭게 시작되었다.

　사실 네덜란드 경제의 쇠락 현상은 그보다 이른 시기에 나타나기 시작했다. 대략 그 시점을 1680년 무렵으로 보는데, 예를 들면 1676년 네덜란드 상선의 총적재량은 90만 톤이었지만 1787년에는 39.8만 톤으로 떨어졌다. 네덜란드 쇠락의 원인을 두고 많은 연구가 있었지만 일치된 결론을 내리지는 못했다. 적어도 다음의 몇 가지 사실과 현상은 짚어봐야 할 것이다.

기생적이던 네덜란드 경제

네덜란드 경제에 산업이 일정 부분을 차지하고 있었다고는 해도 그 핵심적인 역할은 '중간상'의 색채가 강한 해운, 무역, 금융에 있었고 이들 덕분에 네덜란드는 '황금시대'를 맞이해 엄청난 부를 쌓을 수 있었다. 특히 네덜란드가 상업과 금융 강국이 된 이후 네덜란드인 사이에 상업적 이윤과 대출 이자를 추구하는 것에 대한 관심이 일반화되었으며 심지어 이자 수입으로 살아가는 계층이 생겨나기까지 했다. 동시에 국외 투자 이윤(6~7퍼센트)의 유혹을 마주한 네덜란드인은 조금도 주저하지 않고 이윤이 높은 외국 산업에 투자하며 국내 산업 생산의 투자는 등한시했다(당시 네덜란드 국내 산업 생산 이윤은 4.5~5퍼센트였다).

18세기에 네덜란드는 세계 최대 채권국이었다. 영국 국채의 대부분을 네덜란드가 가지고 있어 영국은 매년 네덜란드에게 대출 이자로 2,500만 굴덴을 지불해야 했다. 프랑스가 네덜란드공화국에서 빌린 차관도 2,500만 굴덴에 달했고 스페인, 러시아, 스웨덴과 몇몇 독일의 작은 제후국이 네덜란드에서 빌린 차관 또한 3,000만 굴덴 가까이 되었다. 대량의 자금을 국내외에 빌려주고 이윤을 추구하게 되면서 네덜란드 국내 산업 생산에 투입할 자금은 부족한 상황이 발생했다.

네덜란드의 번영과 부강을 향한 유럽 열강의 질시

당시 유럽 각국은 다음과 같은 중상주의의 5가지 신조를 받들어 시행하고 있었다.

첫째, 세계 부의 총량은 상대적으로 고정되어 있다. 둘째, 한 국가의 부는 지니고 있는 귀금속의 양으로 측정하는 것이 가장 좋으며 실제로 금과 은으로 측정했다. 셋째, 수출과 무역에서 얻은 흑자로 귀금속을 취득하는 것을 장려한다. 넷째, 인구가 많은 것이 당시 국가의 자급자족과 국력 발전에 중요한 의미를 지닌다. 다섯째, 국왕 혹은 국가는 대외무역에서 국내 상인이 중요한 역할을 할 수 있도록 도와주고 이끌어야 한다. 그래서 유럽의 중상주의자들은 한 국가의 부는 반드시 다른 국가의 빈곤에 대한 대가라는 일치된 인식을 가졌다.

예를 들어 영국은 네덜란드의 모직 공업이 주로 영국에서 수출한 모직 원료를 가공해 판매함으로써 높은 이익을 얻는다고 생각했다. 이에 따라 1614년에 영국 정부는 반제품인 영국 모직을 네덜란드로 수출하는 것을 금지하는 법령을 반포했다. 네덜란드는 영국의 완제품 모직 수입을 금지하는 것으로 반격해 영국의 금수禁輸 계획을 좌절시켰다. 영국은 이런 상황을 순순히 받아들이지 않고 네덜란드의 해운과 무역에 타격을 줄 목적으로 1650년 이후 몇 차례에 걸쳐서 「항해조례」를 반포했다. 17~18세기에 네덜란드와 영국은 총 네 차례에 걸쳐서 '영국—네덜란드 전쟁' 혹은 '영국—네덜란드 해전'이라 불리는 큰 해전을 치렀다(1652~1654년, 1665~1667년, 1672~1674년,

1780~1784년). 이 전쟁의 결과 영국이 네덜란드를 물리치고 세계 해상 패권의 주인 자리에 올라서게 되었다.

전쟁으로 인한 국력 소모

17세기 초 네덜란드 동인도회사 총독은 "우리는 무역 없는 전쟁은 할 수 없고 또한 전쟁 없는 무역도 할 수 없다"라고 말했다. 17~18세기에 네덜란드는 거의 모든 유럽 열강 사이에 벌어진 대규모 전쟁에 휘말렸는데, 이들 전쟁은 네덜란드의 정치적 독립과 대외 무역 이윤을 확보해준 한편 네덜란드의 많은 인적, 물적 자원과 재력을 소비하게 만들었다.

해군 양성을 소홀히 함으로써 야기된 네덜란드의 해운 무역 발전 저해

네덜란드에게 가장 이상적인 국내외 환경은 평화로운 분위기에서 무역하는 것이었으나 17~18세기 네덜란드는 이런 조건에 이른 적이 없었다. 1680년대 이후 네덜란드는 다른 어떤 국가보다도 대외 무역에 의지했고 그들의 해운 무역은 빈번한 전쟁의 피해에 고스란히 노출되곤 했다. 그 주된 원인은 네덜란드가 해군 양성을 중요하게 여기지 않은 데 있었다. 네덜란드의 많은 상선단의 해군은 선단을 지키기에는 힘이 매우 약하거나 아예 없는 경우가 많았다. 그래서 네덜란드 상선은 다른 나라 전함과 약탈선의 공격 목표가 되기 쉬웠다.

다음의 두 가지 문제를 좀 더 생각해보자.

첫째, 일반적으로 전쟁은 참전국의 경제를 파괴시킨다. 그러나 1580년대 이후 17세기까지 네덜란드는 한편으로는 끊임없이 전쟁을 치르면서 다른 한편으로는 경제를 계속 발전시켰다. 어떻게 네덜란드는 전쟁을 치르며 경제를 고도로 발전시킬 수 있었을까? 실제로 17세기부터 영국인, 네덜란드인, 프랑스인이 모두 이 문제에 관심을 기울여왔으며 오늘날까지도 여전히 고려 대상이 되고 있다.

둘째, 네덜란드는 근대 국제법의 발원지로, 앞에서 동인도회사의 아시아 무역과 연관해 네덜란드에서 국제법이 탄생했다고 간략하게 설명했다. 그런데 여기서 좀 더 생각해보고 싶은 것은 원래 흐로티위스가 헤임스케르크의 해적 행위를 변호하기 위해 작성한 이론이 어떻게 훗날 전 세계가 받아들인 국제법이 되었는가 하는 점이다. 이것은 무척 어려운 문제로 그 누구도 즉시 완벽할 답을 할 수는 없을 텐데, 그렇기 때문에 앞으로도 계속 고심해야 할 문제라고 본다.

프랑스제국

중상주의의 대륙 강국

:

메이쥔제(梅俊杰) | 상하이사회과학원 교수, 세계경제사연구센터 주임

4

경제학 교과서에서 중상주의는 있어도 되고 없어도 되는 주제로, 간혹 언급되더라도 자유경제학설의 정확성을 반증하는 데 사용될 뿐이다. 그런데 상하이사회과학원 메이쥔제 교수는 오히려 중상주의를 르네상스, 산업혁명, 계몽운동과 동등하게 중요한 위치로 올려놓았다. 본문에서 메이쥔제 교수는 중상주의의 명분을 분명히 하고 중상주의의 각도에서 프랑스 제국의 흥망을 분석했다.

프랑스 근대화의 맥락과
중상주의의 진상

프랑스 근대화의 맥락

먼저 '근대화'가 무엇을 말하는지 명확하게 짚고 가자. 근대화는 전통과 대비되는 개념으로 전통 사회에서 근대 사회로 나아가는 과정을 가리킨다. 그러나 전통이든 근대든 그 자체로는 이상적이고 극단적인 구분으로 양자는 사실 점진적으로 발전하며 유기적으로 교차한다는 것을 알아야 한다. 근대적 요소로 보는 많은 것이 전근대 사회에 이미 존재했다. 프랑스를 포함한 서구의 근대화 과정은 중세 혹은 그보다 더 이른 시기부터 찾을 수 있다. 예를 들면 프랑스에서 근대화의 중요한 매개체가 된 도시는 11세기에 이미 발달하기 시작했으며 특히 도시 자유권을 가진 '자유시'가 점차 증가하고 있었다. 대표적인 도시가 마르세유, 아미앵 등이다.

일반적으로 중세 프랑스는 13세기에 이르러 사회구조, 경제 특징, 정치제도, 문화 경향 등에서 근대적 요소가 발전하기 시작했다고 인식되어 왔다. 근대성이 점진적으로 성장했다는 것은 전통사회가 점진적으로 붕괴했음을 의미하는데, 성직자, 귀족, 제3신분 사이에서 오래도록 유지되어온 봉건사회의 구조적 균형이 무너지는 것으로부터 시작되었다. 신성한 지위를 보유한 성직자와 특권적 지위를 누린 귀족 계급이 와해되는 동시에 인구의 절대 다수를 차지하던 제3신분 가운데 상공업 계층이 성장했으며 농민도 농노 신분에서 자유 소농으로 변했다. 이후 사회구조가 나날이 복잡해지고 경제 형태에서는 산업화가 시작되었으며 행정 업무가 전문 관리에 집중되는 한편 정치적 권위는 점차 합리적인 방향으로 나아갔다.

오늘날 우리에게 익숙한 근대 사회의 모습이 분명해지는 이러한 과정은 당연히 몇 세기에 걸쳐 진행되었다. 프랑스의 근대화 과정은 13세기부터 19세기까지 이어졌는데 그 속에는 발전과 진보뿐 아니라 모순과 충돌이 가득했다.

흔히 프랑스대혁명 이전을 '구제도Ancien Régime'라고 하며 프랑스대혁명을 경계로 삼곤 한다. 이는 어느 정도 이해가 가는 편리한 방법이긴 하지만 실제 역사는 이렇게 칼로 무 자르듯이 분명하게 둘로 나눌 수 없다. 역사 발전은 세월이 쌓이면서 양적인 변화에서 질적인 변화로의 과정을 거쳐야 하는 것이다. 때때로 우리는 사실은 별 의미 없는 상징적인 사건에만 관심을 기울이기도 한다.

그렇다면 프랑스의 근대화 과정에서 양적인 변화가 질적인 변화로 바뀌는 것을 무엇으로 확인할 수 있을까? 나는 그것이 바로 중상주의라고 생각한다. 즉, 유럽은 중세에서 근대 사회로 몇백 년을 지나오며 사회 경제구조, 정치제도, 가치관, 생활 방식 등에 변화가 일어났는데, 이들은 모두 중상주의로 개괄하고 이해할 수 있다. 중상주의는 오랜 시간에 걸친 역사 변천에서 지도적인 역할을 한 거대한 존재로 서양의 근대화 과정, 당연히 프랑스의 근대화 과정을 추진하는 중요한 힘이 되었다.

세계 근대화 과정에 있어서 중상주의의 역할은 르네상스, 신항로 개척과 신대륙 발견, 종교개혁, 과학기술혁명, 산업혁명, 계몽사상, 정치혁명 등 익히 잘 알려진 역사적인 사건에 결코 뒤지지 않는다. 중상주의라는 새로운 가치를 추진하며 강력한 정책으로 뒷받침하지 않았다면 프랑스를 포함한 유럽이 근대화 과정을 거치며 나아가기가 쉽지 않았을 것이다. 이러한 관점은 아직 많은 공감과 지지를 얻지 못하지만 나는 특별히 강조할 필요가 있다고 생각한다. 중상주의를 중심으로 프랑스의 근대화 과정을 고찰함으로써 역사를 바라보는 시각을 점검하고 나아가 세계 역사가 진행되어온 과정을 깊이 있게 인식하기를 바라기 때문이다.

중상주의의 진상

중상주의는 구체적으로 무엇을 의미할까? 중상주의는 빈번히 사용되었음에도 의미가 모호해 논쟁을 불러일으키곤 했다. 국내외 주류 학자들은 일반적으로 중상주의를 터무니없는 학설이고 유해한 체제라고 생각한다. 애덤 스미스는 『국부론』에서 중상주의를 자유경제체제와 대립되는 것으로 비판했는데, 그는 중상주의를 화폐로 부를 축적하고 보호무역을 실행하며 독과점 추구를 장려하는 것과 같은 부적절한 경제 이론과 정책에 정부가 과도하게 개입하는 것으로 여겼다.

고전 경제학파부터 신고전 자유경제학파에 이르기까지 일반적으로 중상주의의 주장은 철저하게 정리되지 않은 사상에서 나온 터무니없는 말이라고 여겨졌다. 이러한 관점은 중국 학계에도 영향을 주어 경제학자 천다이쑨陳岱孫은 중상주의자는 모두 "부와 화폐를 혼동"하고 "현상의 깊은 곳까지 침투하지 못했으며" 그들의 사상은 "경제학에 이론적 기초를 제공할 수 없었다"라고 했다.

그러나 이러한 견해의 반론도 많이 제기되었다. 200여 년 전 독일 경제학자 게오르크 프리드리히 리스트Georg Friedrich List는 중상주의를 향한 자유경제학파의 비난은 공정하지 않으며 중상주의라고 이름 붙인 것부터 잘못되었기 때문에 '중상주의'를 '산업주의'로 바꿔야 한다고 주장했다. 20세기 경제학자 조지프 슘페터Joseph A. Schumpeter도 "애덤 스미스의 중상주의 비판은 합당치 않았으며 이로부터 나쁜 본보기가 만들어졌다"라며 중상주의에 씌워진 "오류는 주로 상상에서 나온 것이다"라고 했다.

실제로 독일 역사학파와 영국 역사학파, 특히 존 케인스John Maynard Keynes, 월트 로스토Walt W. Rostow, 그리고 몇몇 중국 학자 등 경제사학자나 역사적인 안목을 가진 경제학자들은 중상주의를 호의적으로 평가했다. 이들의 견해는 주로 실증 경제사에 기반한 것으로 내 연구에도 커다란 영향을 미쳤다.

총체적으로 정리해보자. 중상주의 역사는 흔히 말하는 16~18세기에 국한되지 않고 훨씬 길게 이어졌으며, 지리적으로는 유럽의 많은 국가에서 유행했다. 오랜 역사를 가진 이 체제는 비교적 일관된 이론 맥락과 정책 주장을 포함했는데, 다음 세 가지 방면으로 요약된다.

첫째, 관련 국가의 부강에 관한 문제다. 중상주의는 왕권이 강력해지고 민족국가가 발전해가는 배경에서 재부財富의 증가를 최우선 목표로 삼는 새로운 가치관을 확립했을 뿐만 아니라 재부 증가와 국력 강화를 밀접하게 연계하기 시작했다. 즉, 부富와 강强이라는 두 요소를 합쳐 하나의 문제로 만들었다.

그러면 부강을 실현할 직접적인 수단은 무엇이었을까? 중상주의자들이 믿은 것은 바로 대외무역이었다. 그 때문에 대외무역이 핵심 문제가 되었다. 동시에 중상주의자들은 현실 세계를 본질적으로 '무정부' 국제 사회로 인식해 제로섬 게임의 관점에서 국제관계와 경제관계를 냉정하게 바라보았다.

둘째, 무역과 관련된 핵심 문제다. 중상주의가 대외무역에서 강조한 핵심 목표는 흑자를 얻는 것이었다. 흑자를 통해 금은 같은 귀금속이 끊이지 않고 유입되어야 외국과의 전쟁부터 전략 물자 수출입에 이르는 각종 사업을 국가가 지탱할 수 있었다. 흑자를 실현하기 위해서는 반드시 관세 등을 이용해 수출을 장려하고 수입을 제한해야 했다. 이것이 중상주의의 요점이다.

중상주의는 좋은 무역과 나쁜 무역을 구분하고 또 단순한 상인의 이익과 항구적인 국민의 이익을 구분했다. 이렇게 구분하고 나서야 비로소 대외무역에서 무엇을 장려하고 무엇을 제한해야 하는지, 심지어 무엇을 금지해야 하는지 알 수 있었다.

셋째, 관련 산업화 문제다. 수출을 확대해 재부를 축적하고자 했기 때문에 중상주의는 매우 일찍부터 산업화의 특수한 가치를 인식하고 있었다. 또 부가가치를 높이는 핵심이 제조업에 있다고 생각해 상업 정책에서 완제품과 원재료를 세밀하게 구분했다.

일찍이 중상주의자들은 법칙 하나를 내놓았다. "수출품의 세율은 원자재 수출이 절대 금지될 때까지 그 가공 정도에 반비례하지만 수입품의 세율은 그 가공 정도에 정비례해야 한다." 이것이 지향하는 목표는, 국가는 산업 생산력을 높이도록 노력해 원재료를 완제품으로 바꾸는 데 관심을 기울여야 한다는 것이다. 산업 생산 능력이 있어야 국가가 부강해지고 일자리를 만들며 복지를 개선할 수 있으므로 모든 경제정책은 산업화라는 핵심에 맞춰 실행되어야 했다. 중상주의는 후기에 이를수록 점점 더 산업화를 강조했다. 리스트가 '중상주의'를 '산업주의'로 바꾸어 불러야 한다고 주장한 것은 이런 이유에서였다.

이 세 방면의 이론 맥락과 정책 주장에 근거해서 나는 중상주의를 금은 축적, 보호무역, 공업 육성, 취업 확대, 국가 간섭, 식민지 정복 등을 하나의 전략으로 융합하는 것이라고 정의한다. 분명히 이것은 외교는 물론 내정과도 관련되어 있어 단순히 무역 흑자만 추구하는 것이 아니며 특히 화폐를 재부라고 여길 정도로 터무니없지도 않다. 실제로 이것은 유럽 각국이 밀접하게 영향을 주고받으며 격렬히 경쟁하는 가운데 나타난 근대적 혁신 전략이었으며, 이후 뒤처진 국가가 앞선 국가를 따라가기 위한 효과적인 발전 전략이었다.

중상주의 이론과 실천은 경제 민족주의를 근본 양식으로 삼았기 때문에 전통에서부터 근대로의 혁신 과정에서 세계가 경험한 각종 충돌, 전쟁 등은 모두 이와 관련 있다. 동시에 국가를 경영하고 세상을 발전시킨다는 중상주의 이론과 실천으로 인해 유럽은 가장 먼저 경제혁명을 받아들이고 앞장서서 산업화와 근대화를 추진함으로써 빠르게 근대적 의미의 부강을 달성할 수 있었다.

그러므로 근대 세계 탄생에서 중상주의는 파종기 역할, 최소한 산파 역할은 했다. 중상주의의 진상은 오랜 기간 주류 학계가 중상주의를 악마화한 개념과는 완전히 다르다. 와전되고 단편적인 시각으로 중상주의를 바라보아서는 안 된다. 이러한 시각으로는 프랑스를 포함한 유럽 국가의 근대화 과정을 정확하게 이해할 수 없기 때문이다.

프랑스의 발전을 이끈
콜베르주의의 공헌

프랑스와 중상주의의 연원

프랑스는 가장 먼저 중상주의 사상을 탄생시키거나 중상주의 정책을 실현한 국가는 아니다. 어떤 이들은 이탈리아에서 오랜 기간 호황을 누리던 상업과 도시국가 간 경쟁에서 중상주의가 탄생했다고 보는데 이들의 인과 관계는 쉽게 이해할 수 있다.

그러나 프랑스와 중상주의 사이에는 몇몇 특별한 관계가 있다.

첫째, '중상주의mercantilism'라는 용어는 프랑스인이 최초로 명명했다. 프랑스 중농학파의 선구자 미라보 후작Victor Riquetti, Marquis de

Mirabeau이 1763년에 펴낸 『농사철학Philosophie rurale』에서 '중상주의' 용어를 처음 선보였다고 알려져 있는데, 애덤 스미스는 프랑스 중농학파로부터 이 개념을 받아들인 이후 중상주의를 비난했다고 한다. 그러므로 중상주의의 명명권은 애덤 스미스가 아닌 프랑스 경제학자 미라보 후작에게 있는 것이다.

둘째, 중상주의 이론 확립에 크게 공헌한 것 역시 프랑스인이다. 16세기부터 1789년 프랑스대혁명에 이르는 시기에 프랑스어로 쓰인 경제 관련 저작은 모두 25만여 종이었으며 주로 국가 재정, 화폐, 농업, 징세 같은 경세치용經世致用 문제를 다루었다.

이들 저작은 같은 시기 이탈리아, 영국, 독일의 경제학 저작에 비해 그 수가 훨씬 많은 데다 국가 재정의 역할, 경제적 자급자족 같은 중상주의 색채가 농후한 문제를 주제로 삼았다. 그렇기 때문에 프랑스는 '정치경제학'의 선구자로 인정받아 왔다.

셋째, 가장 중요한 점으로, 프랑스는 중상주의 실천에서 가장 두드러진 역할을 했고 특히 루이 14세Louis XIV(재위 1643~1715)의 대신 장 바티스트 콜베르Jean-Baptiste Colbert가 집중적으로 이를 추진했다. 콜베르는 가장 전형적인 중상주의 정책을 실시해 통일되지 않고 재정이 불안정하며 산업이 낙후되어 대외적으로 허약한 국가 프랑스를 유럽 최고의 부강한 제국으로 도약시켰다. 콜베르의 중상주의 정책은 충분한 성공을 거두어 후대 사람들은 중상주의를 대신해 '콜베르주의'라고 했다. 프랑스제국의 중상주의를 살펴보는 데 있어 가장 핵심인 콜베르에 대해 좀 더 알아보자.

콜베르의 중상주의 실시

콜베르는 1619년 프랑스 랭스의 무역과 금융에 종사하던 대상인 가정에서 태어났다. 이러한 가정 배경에 힘입어 그는 서른 살도 되기 전 조정에서 중책의 기회를 얻었다. 젊은 시절에 잠깐 동안 경험한 루이 13세Louis XIII(재위 1610~1643)의 재상 리슐리외Armand Jean du Plessis de Richelieu의 중앙집권국가 설계, 중상주의 발전 수단, 인격과 정치 행위 등은 오래도록 콜베르에게 영향을 주었다.

1661년 루이 14세 친정親政 원년에 콜베르는 실질적으로 프랑스의 재정권을 장악했다. 이후 그의 권한은 사법, 무역, 공업, 건축, 해군, 식민지 등 많은 부분으로 확대되었고 22년 가까이 국왕의 신임을 받으며 중신의 자리를 지켰다. 콜베르가 예순네 살로 삶을 마감한 1683년은 루이 14세의 통치 전성기로, 그는 분명히 '태양왕'의 영광을 위해 있는 힘을 다했다고 할 수 있다.

콜베르가 채택한 정책은 무엇이었을까? 한마디로 중상주의를 체계적으로 실시하는 것이었다. 이를 구체적으로 살펴보자.

우선, 당시 프랑스의 가장 시급한 문제는 재정 영역에 있었다. 국가는 산더미처럼 쌓인 빚 때문에 세금을 앞당겨 사용해야 하는 위급한 상태였는데, 재정 관리가 체계적으로 이루어지지 않아 면세 특권이 만연해 있었고 세금 징수권자가 재정의 명맥을 주도해 가렴주구와 관료의 부정부패가 매우 심각한 상황이었다. 이러한 국면에서 콜베르는 긴급 처방을 실시했다. 특별 법원을 설립해 부패 행위를 처벌하고 불필요한 관직을 없애 재정 지출의 낭비를 막았다. 높은 이자 수익을 얻는 계층을 타격해 국가의 채무 부담을 경감시키고자 했으며, 동시에 재원을 늘리고 지출을 줄여 국왕 영지의 수입을 증가시키려고 노력했다. 또 정부의 비생산적인 지출을 엄격하게 축소했다.

콜베르는 이러한 현실 타개책을 실시하는 한편 재정 제도를 합리적으로 구축하는 데 착안했다. 그는 프랑스 역사상 최초로 국가 예산을 수립하고 수입에 맞춰 계획적으로 지출을 조절하고자 했다. 또한 큰 폭의 감세 방안을 추진하며 전쟁 기간이라고 해도 증세 요구를 가능한 억제했다. 특권을 과도하게 침해하지 않으면서 새로운 재원을 마련하기 위해 모든 소비자의 생필품에 붙는 간접세의 비중을 확대했으며 국가 저축 은행을 세워 금리를 합리적인 수준에서 결정되게 함으로써 공공 부채 상황을 개선했다.

재정 관리가 애초부터 중상주의 시정의 핵심이었다. 이런 점에서 미국 사회학자이며 역사가인 이매뉴얼 월러스틴은 콜베르의 정책 성공 덕분에 국가의 수입이 배나 증가하게 되어 루이 14세는 큰 힘을 들이지 않고 방대한 군사력을 지탱할 수 있는 유일한 군주가 될 수 있었다고 했다.

콜베르의 또 다른 성취는 프랑스에 더욱 깊은 영향을 미쳤다. 그는 중앙집권제를 공고히 하고자 국내 경제 질서를 바로잡는 데 최선을 다했으며 산업화를 추진하는 동시에 해외 개척에 적극적으로 나섰다. 이른바 '콜베르주의'의 본질은 선진화를 위해 국가의 행정 역량을 총동원해 경제 활동을 조직하고 성장을 주도할 수 있는 생산을 촉진해 국가 수요를 충족시킨 이후 수출을 최대한으로 추진하는 것이다. 이 역시 전형적인 중상주의 정책이다. 콜베르는 경제 발전과 산업화 추진을 위해 필요한 정책에 관심을 가졌는데, 예를 들면 국내 시장의 통일, 국내 검문소 철폐 같은 것으로 국내 교통을 개선해서 상업 유통을 촉진시키고자 했다.

이러한 기초를 다진 후 콜베르는 프랑스 산업의 발전을 위해 다각도로 접근했다. 즉, 국가가 제조업 발전을 주도하며 외국 기업가와 기술자를 초빙해 자금 지원, 면세 혜택, 시장 특권, 종교적 관용 같은 우대 조건을 제공했다. 선진적 상업 비밀과 기기 설비를 들여오는 동시에 자국의 기술자와 기술의 해외 유출을 막았다. 외국 완제품 수입을 엄격하게 통제하며 수입 관세를 두 배나 올렸고 무역 분쟁이 군사 분쟁으로 확대되는 것도 두려워하지 않았다. 산업 생산품의 질을 보장함으로써 수출을 확대했다. 가능한 한 많은 노동력이 생산에 투입될 수 있도록 출산을 장려하고 성직자가 되는 것을 제한했다. 원료 생산을 장려해 국내 제조업과 군수품에 공급할 수 있게 했다.

콜베르는 국내 산업이 발전하도록 지원하는 한편 네덜란드와 영국을 모방해 독점 무역과 식민지 회사를 세우고 동인도, 서인도, 발트해, 중동 등 먼 지역과의 상업적 연계를 강화했다. 또한 캐나다, 미시시피강 유역, 앤틸리스제도, 세네갈, 마다가스카르 같은 해외 지역 탐험과 식민을 적극적으로 지지했다. 이를 위해 항구 건설을 확대하고 조선업을 발전시켰다. 그리고 이제 막 첫발을 뗀 상선단과 이를 보호할 강한 해군을 신속하게 창설했다.

루이 14세는 '프랑스의 강희제'

　이런 모든 정책이 얼마나 효과적이었는지는 이미 잘 알려져 있다. 콜베르가 보좌하는 동안 루이 14세는 짧은 기간에 눈부신 프랑스제국을 건설했다. 눈부신 제국이라고 말하는 이유는 첫째, 프랑스가 절대군주제의 중앙집권왕국을 건설해 '짐이 곧 국가'라고 할 정도로 '태양왕' 루이 14세의 왕권이 강성해져 장기간 지속되면서 방대하고 통제하기 힘들었던 봉건 잔재를 일소했기 때문이다. 둘째, 프랑스가 스페인 상속권을 구실로 일으킨 네덜란드 전쟁(1667~1668년)과 그 이후 영국, 스웨덴 등과 동맹해서 일으킨 네덜란드 침략 전쟁(1672~1678년)을 거치며 프랑스가 정식으로 유럽을 제패했기 때문이다. 셋째, 문치와 무공이 함께 빛난 시기였기 때문이다. 국왕은 대프랑스 영토를 확대하는 한편 각계 문인을 초빙하고 문화, 예술, 과학 사업의 인재를 발탁했다. 또 베르사유궁을 건축하고 '루이 법전'을 반포하는 등의 업적을 이루었다. 결론적으로 이때는 제국의 권위와 왕권이 극에 달했다고 볼 수 있다.

　부르봉 왕조의 국왕 루이 14세는 장장 72년 동안 재위했는데, 이 기간에 그는 왕성한 정력을 바탕으로 부지런히 정무에 힘쓰면서 행동거지를 엄격히 자제했다. 그래서 독일의 철학자이자 수학자인 라이프니츠Gottfried W. Leibniz는 그를 "유사 이래 가장 위대한 군주"에 속한다고 칭송했고 괴테Johann Wolfgang von Goethe는 "자연이 빚은 완벽한 제왕의 표본"이라고 평가하기도 했다. 루이 14세는 중국 청나라를 61년간 통치한 강희제康熙帝(재위 1661~1722)와 거의 동시대인이면서 둘은 내치와 국방 모두에서 훌륭한 업적을 세웠기 때문에, 중국 사람들은 루이 14세를 '프랑스의 강희제'라 부른다. 중국과 유럽의 이 두 군주 사후 5~6대가 지나고 나서 두 나라가 공전의 대위기를 맞게 된 것 역시 그들의 공동 숙명이었다.

그러나 유사한 제국의 전성기를 거친 후 서로 전혀 다른 발전 추세를 보여주었다. 동방의 경직되고 정체된 왕조의 순환과 달리 서방의 프랑스는 근대화의 전환기로 들어서서 근대 산업을 발전시키고 해외 역량을 키워나갔다. 이들은 중상주의라는 완전히 새로운 체계 아래에서 콜베르가 온 힘을 다해 추진한 정책이다.

콜베르는 이때 야금, 무기, 조선, 방직, 군량軍輜, 가정용품 등을 생산하는 공장을 설립해 이탈리아, 스페인, 영국, 네덜란드 등으로부터 가져오던 대규모 상품 수입을 대체했다. 그래서 프리드리히 리스트는 "콜베르가 집권한 이후부터 프랑스에서 처음으로 대공업이 일어났다"라고 이야기했다. 동시에 콜베르는 17세기 초 이래로 계속된 전대미문의 재정 흑자를 이용해 전통적으로 육지를 중시하고 바다를 경시하던 민족이 빠른 속도로 많은 전함을 보유하게 만들었다. 이로부터 프랑스 해군, 무역과 식민지 사업 발전을 위한 기초를 다졌으며, 프랑스는 18세기에 네덜란드를 앞질러 영국과 최강국 지위를 놓고 다투는 라이벌이 되었다.

프랑스에서 근대국가의 기초가 된 많은 부분이 콜베르 시대에 시작되었다. 이는 역사적 우연이거나 하늘이 도운 것이 아니다. 콜베르 이전 프랑스에 이미 어느 정도 중상주의 경험이 축적되어 있었기 때문이다.

루이 14세 이전 루이 13세는 17세기 전반기를 통치했는데, 당시 수상이던 리슐리외는 정부 관여과 보호주의 같은 일련의 정책을 이미 실시했다. 그리고 루이 13세 이전 앙리 4세는 16세기 말에서 17세기 초에 걸쳐 재위했는데, 당시 재정 대신은 쉴리 공작Maximilien de Béthune, Duc de Sully이었고 무역 총감은 바르텔레미 드 라프마Barthélemy de Laffemas였다. 쉴리 공작은 귀금속의 해외 유출을 막기 위해 보조금과 독점권을 이용해 국내 산업 생산을 확장시키고자 했다. 그 결과 부르봉 왕조의 전체 48개 공장 가운데 40개가 이때 건설되었다. 라프마도 수입품을 대체하고자 온 힘을 기울였으며, 특히 양잠과 견직업, 태피스트리 직조업의 발전을 촉진했다. 이처럼 콜베르 이전 프랑스에서는 이미 중상주의가 시행되어 초보적인 성과를 거두었음을 알 수 있다.

콜베르 자신은 역사 발전의 추세와 국제 경쟁 체제가 강화될 것이라는 것을 잘 알고 있었기 때문에 자신에게 부여된 역사적 사명과 현실을 깊이 자각하고 있었다. 이 점은 그가 리슐리외가 남긴 중상주의 색채가 농후한 '거대한 구상'을 잊지 못했다는 것 외에 그가 국정을 막 맡았을 당시 루이 14세에게 바친 시정 비망록에서도 볼 수 있다.

이 비망록에서 그는 역사적 경험으로 봤을 때 국가 역량은 실제로 경제 역량에 따라 좌우되며, 한 나라의 경제 번영은 국제 경쟁에 크게 의지하기 때문에 경제 분야에서의 경쟁이 점점 국제적 충돌의 초점이 될 것이라고 날카롭게 지적했다. 또한 프랑스의 급선무는 여러 나라와 경쟁하는 가운데 국가의 관여와 보호주의를 통해 상공업과 해양 산업을 발전시키는 데 온 힘을 쏟아 네덜란드와 영국을 추월하고 약화시켜서 프랑스의 부국강병과 근대로의 전환을 이루는 것이라고도 했다.

콜베르는 프랑스에 이미 존재하던 중상주의를 집대성해 발전시켰다. 이는 중상주의를 통해 성공으로 나아가는 하나의 전형적인 실례實例가 되었다고 볼 수 있다. 프랑스의 콜베르주의는 이후 유럽 대륙의 모든 경제정책에 깊은 영향을 주었다.

프랑스 역사의 단면을 통해 본
프랑스 근대화의 특징

프랑스 민족은 탁월한 지도자의 출현으로 비교적 이른 시기에 중상주의를 명확히 인식하고 이를 통한 효과적인 발전 전략을 모색할 수 있었다. 특히 중상주의의 전형인 '콜베르주의'를 실행해 산업화와 근대화를 위한 좋은 기초를 마련했다.

그렇다면 프랑스는 이미 정해진 궤도에서 명실상부한 일류 강국의 지위를 유지하며 강성해질 수 있었을까? 아니면 유효했던 전략이 나날이 원래 모습을 잃어가면서 공들여 얻은 좋은 국면이 수포로 돌아갔을까? 이 질문의 답을 찾아 여기에서는 콜베르 이후 중상주의와 관련 있는 몇몇 역사적인 장면을 분석하면서 프랑스의 근대화 과정을 다각도로 살펴볼 것이다.

프랑스 중상주의와 관련 있는 역사적 단면

첫 번째 단면은 콜베르가 1683년에 세상을 떠난 후 그가 실시하던 중상주의 정책이 예상 외로 빨리 와해된 것이다. 이때의 상황을 보자.

첫째, 1685년 루이 14세가 거의 100년 동안 실시된 '낭트칙령'을 폐기하고 종교적 관용의 중단을 선언하자 15만 명 가까운 신교도(위그노파)가 박해를 피해 도피했는데, 그중에는 기술을 보유해 성실하게 살아가던 상공업 분야 엘리트도 있었다. 그들이 스위스, 독일, 영국, 네덜란드 등 이웃 나라로 이주함으로써 프랑스의 근대 경제 성장은 심각하게 타격받았고 영국과 경쟁하던 프랑스의 역량이 결정적으로 약화되었다.

둘째, 루이 14세는 계속된 대외 전쟁으로 나라의 재정이 어려워지자 세수를 늘릴 것을 명령하고 세금 징수 관리에게 고리로 대금을 빌렸다. 이렇게 누적된 채무가 전례 없는 규모로 불어나 그가 사망했을 때 이미 3년 치 재정 수입을 미리 사용한 상황에 처해 있었다. 이후 1세기 동안 프랑스는 재정 적자를 바로잡지 못하고 줄곧 국가 파산의 위험 속에서 근근이 유지될 뿐이었다.

셋째, 루이 14세 통치 후반에 유럽 대륙에서의 전쟁 형세가 나날이 심각해져 프랑스는 해륙海陸 병진並進 전략을 계속해서 취할 수 없었다. 그러자 본래 '해군보다 육군을 중시'한 루이 14세는 해군 건설을 포기하고 해외무역을 축소했다. 그 결과 프랑스는 미래에 영국과 해상에서 패권을 겨룰 때 승리할 수 있는 가능성을 스스로 잃어버리게 되었다.

이들이 콜베르 사후 프랑스가 산업, 재정, 해양 방면에서 전성기를 누리다 쇠퇴하는 이유를 보여주는 일면으로, 루이 14세가 세상을 떠난 1715년에 프랑스 경제 발전 곡선이 최저점에 이르렀다는 것은 전혀 이상하지 않다. 이 곡선은 1750년이 되어서야 비로소 다시 상승하는데, 모든 것이 어리석게도 중상주의를 포기하고 군주가 공명심으로 전쟁을 일삼은 것과 관계있다. 군주는 죽을 때가 되어서야 마침내 현실을 깨닫고 반성했다.

두 번째 단면은 1750~1770년대 프랑스에서 중농학파라는 경제 사조가 출현한 것이다. 루이 14세와 루이 15세는 오랜 기간 중상주의 정책을 실행했기 때문에 상공업은 크게 고무된 반면 농업은 곤경에 처해 있었다. 그래서 중농주의 학파는 농업을 중시하고 자연의 질서를 따르며 경제적 자유를 유지할 것을 주장했는데, 당시 이러한 생각이 전혀 일리 없는 것은 아니었다.

중농학파 주창자 튀르고Anne Robert Jacques Turgot는 1774년에 재정 대신이 되자 중농학파의 이념에 따라 콜베르주의와 상반되는 정책을 취해 대외적으로 보호무역을 반대하고 자유무역을 지지했다.

이러한 사상과 정책은 당시 프랑스에 영향을 미쳤는데, 많은 이들이 프랑스가 영국과 자유통상조약을 체결하면 막대한 적자와 채무에서 벗어날 수 있을 것이라고 생각했다. 1786년 프랑스는 영국과 상호 간 관세를 낮추는 '이든조약Eden Treaty'을 체결했다. 그러나 당시 영국의 산업 경쟁력은 최고 수준에 이르러 있었기에 자유통상이 이루어지는 가운데 프랑스 산업은 심각한 타격을 받았다. 심지어 이 통상조약을 프랑스대혁명의 유인 중 하나로 보기까지 한다.

이러한 단면은 이전 프랑스에 없던 자유주의 사조가 등장했음을 말하는 것이 아니라 자유주의와 중상주의가 부딪히는 상황을 보여준다. 국가가 제한 없는 국제 자유무역을 수행할 만큼 강하지 않을 때, 특히 산업 발판이 불안정할 때 자유주의 정책은 산업 생산력 육성에 큰 영향을 미치고 나아가 국가의 뿌리를 흔들기도 한다.

세 번째 단면은 1789년 프랑스대혁명의 폭발이다. 혁명은 필연적으로 경제 성장을 중단시켰고 산업화를 한번에 후퇴시켰다. 뒤이어 정무를 책임진 나폴레옹Napoléon I(재위 1804~1814)은 중상주의의 진정한 힘을 잘 알고 있었기 때문에 발전된 산업이 뒷받침되어야 프랑스가 독립적으로 실력을 쌓아 번영을 누릴 수 있다고 믿었다. 또한 그는 선진 산업국과 경쟁해야 하는 후진 국가는 보호 관세와 정부의 적극적인 간섭이 있어야만 산업이 발전할 수 있음을 분명하게 인식했다.

이로써 나폴레옹은 프랑스 산업을 크게 진작시키기 위해 새로운 발명품과 새로운 기기를 적극적으로 받아들이고 행정 제도를 개혁하며 국내 교통을 개선해 산업화를 향한 새로운 첫발을 내딛었다. 가장 주목받은 나폴레옹의 정책은 영국을 정조준한 '대륙봉쇄령'으로, 이는 영국과 그 식민지의 상품이 유럽 대륙으로 유입되는 것을 막으려는 것이었다. 이렇게 시장을 독점함으로써 유럽 대륙의 산업화에 도움이 되고 보상적인 발전으로 이어져 이 시기 프랑스에는 방직, 야금, 화공, 양조 등 각 분야에서 새로운 기술을 받아들인 공장이 건설되었다.

그러나 영국이 반봉쇄로 대응하는 데다 나폴레옹 시대의 계속된 전쟁으로 프랑스는 대혁명 이전의 해외무역과 식민지 절반 이상을 잃어버렸기 때문에, 프랑스의 산업과 해외무역은 영국의 선진 기술을 받아들이지 못하고 정체되었다.

프랑스의 패전 이후 막강한 경쟁력을 갖춘 영국 산업이 자유무역의 회복과 함께 유럽 대륙으로 밀려들면서 프랑스 산업은 다시금 심각한 타격을 입었다. 이후 제정 정치로 돌아간 프랑스 정부가 면사, 면포 등 주요 상품을 일률적으로 수입 금지하며 프랑스의 산업 생상력과 국내무역은 1815년 이후 10여 년 동안 배나 증가했다.

18~19세기에 펼쳐진 이러한 역사적 단면은 프랑스의 정책이 계속 반복되었음을 보여준다. 이들은 긍정적으로나 부정적으로나 중상주의 정책이 매우 중요하게 작용했다는 것을 입증한다.

네 번째 단면은 19세기 중반 루이 나폴레옹이 선거를 통해 대통령이 된 이후 쿠데타를 일으켜 공화정을 없애고 황제로 등극해 나폴레옹 3세Napoléon III(재위 1852~1870)가 된 것이다. 통치 전반기에 나폴레옹 3세는 국가의 관여를 강화해 산업혁명을 이룩하고자 온 힘을 다한 동시에 철로, 운하, 항구를 건설하고 양대 중앙은행을 세우는 등 경제적인 측면에서 매우 큰 업적을 세웠다.

1852~1870년 프랑스 제2제정의 공업 생산은 배나 증가해 기본적인 공업화를 실현했다. 그러나 나폴레옹 3세는 외교에 있어 영국

의 도움이 필요했고 또 영국의 자유무역으로부터 부분적으로 도움을 받았기 때문에 1860년 영국과 통상조약을 체결하는 경솔한 결정을 내렸다. 이 조약으로 영국은 관세를 프랑스에 비해 크게 낮추었음에도 당시 프랑스의 산업화 정도는 영국에 크게 뒤처졌기에 이 조약은 실제로 영국의 우수한 공산품이 프랑스 시장을 점령하는 계기가 되었다. 이후 프랑스 각계에서는 이 조약 체결 행위를 '경제쿠데타'라고 불렀다.

오래지 않아 프랑스 경제는 심화된 국제 경쟁에 대응하지 못하고 마침내 재기불능 상황에 처했다. 영국과의 통상조약 체결 전 10년 동안 프랑스 무역은 해마다 흑자를 냈지만 체결 이후부터 적자를 보이기 시작했고, 산업 생산 역시 이전 10년 동안 총 100퍼센트 증가했지만 이후 10년 동안에는 총 33퍼센트 증가하는 데 그쳤다. 게다가 1870년 프랑스—프로이센 전쟁에서 패배해 영토를 할양하고 배상금을 지불해야 했기 때문에 1880년대 프랑스는 경제 정체기에 빠졌고 그 결과 미국과 독일에 추월당하며 상대적으로 경쟁에서 뒤처지게 되었다.

1892년 프랑스가 관세법을 다시 제정하면서 비로소 경제도 회복 단계로 들어섰다. 1896~1914년 자동차, 전력, 야금, 비행기 등 신흥 산업의 발전으로 프랑스 경제는 빠르게 성장해 산업 생산량이 2배 증가하고 실질 임금도 50퍼센트가량 높아졌다.

지금까지 프랑스를 중심으로 살펴본 역사적 단면은 중상주의가 가져온 긍정적, 부정적인 경험과 교훈을 총결해보는 의미가 있다.

프랑스 근대화 과정에서 나타난 특징

앞에서 들여다본 프랑스 역사의 네 단면은 18~19세기 프랑스의 발전 과정을 대체로 포괄한다. 이들로부터 프랑스 근대화 과정의 특징을 짚어보자.

프랑스의 산업화와 근대화는 정책 방향이 반복되는 과정에서 진행되었는데, 중요한 것은 중상주의 정책을 일관되게 실행하지 않았다는 점이다. 17세기에는 콜베르주의가 크게 힘을 얻었지만 콜베르가 세상을 떠난 이후 그의 정책은 중단되었다. 18세기 중반 다시 세력을 얻은 중상주의는 자유주의를 신봉하는 중농주의에 의해 다시 약화되었고, 영국과 체결한 통상조약이 성장 중인 프랑스 산업에 큰 타격을 주었다. 이후 대혁명과 전쟁이 항구적으로 발전할 수 있는 기회를 제공했으나 당시 상황에서 공업과 대외무역은 위축될 수밖에 없었다.

1815년 이후 중상주의로 회귀하며 프랑스는 지속적인 성장기를 맞이했지만 1860년 영국과 다시 통상조약을 체결한 데 이어 프로이센과의 전쟁에서 패배한 후 프랑스 경제는 성장 동력을 잃고 전례 없는 침체기로 들어섰다. 이러한 상황은 19세기 말 재차 중상주의를 받아들일 때까지 계속되었다.

이처럼 엎치락뒤치락 반복을 거듭한 프랑스의 발전 양상은 영국과 분명한 대비를 이루었다. 영국은 15세기부터 19세기까지 일관되게 중상주의 정책을 실시했다. 그 결과 19세기 초에 이르러 산업 분야에서 이미 세계에서 적수가 없게 되었고 그때 비로소 체계적으로 자유무역을 실행했다.

영국은 산업이 아직 성숙하지 않았을 때에는 가능한 한 중상주의의 보루 뒤에 숨어 실력을 쌓으며 경쟁력을 강화한 후 자유무역을 통해 자신의 우세한 점을 기반으로 전략지를 공략하는 규율을 꾸준히 따라갔다.

이런 면에서 영국이 중상주의에서 자유무역으로 탈바꿈한 것은 합리적이면서 자연스러운 과정이었다. 반면 프랑스는 중상주의를 시행해야 할 때 자유화 정책을 시행하고 자유화 정책을 시행해야 할 때 중상주의에서 벗어나지 못했다.

바꾸어 말하면 프랑스의 경제정책은 산업의 성장, 성숙과 조화를 이루지 못하고 불일치, 왜곡, 반복의 양태를 보임으로써 프랑스의 산업화와 근대화 과정은 장기화되고 복잡해질 수밖에 없었다.

이러한 불일치, 왜곡, 반복은 국민성 같은 제반 요소와도 관련이 있겠으나 더욱 직접적인 원인은 프랑스에 안정된 헌정 체제가 없었다는 점이었다. 이른 시기는 말할 것도 없고 프랑스대혁명부터 프랑스 제5공화국에 이르기까지 프랑스는 14개 헌법을 실행했고 또한 헌법이 없거나 헌법이 마련되기를 기다리던 사실 정치체와 임시 정치체제도 16개나 있었다. 그래서 2세기도 안 되는 기간 동안 프랑스에서는 모두 36개의 정치체제가 출현했다.

19세기만 해도 프랑스는 제1공화국, 제1제정, 왕정복고, 7월 왕정, 제2공화국, 제2제정, 제3공화국을 경험했다. 또한 이 사이에 급진과 보수, 복벽과 반복벽 사이의 순환이 거듭되어 근대 경제의 지속적인 발전에 큰 장애가 되었다.

『나폴레옹 법전Code Napoléon』(1804)은 질서 있는 발전을 위한 제도적 기초를 마련했지만 하나의 제도가 틀을 갖추려면 사회 각 계층의 광범위한 공통된 인식이 필요하다. 영국은 1688년 명예혁명 이후 안정된 입헌군주제 시대로 접어들었고 이로부터 국왕은 군림하지만 통치하지 않는다는 헌정 질서를 확립했다. 헌정은 정치 안정, 법치 시행, 권리 보장뿐 아니라 경제 발전, 재정 규제, 금융 성장에도 매우 큰 의의를 지닌다.

합리성, 안정성, 사회의 공통된 인식이 결여된 헌정 제도는 단순히 능력 있는 대신이나 뛰어난 군주에 의지하는 것일 뿐으로, 특정 시기의 경제적 번영은 기회주의 위에 건설된 것과 같다. 그것은 마치 콜베르 사후 벌어진 상황처럼 한순간에 몰락하게 되어 있다.

견고하고 안정적이며 예측 가능한 제도적 보장이 없었기 때문에 프랑스는 근대화 과정에서 명확하게 '작은 사회, 큰 정부' 전통을 만들었다. 영국조차도 장기간에 걸친 자본주의 발전 과정에서 특히 중상주의가 성행한 시기에는 국가 정권이 나서서 군사적으로 보호하고 법률과 규범을 제정하며 경제 활동에 개입하고 사회 문제를 관리했다. 원래 근대화는 '무정부 상태에 경찰력만 더한' 것이 아니라 정부의 역할이 나날이 확대되는 과정이었다.

그런데 프랑스 정부의 역할이 영국 등 주변 국가에 비해 그리 작은 것은 아니었다. 이 점은 사회 재부財富 중 정부 행정 지출이 차지하는 비율로 입증할 수 있다.

프랑스는 본래 절대군주제와 나폴레옹의 강력한 중앙집권의 유산을 가지고 있기에 거듭된 전쟁과 혼란은 말할 것도 없고 발전을 재빨리 따라잡으려는 절박함은 명령을 내려 직접 통제하고 개입하는 중앙정부의 역할을 강화시켰다. 그 결과 오랜 시간이 흐른 뒤에도 시장 발전, 기업가 정신, 사회 자치조직 등이 모두 제한을 받아 오히려 정부의 역할이 '보이지 않는 손'이 아니라 '보이는 손'으로 더욱 강화되었다.

어떤 이들은 19세기 프랑스의 경제가 급속히 발전한 시기가 전제 정치 시기와 일치한다는 점에서 경제 발전이 정부에 지나치게 의존했음을 입증하는 것이라고 이야기한다. 오랫동안 정부가 경제 활동의 주요 조직자이자 시행자가 되면, 특히 정부 자체에 근대화가 부족하고 제약 장치도 없는 경우 경제와 사회 운용비를 불가피하게 증가시키고, 과도하게 힘을 낭비하거나 지나치게 잘못을 바로잡으려 하고, 냉탕과 온탕을 엎치락뒤치락 드나들며 억지로 효과를 짜내려다 마침내 들인 노력에 비해 거둔 성과는 초라한 상황을 맞이하게 될 것이다. 프랑스가 이러한 면에서 보인 예는 비일비재하다고 할수 있다.

프랑스 역사에서 정부의 역할은 지나치게 큰 반면 근대화가 결핍되어 있었다. 그 결과 가장 크게 영향 받은 것은 바로 재정 금융 분야다. 영국과 프랑스는 1689~1815년 사이 일곱 차례에 이르는 대규모 전쟁을 했고, 영국도 프랑스와 마찬가지로 매년 군사 부문 지출이 국가의 세수를 초과했다. 그러나 1660~1685년에 영국 정부의 세수 체제는 정해진 세금을 분할 납부하는 포세제包稅制를 없애고 재정부가 관장하는 비교적 합리적인 근대적 조세 제도를 완성했다. 이로써 정부의 조세 수입이 크게 늘어 명예혁명 이후 30년 만에 영국의 세수는 20배 넘게 성장한 동시에 정부의 행정 운영 관련 지출은 비교적 낮은 수준에서 통제할 수 있었다.

같은 기간 프랑스의 전통적인 조세 제도는 크게 변화하지 않고 징세비가 계속해서 증가하는 상황이었다. 1735~1780년에 세수는 늘지 않고 줄어들었으나 정부의 지출은 오히려 증가했다. 프랑스인의 조세 부담은 영국인이나 네덜란드인보다 적었지만, 세수 체제의 혼란과 불공평으로 인해 프랑스인의 조세를 향한 불만은 점점 높아졌다.

세수 외에 더욱 중요한 국채라는 금융 제도가 있었다. 그러나 이 영역에서 프랑스 정부는 재정적 신용이 없었고 금융 제도가 전반적으로 낙후되어 있었다. 1720년 금융 개혁이 실패한 후 지폐, 은행, 채권, 증권에 대한 프랑스인의 믿음은 더욱 약해져 정부의 자금 동원 능력이 크게 줄어들었다.

이와 상반되게 영국은 의회가 부여한 신용 담보로 네덜란드에게서 대량의 신용 대출을 해올 수 있었고, 특히 단기 채무를 장기 채무로 바꾸어줄 수 있는 잉글랜드은행이 있었으며, 규범을 충족하는 채권이 시장에서 유통되었다. 이처럼 국내와 국외, 현재와 미래의 더 큰 자원을 동원할 수 있는 능력에 있어 프랑스는 속수무책이었다. 마침내 1756~1763년에 벌어진 7년 전쟁 중 프랑스 정부의 재정이 다시 파산하자 영국은 이를 틈타 프랑스가 지니고 있던 넓은 해외 식민지를 차지하며 세계 패권국의 지위를 거머쥐었다.

프랑스의 근대화 노선을 어떻게 볼 것인가?

지금까지 프랑스의 부족했던 점을 이야기했는데 이제 프랑스는 결코 낙후된 국가의 전형이 아니었으며 종합적인 국력에서 평가해 볼 때 프랑스의 실력이 근대 이전과 이후에 늘 영국에 뒤처진 것은 아니었다는 점을 강조해보려 한다. 프랑스의 산업화 역시 결코 실패의 전형으로 봐서는 안 된다. 프랑스의 성공은 영국의 찬란함과 비교되며 상대적으로 평가되곤 했다. 산업혁명 이전 두 나라의 세력이 막상막하였기 때문에 두 나라는 모든 면에서 비교되어 왔다.

엄밀하게 따져보면 프랑스는 산업화와 근대화 노선에 있어서 줄곧 영국과 다른 길을 가면서 산업혁명 없는 산업화, 비약적인 발전이 없는 근대화를 이룩했다.

영국과 비교할 때 프랑스 경제는 다음과 같은 특징이 있었다. 농업 비중이 시종일관 높은 편이었으며 농업 경작 제도, 상품화 정도, 기술 수준 측면에서 오랜 기간 근본적인 변화가 없었다. 전통 산업과 근대 산업이 동시에 발전했고 기업 구조 또한 대기업과 중소기업이 병존했다. 프랑스에서 수출이 차지하는 비중은 높지 않았으며 수출 상품으로는 수공업이 생산한 소품류가 많았다. 금융 제도 역시 낙후된 편으로 산업 투자를 스스로 축적한 것에 의지해야 했다.

그러나 모든 것의 표준을 영국 혹은 다른 이상적인 유형에서만 찾을 수는 없다. 근대화는 같은 방향으로 가는 여러 개의 차도에 비유할 수 있는데, 즉 다양한 방식을 통해 같은 목표에 도달하지만 속도에서 차이가 나는 것은 피할 수 없다는 것이다. 전 세계를 범주에 넣고 보면 프랑스는 근대화 노선에서 느리지 않은 속도로 앞쪽에서 가고 있었다.

프랑스는 시종일관 인류의 산업화, 근대화에서 첫 번째 자리를 차지하고 있었고, 현재까지도 선진 사회 대열에서 안정적인 위치를 지키고 있다는 점을 확실히 강조해야 할 것 같다. 프랑스의 내정에서 어떠한 발전과 퇴화가 거듭되었는지와 상관없이 프랑스는 유럽 여러 국가가 각축을 벌이는 지정학적 정치 무대에 있었고 또한 근대화 이념과 생산력 혁신이 집중적으로 분출되던 서구의 범위 안에 있었다.

이 점은 마치 공기처럼 매우 중요한 것임에도 쉽게 홀시되곤 한다. 근대화 이념을 예로 들면, 중상주의는 전 유럽에서 유행한 사상 체계로 유럽 각국이 중상주의의 계몽과 지도를 받았다. 생산력 혁신에서는 벨기에를 유럽 대륙 최초의 산업화 국가라고 할 수 있는데, 그들은 가장 신속하게 영국의 영향을 받아들였다. 당시 벨기에에서 일하던 영국 기업가가 과장을 더해 이야기한 바에 따르면, 영국에서 나온 새로운 발명은 10일만 지나면 모두에게 알려졌다. 프랑스의 경우 이렇게 신속하지는 않더라도 영국과 지리적으로 가까운 장점을 충분히 활용한 것은 틀림없는 사실이다.

예를 들면 스코틀랜드 출신으로 프랑스 재정의 중심인물이 된 존 로John Law의 주도로 1718~1720년에 프랑스는 영국의 시계, 방직, 야금, 유리, 조선 등의 방면에서 기술자 200~300명을 받아들였다. 나폴레옹은 영국의 선진적 방직 기계를 대량으로 수입해 프랑스의 방직 수준을 크게 높였다. 또한 프랑스가 1847년 철도 건설을 막 시작하던 때 사용된 10억 프랑 가운데 6억 프랑이 영국인의 투자였다.

생산 요소의 이러한 흐름은 다원적으로 개방된 유럽에서는 오래전부터 보편적인 현상이었다. 영국 역시 초기에 낙후되었을 때에는 이탈리아, 네덜란드, 프랑스에게 많은 것을 배웠다. 하버드대학 경제학과의 데이비드 랜즈David S. Landes 교수는 숙련된 장인, 학자 및 예술가는 "유럽 전체를 자신의 집으로 여겼다"라고 이야기했는데, 이것이 유럽이 전 세계의 선두에서 산업화와 근대화를 이끌어갈 수 있었던 이유다. 그러므로 여러 나라가 다원적으로 앞장서서 돌파해 나아가던 유럽에 처해 있던 이상 프랑스의 근대화 과정은 세계적인 기준에서 보면 선진적이었다고 판단할 수 있다.

미국 문화인류학자 프랜츠 보애스Franz Boas가 하나의 국가, 하나의 민족이 어떻게 선진 문명에 도달할 것인가는 본질적으로 그들이 다른 우수한 민족과 얼마나 접촉하는지에 따라 결정되므로 선진 문명, 우수한 국가와의 교류가 많으면 많을수록 선진적인 문명으로 나아갈 수 있다고 결론을 내린 것을 기억해야 한다. 유럽의 중심에 위치한 프랑스가 아주 좋은 예다. 이 점은 중국 역사 속의 문제를 분석할 때나 현실 속의 발전 문제를 해결하려 할 때 훌륭한 깨우침을 줄 것이다.

여론餘論: 프랑스 역사를 통해 본 중상주의의 현대적 의의

프랑스 역사를 회고해본 이 시점에 반드시 중상주의의 현대적 의의를 덧붙여 오해와 오도가 유발되지 않도록 해야겠다.

중상주의가 근대 사회에 설정한 경제 민족주의 패러다임은 오늘날에도 여전히 유효한 것은 물론 본질적으로 국제 질서의 규범이라는 것을 인정해야 한다. 마찬가지로 중상주의의 주장은 무역 보호와 산업 발전뿐 아니라 정부 관여와 취업 보장 등에도 실천되어 오늘날까지도 음으로 양으로 각국의 정책 요소가 되었다.

그러나 세계 역사는 많은 변화 속에서 흘러왔으므로 시대에 발맞추어서 문제를 볼 필요가 있다. 만약 중상주의가 장기간에 걸쳐 과도하게 개입하는 정치적, 경제적 환경에 직면해 있다면 중상주의 라고 하는 이 역사적 산물을 더욱 포괄적으로 사고해야 할 필요가 있다.

오늘날에는 중상주의를 어떻게 봐야 할까?

중상주의를 오늘날의 시각으로 볼 때 우선 국가의 개입이나 정부의 관여 문제를 언급해야 한다. 실증 역사 연구와 개별 국가의 현재 상황을 관찰한 결과 경제 발전은 정치, 재정, 금융, 기술, 군사, 문화 등 다방면의 지지가 뒷받침해 왔다는 것을 알 수 있다.

중상주의가 정점에 이른 시기 국가의 개입은 말할 필요조차 없이 자유학파가 흥기한 이후에도 유럽 각국의 공공지출 비중은 절대적, 상대적 의미에서 모두 확대되었다. 오늘날 선진 산업 사회는 복지 국가의 부담을 짊어지고 적극적으로 유망한 정부를 유지해야 하기 때문에 정부와 시장을 모두 고려하는 '혼합경제' 모델을 계속 유지할 수밖에 없다.

분명한 것은 오늘날에도 과거와 마찬가지로 국가의 개입이나 정부의 관여는 포기할 수 없고 포기해서도 안 되는 것으로, 선진국을 쫓아가는 후발 국가의 입장에서 어느 정도의 동원 체제는 필요하다고 본다.

한편 국가의 개입이나 정부의 관여는 양날의 검으로 중상주의자조차 이에 대한 분명한 인식이 부족하다. 프리드리히 리스트는 개별

시민이 자신의 재능과 선을 위해 하는 일에 국가가 월권행위를 할 수 없다고 강조했다.

확실히 정부가 과도하게 관여하고 시장화가 뒤처졌으며 사회 자치조직이 발달되지 못한 곳에서는 지대地代 추구의 기회가 증가할 수밖에 없으며 경제 운용 원가 역시 증가했다. 방대한 정부, 무거운 세금 부담과 금리 생활자 계층을 등에 업은 사회는 경쟁력이 부족하고 안정적인 기초를 바탕으로 원대한 계획을 실행하기가 어렵다. 그러므로 중상주의의 '보이는 손'을 거울로 삼을 때 이러한 것을 경계해야 한다.

중상주의의 두 번째 시사점에는 산업 육성과 수출 지향 문제가 포함된다. 수출을 중시하며 무역에서 흑자를 추구하는 것은 널리 알려진 중상주의의 목표로, 특히 수입 대체 실현, 산업 육성과 업그레이드, 수출 상품의 부가가치 증대, 국제 경쟁력 강화 등을 통해 이 목표를 달성할 것을 강조했다.

본질적으로 이것은 산업화와 근대화를 지향하는 방안이었다. 산업화 혹은 생산력 발전을 목표로 삼았기 때문에 일반적으로 부정적이며 경쟁적인 수단으로 인정되던 독점 경영, 보호무역, 보조금 장려, 산업 정책 등도 긴 안목에서 채택될 수 있었다.

그러나 완전무결한 보호 시스템은 결코 있을 수 없고 산업 육성도 양날의 검이기 때문에, 원래 최후의 수단으로 시행하던 보호 시스템을 적시에 제거해 자유경쟁으로 생산력을 강화하고 동시에 이익 집단의 과도한 지대 추구를 억제해야 한다는 점을 기억해야 한다.

이런 의미에서 애덤 스미스로 대표되는 자유학파의 견해는 어느 정도 타당성이 있어 중상주의의 편파성을 보완해주는 역할을 했다. 특히 수출 지향 경제가 발전할수록 국내 발전을 촉진해 국민의 복지를 개선한다는 기본적인 방향을 놓칠 수 있다. 단순히 외부 수요에만 의존하거나 얻은 수입의 대부분을 해외로 돌려주고, 해외 사업의 효과와 이익을 무시하고 국내시장의 성장을 억제하며, 내부 제도 조정을 회피하는 성장 모델을 따라간다면 오랫동안 지속될 수 없다.

중상주의의 세 번째 시사점은 위기 통제와 취업 보장의 문제다. 태생적으로 중상주의는 일종의 위기 대응 전략이라는 것은 조금도 과장된 말이 아니다. 화폐 부족과 기술력 저하, 경쟁력 약화와 무역 역조에서부터 시장 부족과 생산 과잉, 실업 확대와 후발국의 도전에 이르기까지, 당시 오늘날의 기준에서 모든 위기에 직면해 있었으며 이를 통제하는 도전적인 정책 또한 조금도 부족함이 없었다.

당연히 위기 대응의 핵심은 통제력을 높이는 것이기 때문에 그것 역시 양날의 칼이 되어 언제나 대가를 필요로 했다. 그러므로 통제 조치를 높일 때에는 '두 가지 악 중 더 가벼운 것을 취한다'는 경계심을 가지고 제한, 통제가 전제로 발전하는 것을 막아야 한다. 어떠한 통제든 필요에 의해 실시한 이후 조건이 갖추어지면 일반적인 자유 시스템으로 전환하는 등 통제를 중단할 수 있는 시스템을 반드시 만들어 놓아야 한다.

취업은 중상주의가 줄곧 관심을 가진 것으로, 실업과 같은 단기적인 문제의 대응에 있어 정부의 관여를 추구한 중상주의는 방임을 중시한 자유학파에 비해 참고할 만한 점이 많다. 현재 실업 문제가 세계적으로 확대되고 장기화되는 추세인데, 식민지 등 외부 요인이 없는 상황에서는 사회적 지원과 투자 증대가 일시적으로 선택할 수 있는 정책이다.

그러나 만일 위기 대응과 취업 보장이 사회 개혁, 경제 활동, 재정 제한과 함께 이루어지지 않는다면 최종적으로는 공공 부문의 계속된 팽창, 화폐 공급 과잉, 채무 증가, 조세 부담 가중, 기업 경영난 증가 등의 문제를 야기할 수 있다. 이렇게 재정적으로 과도한 적자 추세가 이어지고, 제도적으로 큰 정부와 작은 사회라는 기초가 튼튼하지 못한 구조를 갖추며, 경제적으로 생산보다 소비가 많은 왜곡된 상황이 나타나면 결과적으로 위기가 더 심화될 수 있다. 이 점을 항상 경계해야 한다.

앞서 살펴본 대로, 프랑스 역사에 비추어 봤을 때 중상주의는 사상적인 면과 실천적인 면을 겸비한 풍부한 유산이며 프랑스가 강대국으로 부상하는 과정에서 커다란 영향력을 발휘했다. 이 때문에 경제사학계, 특히 후발 국가의 학계에서는 이 유산을 깊이 있게 연구해 잘못된 상황을 바로잡아 정상화하는 데 중상주의의 정수를 채택했다. 그러나 이것이 자유학파의 합리적이면서 적합한 요소를 포기하는 것은 결코 아니며 현재 객관적으로 존재하는 불공평한 현상의 대응책으로 중상주의와 자유학파 사이의 균형을 찾는 것이 필요하다. 장점을 널리 습득해야 부족한 점을 인지하고 채울 수 있으며 나아가 적절한 역사적 경험과 현실의 지침을 얻을 수 있다.

영국

패권국의 균형 정책

:

우정위(吳征宇) | 중국런민대학 국제관계학원 교수

5

국제 정치경제체제에서 장기간 패권국의 지위를 누린 영국은 세계 역사에서 지도적인 지위를 차지했다. 난징대학 역사학과 박사, 중국런민대학 국제관계학원 교수 우정위가 19세기와 20세기 초 영국과 유럽 국가 간 대외 정책을 설명해줄 것이다.

19세기
영국과 유럽

영국은 무엇이 특별할까?

근대 세계 역사에서 영국은 아주 특별한 국가다. 먼저 영국은 유럽 국가체제의 주요 구성 국가인 동시에 세계체제를 주도하는 해양 강국이었다. 이처럼 하나의 국가가 이중적인 역할을 맡으며 이른바 근대국가체제의 '지도자'가 된 것은 곧 국제 정치학에서 이야기하는 국제 정치 속의 '패권국' 혹은 '패권자'가 되었음을 의미한다.

근대 역사에서 이런 국가는 매우 특수한 지위를 가지고 있었을 뿐만 아니라 그 숫자도 많지 않다. 17세기에 아주 짧은 기간 동안 네덜란드가 이 역할을 한 적이 있다. 그 후 영국이 물려받은 이 지위는 1945년 이후 미국으로 넘어갔다.

근대 역사에서 영국의 지위는 매우 특수하다. 1688년 명예혁명부터 1945년 제2차 세계대전이 끝날 때까지 영국 역사의 궤적은 아주 명확해 대략 두 차례 고조기가 있었다. 첫 번째 고조기는 1688년 명예혁명부터 미국 독립전쟁 시작까지로 이 기간의 역사를 흔히 '제2차 영국—프랑스 백년전쟁 시기'라고 부른다. 이 시기에 영국과 프랑스는 유럽에서는 물론 해외에서도 일련의 경쟁을 전개했으며 최종적으로 영국이 승리를 거두었다.

미국 독립전쟁 발발 이후부터 나폴레옹 전쟁이 종결될 때까지 영국의 상승 궤적은 짧은 하강기에 접어들었다. 그러나 나폴레옹 전쟁이 끝나자마자 영국은 두 번째 상승 국면을 맞이했다. 나폴레옹 전쟁부터 제1차 세계대전까지 영국은 역사적으로 최고의 전성기를 구가해 이 시기를 '대영제국 통치 아래에서의 평화'라고 부른다. 제1차 세계대전 이후부터 1945년까지는 대영제국의 쇠퇴기다.

영국의 대외 정책

영국이 주도적 위치를 차지한 2세기 동안의 역사에서 그들의 대외 정책은 매우 분명한 특색을 보여주었다. 영국의 대외 정책은 총체적으로 두 가지 핵심 요소를 포함했는데, 이 두 요소가 세계 정치에서 영국에게 전략적 이익을 가져다준 가장 중요한 요인이었다.

첫째 요소는 대양에서의 우세다. 이것은 상업과 무역, 식민지에서의 우월을 포함한 영국의 해외 이익을 가리킬 뿐만 아니라 해군의 우세도 포함된다. 영국 같은 해양국에게 해군은 대체 불가의 중요한 의미를 지닌다. 해군은 영국 본토의 안전과 관련 있으며 나아가 영국 교통로의 안전, 필요할 경우 유럽 대륙에 대한 영국의 관여를 보장해주었다.

둘째 요소는 대륙에서의 '세력 균형'이다. 국제 정치에서 흔히 말하는 '세력 균형'은 국가체제 내에서 어떤 국가도 절대적으로 다른 국가를 능가할 수 없기 때문에 다른 국가보다 압도적 우위를 형성하는 것을 반대하는 것을 의미한다. 영국 대외 정책의 방향은 어떤 국가가 유럽 대륙에서 독자적인 패권을 가지거나 유럽을 통일하는 것을 인정하지 않는 것이었다. 이것이 바로 영국이 유럽 대륙 전쟁에 참전한 가장 중요한 목적이다.

여기에서 특히 강조해야 할 것은 유럽 대륙 국가 사이의 균형, 즉 유럽 대륙 내 세력 균형이 영국에 미치는 의미다. 이 의미의 핵심은 영국의 두 가지 대외 정책 요소 사이에 일종의 공생 관계가 존재한다는 점이다. 대륙의 세력 균형은 영국이 대양에서 우세를 가지는 데 기본적인 보증이 되며, 대양에서 우세를 점해야 하는 가장 중요한 목적 중 하나는 필요할 때 영국이 효과적으로 대륙의 세력 균형에 관여할 수 있어야 했기 때문이다. 그러므로 두 목표 사이에 공생 관계가 존재해야 했다. 왜 공생 관계라고 할까? 이 두 요소 모두 영국에게는 선택의 여지없이 반드시 필요한 것이었기 때문이다.

영국에게 대륙의 세력 균형이 가지는 의미와 중요성

대륙의 세력 균형이 영국에게 얼마나 중요한 의미가 있을까? 간단히 두 가지 이유를 들 수 있다.

첫째, 만일 어떤 국가가 유럽 대륙을 통일할 수 있다면 그들은 규모면에서 영국을 초월하고 경제면에서 영국을 능가할 수 있는 것은 물론 최종적으로 해군력에서도 영국을 앞지를 가능성이 있다는 것을 의미한다. 그러므로 영국은 하나의 국가가 유럽 대륙을 통일하는 것을 결코 용인할 수 없었다. 이것이 몇 세기 동안 영국이 유럽 대륙에서 행한 가장 핵심적인 정책이었다.

둘째, 만일 어떤 한 국가가 유럽 대륙에서 독자적인 패권을 가진다면 유럽 대륙 시장에서 영국을 완전히 봉쇄할 가능성이 있었다. 가장 전형적인 예가 나폴레옹이 실행한 대륙봉쇄령이다. 영국은 해가 지지 않는 제국이었지만 해외 식민지는 결코 그들의 핵심 시장이 아니었다. 유럽 대륙은 영국이 국제 질서를 주도하던 2세기 동안 줄곧 세계에서 가장 중요한 지역인 동시에 영국이 가장 중시한 핵심 시장이었다. 유럽 대륙의 시장 가치를 식민지가 대체할 수는 없었다.

영국의 역사적 지위

영국의 역사적 지위를 돌아보자면 1688년부터 18세기, 19세기를 거쳐 20세기 초까지의 시기를 특히 강조할 필요가 있다. 이 시기는 국제체제에서 영국이 줄곧 명확한 우세를 점하던 때로 특히 나폴레옹 전쟁 이후 상당히 오랜 기간 동안 강력한 지위를 유지했다. 영국은 역사적으로 어떤 국가의 견제를 거의 받아본 적이 없었다. 유일한 예외가 미국 독립전쟁 시기 러시아 차르 예카테리나 대제Ekaterina II(재위 1762~1796)가 주도한 무장 중립 동맹이다.

이외에는 국제체제 속의 어떤 국가도 영국을 효과적이고도 명확하게 견제한 적이 없었다. 이러한 유형의 국가로 영국에 뒤이은 오늘날의 미국이 있는데 이들은 대륙 국가 사이에 통상적이던 '세력 균형 시스템의 제약'을 받은 적이 없었다. 영국과 미국은 모두 그들이 주도한 시스템 속에서 '세력 균형의 지배자'라는 매우 특수한 신분을 누렸다.

영국이 지난 2세기 동안 명확한 우세에 있는데도 다른 대국의 견제를 받지 않은 것은 영국의 세력 우위에 명백한 정당성이 있었기 때문이다. 이 정당성은 영국이 글로벌 체제에서 '자유무역의 옹호자'이며 유럽 대륙 '약소국가의 보호자'로서 확보한 것이다. '약소국가의 보호자'라는 것은 영국이 유럽 대륙 세력 균형의 옹호자였음을 의미한다. 국제체제에서 지도자가 된 영국은 그들의 사익이 국가 사회 절대 다수를 구성하는 국가의 공익과 불가분의 관계를 가지고 있어야 했는데 이런 결합 관계는 다른 국가는 실현하기가 어려웠던 것이다. 이는 곧 '지도자'로서 반드시 갖추어야 할 특징이었다.

19세기 초 유럽 대륙에 대한 영국의 정책

19세기 동안 영국이 유럽 대륙과 관련해 실시한 정책은 1853~1856년에 벌어진 크림전쟁을 경계로 두 단계로 나눌 수 있다. 크림전쟁 이전에 영국과 유럽 대륙은 상대적으로 밀접한 접촉 관계를 유지했다면 크림전쟁 이후에 영국은 매우 분명하게 유럽 대륙에서 물러났다. 그리고 19세기 후반 독일의 '세계정책Weltpolitik'이 등장한 이후에야 영국은 다시 유럽 대륙으로 복귀했다.

1815년 나폴레옹 전쟁 이후의 사태를 수습하기 위해 오스트리아 빈에서 열린 국제회의에서 유럽 대륙은 정치와 영토를 재편성하는 '빈 체제Wiener System'를 형성했다. 빈 체제는 '영토 분배'와 '유럽 협조'라는 두 개의 중요한 주춧돌을 가지고 있었다. 먼저 영토 분배와 관련해 주로 세 곳이 언급되었다. 저지대 국가 네덜란드와 벨기에는 네덜란드공화국에 합병되었고 이탈리아는 계속해서 분열 상태를 유지하게 되었다. 실제로 가장 중요한 영토 분배는 독일에서 일어났는데, 독일 국가는 분열된 상태로 독일 연방을 형성했고 이 가운데 프로이센과 오스트리아가 두 강국으로 힘을 키웠다.

'유럽 협조'는 무엇일까?

빈 체제의 또 다른 주춧돌인 '유럽 협조'는 영토 분배보다 더욱 중요한 의미가 있다. '유럽 협조'는 대국이 유럽의 평화를 위해 특별한 책임을 져야 한다는 의미로, 유럽의 평화를 보장하며 협조적으로 행동해야 한다는 것이다. '유럽 협조'는 두 가지 함의가 있었다. 첫째, 일종의 회의 구조다. 1814년에 영국은 프랑스에 대항하고자 러시아, 프로이센, 오스트리아와 '사국동맹'을 체결했는데, 그 조약 중 하나는 4개 대국이 정기적으로 회의를 열어 상호 관심사를 해결하는 것이었다.

'유럽 협조'의 또 다른 함의는 '도덕적 일치Moral Consensus'다. '도덕적 일치'는 미국 국제정치학자 한스 모겐소Hans J. Morgenthau가 『국가 간 정치Politics Among Nations』(1948)에서 응용한 말이다. 이 책에서 한스 모겐소는 세력 균형의 불충분성을 탐구했는데, 특히 도덕적 일치가 세력 균형을 순리적으로 유지하는 데 중요한 작용을 한다고 강조했다. 도덕적 일치는 어떠한 대국도 다른 국가 특히 다른 대국의 이익을 대가로 자신의 이익을 추구해서는 안 된다는 것이다. 이것이 '유럽 협조'의 본질적인 함의다.

영국은 빈 체제의 주요 창립자이지만 빈 협약이 체결된 후 얼마 안 되어 대륙과 소원한 관계를 유지했으며 그렇더라도 탈퇴하지는 않았다. 1820년대에 영국은 유럽 협조의 회의 구조에서 점점 빠지기 시작했다. 왜냐하면 영국이 주장하는 현상과 러시아, 오스트리아, 프로이센의 삼국이 인정하는 현상이 완전히 달랐기 때문이다. 영국은 유럽 국가 간의 세력 균형, 특히 강대국 사이의 세력 균형을 주장했다.

영국은 유럽의 세력 균형이 파괴되지만 않는다면 영국이 대륙의 일에 관여할 필요도, 이유도 없다고 생각했다. 반면 삼국이 인정하는 현상은 어떤 국가 내부의 정권 안정과 같은 의미였다. 즉 삼국은 그러한 국가의 내부 정권이 혁명으로 전복되어서는 안 된다는 것을 보증하기만 하면 되었다. 이는 현상에 대한 영국의 정의와 분명히 모순되었다.

이 모순의 결과 유럽 협조에 따라 네 번의 회의가 열린 후 영국은 탈퇴하기로 했고 유럽 협조는 사국동맹에서 러시아, 프로이센, 오스트리아의 동부 삼국동맹으로 변경되었다. 대륙의 이 세 국가는 프랑스대혁명의 영향으로 어떠한 형태의 국가 정권 전복 운동에 대해서든 강한 경계심을 지니고 있었다. 한편 영국이 사국동맹에서 탈퇴했다고 해서 영국이 유럽 대륙을 완전히 떠난 것은 아니다.

영국은 회의 구조에서 탈퇴한 이후에도 여전히 유럽 대륙과 접촉 관계를 유지하고 있었다. 분명한 것은 영국이 구체적인 문제에 있어 삼국과 협조적인 조치를 취했다는 점이다. 두 가지 예를 보자. 1822년에 영국은 스페인의 아메리카 식민지를 두고 유럽 국가가 간섭하는 것에 반대했다. 영국의 이 정책은 미국이 1823년에 천명한 '먼로주의Monroe Doctrine'의 연원이 되었다. 또 영국은 1821년부터 1828년까지 러시아를 포함한 다른 국가와 협조해 그리스 분쟁을 해결했다. 이는 19세기 역사에서 동방문제가 성공적으로 해결된 최초의 사례다.

영국이 유럽 대륙에서 물러난 이유

영국이 유럽 대륙에서 철수하게 된 주요 원인은 1853년에서 1856년까지 이어진 크림전쟁이었다. 크림전쟁은 19세기 중반 러시아가 유럽 대륙에서 영국, 프랑스와 벌인 전쟁으로, 오스만제국 내부의 교파 갈등에서 비롯되었다. 당시 오스만제국의 동방정교와 로마 가톨릭은 성지 보호권을 놓고 팽팽히 맞서고 있었다.

여기서 말하는 '성지'는 예루살렘이며, 프랑스는 가톨릭의 보호국이고 러시아는 동방정교의 보호국이었다. 본래 오스만제국 내부에서 시작된 두 교파의 갈등이 유럽 다른 지역으로 확산되어서는 안 되었는데 프랑스가 참여함으로써 사태가 심각해졌다. 프랑스의 집권자 나폴레옹 3세는 빈 체제의 목적이 프랑스를 제약하는 데 있다고 생각해 줄곧 빈 체제에 부정적인 입장을 취했다. 그래서 1848년 2월 혁명으로 루이 나폴레옹이 정치 무대에 등장한 이후 프랑스 외교의 주요 목적은 바로 빈 체제를 와해시키는 것이었다.

당시 유럽의 몇몇 대국, 특히 영국과 러시아는 유럽 문제에 있어서는 기본적으로 일치된 생각을 가지고 있었지만 동방문제를 두고는 심각한 의견 차이를 보이고 있었다. 그래서 프랑스가 오스만제국의 성지 보호권 문제를 해결하는 가장 쉬운 방법은 열강 사이의 관계, 특히 영국과 러시아 사이를 이간시키는 것이었다.

동방문제는 19세기 유럽 역사에서 특히 중요한 외교 문제로, 오스만제국의 유산을 어떻게 분할할 것인가가 핵심 사안이었다. 여기서 주인공은 영국과 러시아였다. 나폴레옹 3세의 이간질 정책은 성공하지 못했으나 영국과 러시아가 동방문제를 두고 오랜 기간 대립하면서 사태가 좀처럼 수습되지 않았다.

영국이 동방문제를 중요하게 여긴 것은 대영제국 교통로의 안전과 관련이 있었기 때문이다. 영국은 러시아가 오스만제국의 유산을 독점해 러시아 해군이 터키 해협을 통해 흑해에서 지중해로 진출하며 대영제국 교통로의 안전을 위협하는 것을 용인할 수 없었다. 한편 러시아는 어떤 한 국가가 남부 변경 지역에서 주도적인 우세를 점하는 것을 받아들일 수 없었다. 러시아는 동방문제를 러시아가 주도하는 것을 두고 다른 국가가 의문을 제기하는 것을 받아들일 수 없었고, 영국은 동방문제에 대한 러시아의 진정한 의도를 파악할 수 없었기 때문에 마침내 크림전쟁이 발발한 것이다.

크림전쟁의 결과는 아주 간단했다. 러시아는 전쟁에서 패배했고 러시아 차르 니콜라이 1세Nocolai I(재위 1825~1855)는 자살했다. 크림전쟁은 '유럽 협조'의 와해를 초래했다. 영국과 러시아는 빈 체제를 보장하는 두 주요 강대국이었다. 영국은 크림전쟁 이후 속임수에 빠졌다고 생각했기 때문에 점차 유럽 대륙의 일에서 물러났다. 러시아는 빈 체제의 보호자에서 빈 체제의 변경자로 위치가 변했다. 이 변경은 기존 체제를 뒤집는 단계에까지 이르지는 않았지만 상당히 많은 변화를 가져오게 되었다.

유럽 대륙으로
다시 돌아오다

영국은 왜 유럽 대륙을 멀리했을까? 이 문제는 독일의 '세계정책'
과 이에 대응한 영국의 전략적 조정과 밀접한 관계가 있다. 크림전쟁
이후 유럽 대륙에서는 일련의 중대한 사건이 발생했는데, 하나는 이
탈리아의 통일이고 다른 하나는 독일의 통일이다. 1871년 독일 통일
이후 유럽 대륙의 외교를 주도한 이는 독일 재상 비스마르크Otto von
Bismarck(재임 1871~1890)였다. 이탈리아와 독일의 통일은 빈 체제의
완전한 와해를 상징한다.

한편 영국은 이러한 상황에서 전혀 관심이 없는 듯한 태도를 유
지하고 있었다. 크림전쟁 이후 영국은 대외 정책의 중점을 해외무역

과 식민지에서의 이익 확장, 그리고 러시아를 상대로 근동近東에서, 중앙아시아를 상대로 극동極東에서 벌인 각축전에 두고 집중하고 있었기 때문이다. 19세기 내내 영국의 가장 중요한 적수는 러시아였으며 19세기 말이 되어서야 독일이 영국의 중요한 적수로 등장하기 시작했다.

영국이 유럽대륙으로 다시 돌아온 것은 독일 외교의 변화와 어떤 관계가 있을까?

영국은 19세기 후반에 왜 유럽 대륙으로 돌아왔을까? 이것은 당시 독일의 외교 변화와 밀접하게 연관되어 있다. 1871년 통일 이후 독일의 외교는 대략 다음의 세 단계로 나뉜다.

첫 번째 단계, 1871년부터 1890년까지 비스마르크가 독일 외교를 주도하던 이 시기에는 매우 보수적인 유럽 외교 정책을 추진했다.

두 번째 단계, 1890년부터 1897년까지 독일 외교는 과도기에 들어섰다.

세 번째 단계, 1897년부터 1914년까지 뷜로Bernhard von Bülow(재임 1900~1909)가 재상이 된 이후 독일은 세계정책 단계로 진입했다.

19세기 후반 독일의 세계정책은 국가 관계에서 매우 주요한 화제였는데, 제2차 산업혁명 이후 급속도로 부상한 독일이 당시 유럽 대륙의 전통적인 강국이던 프랑스와 러시아를 빠르게 추월한 것이 기본 배경이 되었다. 이것은 또한 많은 핵심 지표에서 이미 영국을 추월한 상황에서 전개한 대외 정책이었다.

독일의 세계정책의 내재 동력은 무엇이었을까?

독일의 세계정책이 추동된 배경은 주로 다음과 같다.

첫째, 독일 국내 정치 상황이다. 독일은 급속하게 부상한 결과 내부 사회의 심각한 분열이 야기되었다. 이런 상황에서 독일은 강력한 대외 정책을 펼쳐 분열된 국내 각 계층 간 갈등을 봉합하고자 했다.

둘째, 외교 정책이다. 독일의 부상과 함께 대두한 독일 민족주의가 외교 정책에 커다란 영향을 미치기 시작했다. 독일 민족주의는 세기 전환기에 표명된 기본 이념으로, 독일은 절대로 유럽 국가라는 배역에 만족해서는 안 되며 유럽 무대를 돌파하고 세계로 나아가 영국, 미국, 러시아와 어깨를 나란히 하는 세계적인 강국이 되어야 한다는 것이었다.

셋째, 명예다. 신흥 국가는 대부분 명예를 중시했는데, 독일처럼 제2차 산업혁명 이후 급속도로 부상한 국가는 더욱 그러했다. 명예에 뒤이은 것은 신흥 국가가 집착하던 신화다. 당시 독일에서 강조되던 것은 식민지 신화와 해군 신화로, 모두 독일의 대외 정책에 중요한 영향을 미쳤다. 독일은 식민지와 해군이 절대적으로 필요했던 것은 아니다. 이들은 세계적 강국이 되기 위한 최소한의 조건이기에 만일 이들이 없다면 독일 명예가 손상될 것이라고 여겼다.

독일의 세계정책의 주요 내용

독일의 세계정책을 한마디로 개괄하면 바로 세계적 범주에서 영국과 평등해지도록 노력하는 것이었다. 이것은 독일 통일 이후 새롭게 등장한 독일 민족주의의 핵심 목표와 일맥상통한다. 독일이 가장 갈망한 것은 유럽 강국에서 발전해 세계적인 강국이 됨으로써 유럽 대륙 국가 간 세력 균형의 속박에서 벗어나 영국을 포함한 세계의 모든 국가와 글로벌 세력 균형을 이루는 것이었다. 세기 전환기에 독일의 민족주의 사조는 매우 뚜렷한 특색을 드러냈는데, 즉 기본 목표에 있어 엘리트 민족주의와 대중 민족주의가 하나가 된 것이었다. 이것 역시 산업혁명이 야기한 대중 정치가 한 국가의 대외 정책에 영향을 미치는 것을 보여주는 현상이다.

독일의 세계정책의 구체적인 함의는 다음의 두 가지로 요약할 수 있다. 하나는 독일이 새로운 질서를 수립하고 패권을 추구해 다른 나라와 해외에서 상업과 식민지 이익을 다투는 것이고, 다른 하나는 영국에 필적할 해군을 건립하는 것이다.

세계정책으로 영국과 독일이 대립하게 된 연원

독일의 세계정책은 근본적으로 아무 관련 없던 영국과 독일 두 나라가 대립하는 결과를 낳았다. 앞서 이야기했듯이 영국 대외 정책의 두 가지 기본 목표는 대양에서의 우세와 대륙 세력 간 균형 유지였다. 그런데 독일의 세계정책은 영국의 이러한 목표에 대한 심각한 도전이었다.

비스마르크가 재상이던 때 독일이 추진한 정책은 상대적으로 보수적이었다. 비스마르크는 독일은 유럽에서 이미 만족하기에 더 이상의 확장 정책을 추진하지 않을 것이고 해외에서는 영국의 해군과 식민지 이익에 절대로 도전하지 않을 것이라고 거듭해서 강조했다. 훗날 국제정치학자들이 공인한 것처럼 비스마르크는 명실상부한 현실주의자였다. 그는 권력이 무엇을 할 수 있는지를 이해했을 뿐만 아니라 권력이 할 수 없는 것도 명확히 알았기 때문에 그는 독일 권력의 한계를 분명히 인지하고 있었다. 권력의 쓰임새만 알고 그 한계를 알지 못하는 것은 이상주의자라는 증거다.

비스마르크의 외교 정책과 상반된 것이 독일 황제 빌헬름 2세 Wilhelm II(재위 1888~1918)의 외교였는데, 그는 유럽과 해외에서 비스마르크 외교와 선명한 대조를 이루는 정책을 펼쳤다. 유럽에서 독일은 이미 프랑스와 러시아에 분명한 우세를 형성해 실제로 영국이 추구하던 대륙의 세력 균형에 도전하기 시작했다. 또한 해외를 개척해 상업과 식민지에서의 이익을 추구하기 위해 강한 해군을 건설하는 데 온 힘을 기울였는데 이것은 영국의 대양에서의 우세를 향한 강력한 도전이었다.

'명예로운 고립'이란 무엇일까?

이런 배경에서 영국은 전략을 조정했다. 이 조정은 '명예로운 고립Glorious Isolation'이라는 영국 외교 정책을 종결하는 것에서 시작되었다. '명예로운 고립'은 1896년 영국 수상 솔즈베리Robert Arthur Talbot Salisbury(재임 1885~1886, 1886~1892, 1895~1902)가 연설에서 한 말로 그는 크림전쟁 이후 유럽에 대한 영국의 정책을 지칭해 그렇게 표현했다.

'명예로운 고립'이라는 외교 정책은 몇 가지 기초에 근거한 것이다. 첫째, 영국이 전체적인 실력에서 가장 앞서 있었다. 둘째, 유럽 대륙 국가체제 내부에서 그들만의 균형을 유지할 수 있었기 때문에 영국이 관여할 필요가 없었다. 셋째, 영국은 필요하다면 대륙 형세에 관여할 수 있는 능력이 있었다. 그러나 19세기 말에는 '명예로운 고립' 외교 정책을 실행할 이 세 가지 기초를 모두 상실해버렸다.

무엇 때문일까? 우선, 영국의 실력이 전체적으로 하락해 1890년부터 미국이 영국을 추월해 세계 경제의 선두 주자가 되었고 이후 독일 또한 영국을 따돌렸다. 그리고 영국이 중시한 유럽 대륙 국가체제 내부 균형은 독일이 급속히 부상하고 프랑스와 러시아가 상대적으로 낙후되면서 이미 독일에 유리하도록 기울어지기 시작했다. 마지막으로, 세기 전환기에 유럽의 세력 균형을 조정할 영국의 능력이 급속도로 약화되었다.

영국은 왜 약해졌을까? 첫째, 19세기 말 영국은 해외에서 책임져야 할 부담이 너무 커졌다. 당시 대영제국은 인도와 아프리카에서

방대한 식민제국을 건설하느라 상당히 많은 국력을 소모했다. 둘째, 19세기 말 영국은 외교적으로 고립되어 주요 대국과는 어떠한 우호 관계나 동맹 관계를 수립하지 못했고, 오히려 유럽 대륙의 두 강국인 프랑스, 러시아와 일련의 문제에서 대립하고 있었다. 셋째, 영국 해군의 능력이 하락하며 영국 경제 하락의 원인이 되었다. 나아가 해군 기술이 전반적으로 발전하면서 대륙 국가도 영국의 해상 우세에 도전할 수 있는 수단을 갖추게 된 상황이 더욱 중요하다. 이런 배경에서 영국은 19세기 말부터 20세기 초까지 전략을 조정해나갔다.

전략 조정의 방향은 실제로 영국에 유리한 동맹을 조직하는 것으로, 기본 내용은 다음과 같다. 우선 미국과 서반구가 타협해 서반구의 주도권을 미국에게 넘긴다. 이와 동시에 영국은 1902년에 일본과 동맹을 체결했는데, 그 목적은 극동에서 러시아가 팽창하는 것에 대항하기 위해서였다. 이후 1904년에는 프랑스, 1907년에는 러시아와 협약을 체결하면서 영국은 전략 조정의 기본을 완성했다.

영국과 독일의 해군 경쟁과
유럽 대륙에 대한 영국의 '재균형'

영국이 독일을 봉쇄한 이유

19세기 말을 지나 20세기가 시작될 무렵 가장 중요한 사건은 영국과 독일의 해군 경쟁이었다. 그 결과 영국은 세기가 바뀌고 얼마 되지 않아 영국의 주요 적수가 된 독일을 봉쇄하기에 이르렀다.

우선 독일 해군 정책의 변화를 이야기해보자. 독일은 전통적인 대륙 국가이기에 육군을 중심으로 국가 기초가 형성되어 있었다. 빌헬름 1세Wilhelm I(재위 1871~1888) 시대까지 독일 해군은 줄곧 연안 방어 수준을 유지했으나 빌헬름 2세 시대에 영국에 필적하는 해군을 건설하는 방향으로 정책이 변화했다. 이로부터 영국과 독일 사이에 오랜 기간 지속된 해군 경쟁이 시작되었다.

독일 해군이 변화한 이유

독일 해군 정책의 방향은 왜 전환되었을까? 그 변화의 주요 원인은 다음과 같다.

첫째, '해군지상론Navalism' 사조의 영향이다. 19세기 말 유럽 국가 사이에서 한동안 유행한 사상은 '제국주의'와 '사회다윈주의', 그리고 '해군지상론'이다. '해군지상론'은 해군을 갖는 것이 모든 것을 갖는 것에 상당하거나 다른 모든 것을 갖는 전제 조건이 된다는 이론이다. 앨프리드 머핸의 『해양력이 역사에 미치는 영향The Influence of Sea Power Upon History, 1660-1783』(1890)에서 '해군지상론'을 구체적으로 살펴볼 수 있다. 유럽 각국에 이러한 사조가 유행하면서 '세계강국=해군+해양경제+식민지'라는 등식이 형성되었다.

둘째, 산업혁명 덕분에 독일이 해외에서 벌어들이는 이익이 부쩍 증가했다. 빌헬름 1세 시대에 독일 해군이 발달하지 못한 것은 당시 독일의 해외 이익이 많지 않았기 때문이었다. 그러나 빌헬름 2세 시대에는 독일 경제가 급속히 발전하면서 독일의 해외 이익도 빠르게 성장하기 시작했다. 그러자 해외 식민지 이권과 통상 이익을 두고 영국과 독일 간에 첨예한 대립이 발생하기 시작했다. 독일이 영국의 해상 우위에 있어 명백한 우환거리가 된 것이다.

셋째, 산업혁명의 결과 독일 중산층이 성장하며 독일 사회구조가 변화했다. 전통적으로 강했던 독일 육군에서는 융커 귀족 자제만 환영받고 중산층은 상대적으로 많은 기회가 주어지지 않았다. 그러나 독일 해군은 급성장한 중산층의 사회적 지위 변화에 따른 요구를 충족시켜 주었다.

넷째, 빌헬름 2세의 직접적인 영향이 있었다. 그는 영국 빅토리아 여왕의 큰외손자로 영국과 밀접한 관계를 유지하고 있었다. 빌헬름 2세는 영국에 집착했을 뿐만 아니라 해군에도 집착해 해군 제복을 입는 것을 좋아했으며 머핸의 저작을 즐겨 읽었다. 빌헬름 2세는 독일의 지위가 독일의 힘에 따라 결정되는 것이므로, 독일의 힘을 과시하는 데 단점으로 작용하던 해군을 반드시 육성해야 한다고 생각했다.

독일 해군을 위한 티르피츠의 공헌

독일 해군의 발전을 이야기할 때 반드시 언급해야 하는 인물은 1897년부터 1916년까지 독일제국 해군청 대신을 역임한 알프레트 폰 티르피츠Alfred von Tirpitz다. 티르피츠의 노력 덕분에 독일 사회에서 독일 해군이 차지하는 중요성이 빠르게 상승했다. 티르피츠는 독일제국(1871~1918)에서 해군의 지위를 향상시키고 당시로서는 거의 완벽한 이론을 제시했다. 티르피츠는 결코 우수한 해군 전략가는 아니었지만 해군 공공 관계 사무를 전담하던 뛰어난 인사였다. 독일제국 내에서 독일 해군의 지위가 향상된 것은 모두 티르피츠의 공이다.

티르피츠는 해군 발전을 위해 몇 가지 수단을 사용했다. 첫째, 대중 동원으로, 사회 명사를 해군 선전에 이용했다. 둘째, 정계, 실업계와의 공적 관계를 강화해 해군 설립 비용을 마련했다. 셋째, 독일 사회 전체의 해군에 대한 인식을 강화했다. 그 속에는 민간에서 해군협회를 조직해 해군과 관련된 각종 저작과 간행물을 출판하는 데 도움을 주는 것도 포함되어 있었다. 티르피츠는 독일 해군을 홍보하며 해군과 해외무역의 관계, 해군과 세계 강국 간의 관계를 강조했다. 이러한 티르피츠의 수단이 성공을 거두어 독일제국 내에서 독일 해군의 지위는 빠르게 향상되었다.

1897년에 티르피츠는 독일 해군참모총장에 해당하는 독일제국 해군청 대신에 임명되었다. 그가 취임 초에 기록한 『비망록 Erinnerungen』에 독일 해군 발전을 위한 상세한 계획이 들어 있는데 티르피츠는 독일 해군을 영국에 필적할 만한 역량을 지닌 해군으로 발전시킬 생각이었다.

이 목적을 위해 티르피츠는 실제 해전에서 사용할 수 있는 전투함을 발전시켜야 한다고 강조했다. 여기에서 주목해야 할 점은 본래 영국과 해외 이익을 다투려면 항로가 긴 순양함을 개발해야 함에도 티르피츠는 해전에서 사용할 수 있는 전투함을 발전시켜야 한다고 주장한 것이다. 이는 곧 독일 해군이 북해 제해권을 차지하게 만들려는 티르피츠의 의도였다. 티르피츠는 북해 제해권을 차지한다면 영국에게서 많은 양보를 얻어낼 수 있을 것이라고 생각했던 것 같다.

티르피츠의 '위험이론'의 결과

티르피츠는 독일제국 내에서 독일 해군의 지위를 높인 것과 더불어 이미 완벽해 보인 해군 이론을 발전시켰다. 이것이 역사상 유명한 '위험이론Risikotheorie'이다. 이 이론은 당시 독일은 물론 이후 다른 국가에도 매우 큰 영향을 주었다.

독일은 대규모 해군을 발전시키는 데 있어 중요한 두 가지 문제에 직면해 있었다. 첫째, 독일 해군이 과연 영국의 해상 우위를 뛰어넘을 수 있는가의 문제였다. 영국은 해양 국가였기 때문에 주요 역량을 해양 발전에 주력할 수 있었지만, 독일은 대륙과 해양 양면성을 지닌 국가로 전체 자원을 해군 발전에만 사용할 수 없었다. 둘째, 독일 해군이 발전해 영국과 동등한 지위에 오르기 전에 영국이 기선 제압으로 독일을 선제공격할 가능성을 어떻게 막을 것인가의 문제였다. 티르피츠의 위험이론은 이 두 문제의 해결 방안이었다.

우선, 독일이 영국의 해상 우위를 추월할 수 있을까와 관련해 티르피츠는 다음 세 가지 점을 특히 강조했다. 첫째, 독일 해군은 반드시 영국을 전면적으로 뛰어넘을 필요는 없다. 왜냐하면 영국 해군은 전 세계를 상대할 수 있는 역량이 필요했지만 독일 해군은 북해에 집중할 정도의 역량만으로 영국을 상대하며 국지적인 우세만 형성하면 되기 때문이다. 둘째, 기술 발전을 강조했다. 그는 잠수함 기술과 어뢰 기술을 언급하면서 영국이 독일을 향해 단기간 동안 실행할 만한 봉쇄는 충분히 대응할 수 있다고 했다. 셋째, 영국 해군과 독일 해군을 비교하면서, 의무병 제도를 시행하는 독일 해군에 비해 지원병 제도를 시행하는 영국 해군이 인력 자원 면에서 우세하지 않다고 했다.

그 다음, 영국의 선제공격을 어떻게 방어할 것인가에 대해서는 티르피츠도 명확한 해결 방안을 제시하지 못했다. 대신 다음의 두 가지 점을 강조했다. 독일 해군이 영국에 필적한 지위에 이르기 전에는 반드시 자제하며 저자세를 유지해야 한다는 점과 독일 외교가 독일 해군의 건설을 최대한 보호해주어야 한다는 점이었다. 티르피츠는 독일 외교에 전략적으로 영국을 기만하라는 임무를 부여했지만, 이 임무를 어떻게 완성할 수 있는지와 관련해서 명확한 해결책을 제시한 것은 아니었다.

티르피츠 이론의 결점

티르피츠의 이론은 독일 해군 발전에 지대한 영향을 미쳤으나 오늘날의 시각에서 봤을 때 분명한 결함이 존재하고 있다.

첫째 결함은 이 이론에 구현된 절대적 안전 개념이다. 당시 독일은 유럽 대륙 최강 국가로 유럽 대륙의 어느 나라도 필적할 수 없는 해군 역량을 이미 갖추고 있었다. 이런 상황에서 독일이 영국과 제해권을 다툴 만한 강대한 해군을 육성하려 했기에 강력한 반발을 불러 일으켰고 반발은 영국은 물론 대륙에서 독일의 양대 라이벌이던 프랑스와 러시아에서도 일어났다.

둘째 결함은 독일이 전략 지리적으로 부족하다는 것이다. 독일 해군은 북해 제해권을 놓고 영국과 결전을 벌이려는 것인데, 북해 제해권을 차지하면 필연적으로 영국 본토를 위험에 빠뜨리게 되어 있어 영국와 독일 사이의 모순은 결코 조화를 이룰 수 없었다.

셋째 결함이 가장 중요한데, 티르피츠의 이론은 전략적인 판단에서 심각한 실수를 범했다. 티르피츠는 독일 해군이 영국에 대해 전면적으로 우세할 필요는 없고, 지역성을 지닌 해군으로서 독일 해군은 북해에서만 영국에 우세하면 된다고 생각했다. 영국 해군은 사실상 전 세계 해군이기에 필요할 때 영국 본토로 돌아올 방법이 없었다. 티르피츠는 영국이 세계적 범주에서 러시아, 프랑스와 벌이고 있는 식민지 대결이 타결될 수 없을 것이므로 영국 해군은 필요할 때에 완전히 북해에 집중할 수 없을 것이라고 생각했다. 그러나 후대 역사가 증명하듯이 독일의 이 판단은 기본적으로 잘못된 것이었다.

영국과 독일의 해군 경쟁이 독일에 준 영향

1898년부터 1912년까지 영국과 독일 해군은 전면적인 경쟁을 전개했다. 1912년이 되자 독일은 자신들이 이 경쟁에서 승리할 방법이 근본적으로 없다는 것을 인식하기 시작했다. 독일은 대륙과 해양 양면성을 지닌 국가이기에 모든 자원을 해군 건설에만 투입할 수 없었기 때문이다. 반면 해양 국가 영국은 그들의 주요 역량을 모두 해군 건설에 집중시킬 수 있었다.

독일은 최종적으로 이 경쟁에서 이길 수 없다는 것을 스스로 알게 되었고 해군 경쟁은 정치적 상황을 매우 안 좋은 방향으로 이끌었다. 우선 영국이 독일을 그들의 첫 번째 라이벌로 고정시켜 놓았다. 그리고 독일의 전략 환경이 급속도로 악화되었는데, 영국과 독일의 해군 경쟁이 격화됨에 따라 전통적인 독일의 경쟁자 프랑스, 러시아와 영국의 관계가 점점 밀접해졌기 때문이다. 또한 해군 경쟁은 독일의 전략 자원을 분산시켜 독일 육군의 발전을 저해했다. 이것은 실제로 제1차 세계대전 발발에 매우 큰 영향을 주었다.

영국이 전개한 유럽 대륙의 '재균형'

영국은 독일과 해군 경쟁을 하는 동안 유럽 대륙의 '재균형' 작업을 시작했다.

앞서 언급했듯이, 독일의 세계정책에 따라 영국은 오랜 기간에 걸쳐 전략을 조정했고 그 가장 중요한 내용이 바로 1904년 체결된 '영국·프랑스 협상'과 1907년 체결된 '영국·러시아 협상'이다. 이 두 협상의 주요 내용은 영국과 프랑스, 러시아 간의 식민지 분쟁을 해결하는 것이었지만, 이를 계기로 세 국가가 다시 유럽 대륙에 관심을 갖게 됨으로써 다시는 식민지 문제에 한눈을 팔지 않게 되었다.

'영국·프랑스 협상'과 '영국·러시아 협상'은 근본적으로 20세기 초 유럽 대륙의 '재균형'을 위한 영국의 정책이었다고 말할 수 있다. 재균형의 핵심은 영국과 독일의 대립을 독일과 영국이 주도하는 군사 체계 사이의 대립으로 바꾸는 것이었다. 이 군사 체계는 독일이 유럽의 세력 균형을 무너뜨릴 수 있는 행동을 막는 것이었지만, 세력 균형 체계가 결코 독일의 정당한 발전을 제약하는 것은 아니었다. 만약 독일이 이후에 양측이 모두 받아들일 수 있는 방식으로 발전한다면 아무 문제가 없을 것이지만, 독일이 무력을 사용해서 정당치 못한 이익을 얻으려 한다면 독일은 이 군사 체계가 즉시 독일에 제약을 가하는 것을 확인하게 될 것이었다.

곤경에 처한 독일 외교

독일은 '영국·프랑스 협상'과 '영국·러시아 협상' 기간 동안 외교에서 어려움에 처했다. 독일의 어려움은 심리적인 문제가 컸는데 그중 두드러졌던 중요한 점을 짚어보자.

독일이 급속히 부상하면서 외교 정책에 있어 불안감이 조성되었고 독일의 물질적 능력이 왜곡되면서 독일은 복잡한 국제 상황에 직면했다. 이로써 독일은 점차 국익을 합리적으로 정의할 수 없게 되었다. 다시 말해 독일은 자신들이 무엇을 하려고 하는지 몰랐다. 독일의 대응책은 무엇이든 다 하려고 한다는 것이었고 그 결과 독일의 대외 정책에 여러 모순이 생겼다.

독일 외교가 당면한 또 다른 어려움은 실제로 매우 중요한 것으로, 독일이 영국을 향해 모순된 심리 상태를 가지고 있었다는 것이다. 독일인은 영국인을 흠모하고 부러워했다. 실제로 20세기 초 독일제국은 결코 영국의 주도권에 진정으로 도전하려 한 것이 아니고 영국이 독일의 평등한 지위를 인정하고 존중해주기만을 바랐을 뿐이다. 그러나 독일은 이 존중의 정확한 의미를 제시하지 못했기 때문에 마침내 문제가 나타났다.

세기 전환기에 독일 외교의 어려움을 가장 잘 설명해주는 것이 1898년부터 1902년까지 전개된 영국과 독일 간의 담판이다. 전략을 조정하고 있던 영국은 외교로써 영국과 독일 사이에 벌어진 문제를 해결하려고 했다. 그래서 이 담판이 매우 중요했으나 담판은 결론 없이 끝나고 말았다. 영국은 특정 문제를 놓고 독일과 합의하기를 원했지만 독일은 포괄적인 우호 관계, 사실상 동맹 관계를 제안했기 때문이다. 독일은 아무것도 요구하지 말고 특정 문제를 이야기하기 전에 먼저 원칙과 관계 문제를 논의하자고 했다.

영국은 독일의 제안을 받아들일 수 없었다. 당시 독일이 이미 유럽 대륙에서 프랑스, 러시아에 비해 명확한 우세를 보이고 있었기 때문이다. 이런 상황에서 영국이 독일과 전면적인 우호 관계를 맺는다면 그것은 실제로 영국의 협상카드를 독일에 저당 잡히는 것과 같은 것으로, 이는 영국의 전통에 맞지 않을뿐더러 영국의 이익에도 부합하지 않았다.

이런 모순된 상태가 지속되면서 독일 외교는 악순환의 시기로 접어들었다. 특히 '영국·프랑스 협상'과 '영국·러시아 협상'이 체결된 이후 독일은 거의 자포자기 상태였다. 한편으로 독일은 영국으로부터 평등한 지위를 인정받기 위해 힘으로 압박했지만 영국의 강력한 반발에 직면할 뿐이었다. 다른 한편으로 독일은 내심 영국이 독일의 지위를 인정해주기를 바랐지만 영국을 향한 독일의 어떠한 선의 표시도 도리어 해소되기 어려운 의심만 살 뿐이었다.

'재균형'에 대한 독일의 반응

독일 외교는 점차 무력에 의존하게 되었고 그 과정에서 독일은 몇 가지 외교적 실수를 범했다.

우선 독일이 실질적으로 추구한 것은 어떠한 위협도 받지 않는 절대적인 안전인데 이것은 결코 바람직하지 않은 것이었다. 어떠한 국가에게도 안전은 상대적인 것이며 절대적인 것이 아니다. 만일 한 국가가 절대적인 안전을 추구하려 하다가는 그 자신의 불안만 더 야기할 수 있다.

독일 외교의 또 다른 실수는 국가의 이익과 국제적 이익의 불일치다. 모든 국가에게 자국의 이익 실현은 무척 중요한 사항이다. 그러나 다른 국가의 이익에 손실을 주면서 자국의 이익을 실현해서는 안 된다. 쌍방이 협조해야 할 때에는 외교적인 수단을 활용하는 것이 최선이며 무력을 사용해서는 안 된다. 무력은 모순을 더욱 심화시킬 뿐이다.

마지막으로, 20세기 초까지 독일은 줄곧 영국과 더불어 어떤 의미에서 G2가 될 것이라는 현실에 맞지 않는 환상을 지니고 있었다. 이는 곧 독일과 영국이 주도자가 되어 유럽은 물론 세계 관리 모델을 실현하는 것이었다. 그러나 이것은 영국의 핵심 이익을 오해하고 경시한 것에서 비롯된 환상이었다.

영국과 독일의 관계를 이야기할 때 이 둘의 대립이 제1차 세계대전 발발의 중요한 요인이 되었음을 강조해야 한다. 정확히 말하면, 제1차 세계대전의 가장 중요한 무대를 준비한 것은 영국과 독일의 대결이었다. 국제 정치에서 전쟁의 화약고를 폭발시킬 수 있는 불꽃은 흔하지만 하늘로 치솟아 오르는 불꽃은 아주 드물다. 제1차 세계대전은 바로 보잘 것 없는 불꽃이 일으킨 것이다. 제1차 세계대전의 직접적인 원인은 사라예보 암살 사건인데, 정확하게는 헝가리—오스트리아제국이 러시아제국과 발칸반도 문제를 둘러싸고 벌인 대립이 결국 유럽과 전 세계 전쟁으로 변한 것이다. 그리고 실제로 가장 핵심적인 요인은 영국과 독일의 대립이었다. 그렇기 때문에 영국과 독일의 대립이 제1차 세계대전을 야기한 가장 심층적이고 중요한 원인이라고 하는 것이다.

석탄과 철의 나라가
세계 패권을 다투다

⋮

싱라이순(邢來順) | 화중사범대학 역사문화학원 교수

6

화중사범대학 역사문화학원 교수이자 부원장이며 중국 독일연구회 회장인 싱
라이순은 독일이 역사상 분열에서 통일에 이른 몇 차례 과정과 산업화를 중심으
로 경제 근대화를 이룩한 과정을 오랜 기간 연구해왔다. 본 장에서 싱라이순은
1871년 제1차 통일을 완성한 때부터 제1차 세계대전 발발까지 독일 정치와 경제
의 변화와 함께 프로이센왕국 시기 독일 공업 건설의 기초를 정리했다. 이로써 전
체 독일 경제사를 이해하는 데 많은 도움이 될 것이다.

'석탄과 철' 위에
건립된 제국

    독일은 오늘날의 유럽, 나아가 세계에서 가장 중요한 국가에 속하며 또한 근현대 세계 역사에 매우 큰 영향을 미친 국가다. 독일을 이야기하면서 두 차례 세계대전, 전 세계를 두려움에 몰아넣은 강력한 군사력을 연관 짓지 않을 수 없다. 그러나 독일 역사를 유기적이며 관계적인 사고로 파악한다면 19세기 후반부터 독일이 전 세계에 이처럼 거대한 활력을 드러낼 수 있었던 까닭은 절대로 단순히 군사 역량 때문만은 아니라는 것을 발견할 수 있다. 강한 군사력의 배후에는 실제로 근본적인 버팀목이 있었는데, 바로 독일 근대 산업의 급속한 발전이었다.

경제적인 측면에서 보면, 1830년대에 시작된 제1차 산업혁명, 이어서 1870년대에 시작된 제2차 산업혁명에서 독일은 짧은 시간에 산업화를 실현하며 유럽 제일의 산업 강국으로 올라섰다. 산업화는 독일의 정치 발전을 촉진해 강한 독일제국 건설의 경제적인 기초를 마련했을 뿐 아니라 독일이 유럽과 세계 질서에 도전해 유럽을 제패하고 세계와 경쟁하는 중요한 원동력으로 작용했다.

이렇게 '석탄과 철' 위에 건립된 제국, 제1차 산업혁명과 독일제국의 부상 속으로 좀 더 들어가보자.

독일은 근대 산업화 과정에서 서방 주요 국가와는 다른 독자적인 노선을 취했다. 독일 사회학자 랄프 다렌도르프Ralf G. Dahrendorf는 독일의 발전 모델을 '후발, 쾌속, 철저'로 요약했다. 독일이 산업화에 첫발을 내딛은 1830년대 중반 영국은 이미 제1차 산업혁명이 마무리되는 단계에 들어섰고 프랑스, 벨기에, 미국 등은 제1차 산업혁명을 대규모로 진행하고 있었다. 그때 비로소 첫발을 뗀 독일은 이후 매우 빠르게 발전하며 1860년대 말에서 1870년대 초에 제1차 산업혁명을 완성했다.

제1차 산업혁명에서 독일이 취한 발전 노선은 무엇이 달랐을까?

제1차 산업혁명은 서방의 주요 자본주의 국가의 산업화 제1단계였다. 이 단계에서 대다수 국가는 산업혁명의 선구자인 영국의 발전 모델을 따라 우선 면방직 등 경공업 분야에서부터 산업화를 시작했다. 독일의 면방직업 역시 우선적으로 제1차 산업혁명의 영향을 받았다. 그러나 값도 싸고 물건도 좋은 영국 방직품과의 경쟁과 압박으로 인해 독일의 방직업은 시작부터 힘들고 완만한 발전 상태에 처했다. 1853년 독일 방직업 생산 수준은 영국의 1788년 생산 수준과 비슷했고, 1900년 독일의 조면繰綿 가공 능력은 영국의 1850년 수준을 겨우 따라잡는 정도였다. 그러므로 독일이 산업화 과정을 신속히 완수해 영국을 따라잡으려면 영국을 따라가는 노선에서 벗어나 자신만의 독특한 산업화 노선을 가야 했다.

독일은 1830년대에 제1차 산업혁명을 시작한 후 발전의 중심을 방직 공업과 같은 경공업에서 철도 건설 영역으로 신속하게 전환했다. 이로써 중공업 발전을 촉진해 적은 노력으로 큰 성과를 거두는 결과를 낳으며 1860년대 말에서 1870년대 초에 제1차 산업혁명을 기본적으로 완성했다.

독일의 철도 건설은 영국과 프랑스에 비해 늦게 시작됐지만 발전 속도는 오히려 빨랐다. 통계에 따르면, 1840~1850년 독일의 철도 길이는 대략 11.5배 늘어났는데, 이는 영국의 3.4배와 프랑스의 4.9배를 훨씬 능가하는 것이었다. 1840년 독일과 프랑스 두 나라의 철도 길이는 기본적으로 비슷했고 프랑스가 약간 길었다. 그런데 10년 후 독일의 철도 길이는 프랑스의 2배도 넘었다. 독일의 철도 길이는 1835년에 단지 6킬로미터였으나 1865년에는 14,690킬로미터로 늘어났다.

독일은 어떻게 이처럼 신속하게 철도를 건설할 수 있었을까? 당시 독일은 아직 통일을 이루지 못해 정치적으로 여전히 분열 상태에 있었고 각 연방 국가는 각자의 이해타산이 있어 근본적으로 철도 건설을 위한 통일된 계획을 세울 수 없던 시기였다. 그러므로 '강력한 국가 정권의 지원'이나 '역량 집중' 같은 것으로 독일의 신속한 철도 건설을 해석할 수 없었다. 그러나 관련 연구를 통해 다음과 같은 점을 밝혀냈다. 국가 분열은 독일을 오랜 기간 동안 정치적으로 약화되고 경제적으로 낙후된 상태로 만들어 영국이나 프랑스와 비교조차 할 수 없는 상황이었다. 그런데 철도 건설에 있어서는 독일의 분열이 큰 공헌을 했다. 연방 국가 정부가 각자 경제, 교통, 안전 등의 이익을 추구하면서 상업 교역 등 경제 발전에서 유리한 지위를 차지하고 교통 불편을 방지하기 위해 철도 건설에서 '단거리 경주' 같은 경쟁을 벌인 것이다. 독일 철도 건설의 신속한 발전은 바로 이러한 치열한 경쟁에서 비롯된 자연스러운 결과였다.

대규모 철도 건설이 독일의 제1차 산업혁명을 이끌게 될 줄은 아무도 예상하지 못했다. 철도는 독일의 교통 운수 상황을 크게 개선한 데서 나아가 제1차 산업혁명을 주도한 철강, 석탄, 기기 제조 같은 중공업 발전을 직간접적으로 이끌었다.

우선, 대규모 철도 건설은 독일 철강 공업의 발전을 촉진했다. 철도 건설이 철도 레일, 기관차, 열차의 차체 등에 대한 수요를 높였기 때문이다. 연구에 의하면, 당시 독일 근대 제철소 제품의 50퍼센트 이상이 철도 건설에 공급되었지만 여전히 수요를 충족시킬 수 없었고, 1850년대 후반 독일 철강 공업이 급속도로 발전한 이후에야 대규모 철도 건설 수요에 부응할 수 있었다. 1840년에서 1870년까지 30년 동안 독일의 주철과 강철 생산량은 각각 6배와 8배 증가했으며, 1850년 이후에는 성장률이 더욱 급격히 증가해 10년마다 2배씩 증가했다.

다음으로, 철도 건설은 석탄 공업의 확장을 크게 촉진했다. 한편으로는 기관차 연료용 석탄 수요와 철강 제련용 코크스 수요가 늘면서 석탄 채굴업의 발전을 이끌었는데, 당시 독일 석탄 생산량의 3분의 1이 철강 공업에 사용되었다. 다른 한편으로는 철도망 건설로 석탄 운송 원가를 크게 절감할 수 있었다. 이로써 시장에서 독일 석탄의 경쟁력이 강화되어 시장 점유율이 높아지면서 독일의 석탄 생산량 또한 큰 폭으로 증가하게 되었다. 1840~1870년 독일의 석탄 생산량은 318만 톤에서 2,640만 톤으로 증가했으며 평균적으로 10년마다 2배씩 증가하는 속도를 뛰어넘었다.

마지막으로, 철도 건설은 독일 기기 제조업의 발전을 촉진했다. 이 분야의 가장 전형적인 예로 증기기관차 제조업의 발전을 들 수 있다. 기관차 제조 기술은 상당히 복잡하기 때문에 그것을 통해 한 국가의 기기 제조업의 종합적인 수준과 능력을 가늠할 수 있다. 그러므로 독일 기관차 제조업의 발전은 철도 건설이 독일 기기 제조업의 성장을 이끌었음을 보여주며 당시 독일 기기 제조업이 얼마나 급속히 발전했는지를 증명할 수 있었다. 1835년 독일 최초로 철도가 건설되자 독일의 각 연방국은 각자의 기기 제조 공장을 건설하기 시작했다. 그중 베를린의 보르지히Borsig 기기 제조 공장이 가장 앞서 나갔는데 1841년 보르지히는 독일 최초로 증기기관차를 제작했으며 30년 후에는 세계 최대 기기 제조 공장으로 발전했다. 1860년대에 독일의 기기 제조가 영국과 우열을 다툴 수준에까지 이르자 독일인은 기기 제조업의 급속한 발전에 대한 자부심으로 충만해 있었다. 1867년 한 독일인이 파리 세계박람회를 평가하며 이렇게 말했다. "우리의 직조기, 공작 기계, 증기기관차는 이미 영국, 미국과 우열을 가릴 수 없는 수준에 이르렀다."

철강과 석탄 산업, 기기 제조업 같은 중공업의 급속한 발전을 딛고 1860년대 말에서 1870년대 초에 이르러 프로이센, 작센, 바이에른, 바덴 같은 선진 지역에서 제1차 산업혁명이 기본적으로 완성되었다. 1870년 독일은 세계 공업 생산량에서 13퍼센트를 차지해 같은 기간에 생산량의 10퍼센트만 점유한 유서 깊은 자본주의 국가 프랑스를 뛰어넘었다. 이로써 독일은 세계 선진국 대열에 합류하게 되었다.

그러면 '석탄과 철'의 강국 프로이센은 어떻게 독일제국을 창건할 수 있었는지, 또 독일제국의 탄생이 유럽 국제 구조에 어떤 영향을 주었는지를 살펴보자.

제1차 산업혁명으로 독일은 세계 경제 강국의 지위를 획득했으며 독일 연방국 가운데 프로이센이 독일 경제의 주도자로 등장했다. 프로이센은 제1차 산업혁명이 한창일 때 석탄과 철강 산업을 기반으로 독일 관세동맹을 주도하며 독일 경제를 이끌었다.

프로이센은 공업 영역에서 절대적인 우세를 확립했다. 프로이센의 산업혁명은 독일의 다른 연방국과 그 시작은 같이 했지만 규모가 훨씬 컸고 발전도 더욱 빨랐다. 라인—베스트팔렌과 슐레지엔 같은 대표적인 공업 지역을 중심으로 프로이센의 공업 발전은 속도를 냈는데, 몇몇 대기업을 예로 들어 확인해보자. 유명한 철강회사 크루프Krupp는 1810년 창립되었을 때 노동자가 10여 명뿐이었지만 19세기 중반에 이미 직원 수가 1,700명을 넘어섰다. 크루프가 생산한 주강鑄鋼 차바퀴와 대포 등이 국내외에서 잘 팔렸다. 앞서 설명한 베를린의 보르지히는 독일 최초 증기기관차를 제조한 이후 30년 만에 세계 최대 기관차 제조 공장으로 발전했다. 프로이센의 공업 생산량은 독일 연방국 중에서 가장 두드러졌다. 석탄과 철 같은 중공업으로 예를 들면, 1870년 독일 전체의 철강 생산량은 105만 톤이었는데, 그중 프로이센이 92만 톤을 생산했다. 또한 독일 전체의 석탄 생산량 2,640만 톤 가운데 프로이센의 생산량은 2,332만 톤이었다. 즉, 프로이센의 석탄과 철 생산량이 독일 전체의 석탄과 철 생산량의 90퍼센트 가까이 차지했다.

한편 프로이센은 독일 관세동맹을 이용해 독일 경제 단일화 과정에서 주도적인 지위를 확보했다. 중세 이후 독일은 오랜 기간 분열 상태에 있었다. 각 연방국은 독립적인 조세와 상업 정책을 시행해 독일 전체에 세관이 우후죽순처럼 세워졌으며 관세도 대단히 복잡했다. 1818년까지 프로이센 내부에만 세관이 60개나 있었을 정도였다. 많은 세관과 복잡한 관세는 상품의 자유로운 유통을 방해해 독일에서 근대 상공업 경제가 발전하는 데 장애가 되었다.

이런 상황에서 경제학자 프리드리히 리스트로 대표되는 학자들이 통일된 독일 관세동맹을 만들자고 주장(관세동맹은 연방국 간에는 보호 관세를 폐지하고 대외적으로는 공통된 보호 관세를 설정하는 것이다)했다. 국가의 산업화가 막 시작되었을 때는 보호 관세를 실행해 외국과의 경쟁에 대응해야 한다고 생각했기 때문이다. 관세동맹에 대해 연방 안에서 보호 관세 정책을 충실히 실행하던 대국 오스트리아는 반대 의견을 표한 반면 많은 세관으로 인해 적잖이 피해를 본 또 다른 대국 프로이센은 적극적인 지지를 표했다.

이후 프로이센은 막강한 경제력을 바탕으로 온갖 수단을 동원해 오스트리아를 제외한 독일의 중소 연방국이 관세동맹을 지지하게 만들었다. 예를 들어 프로이센에 의해 영토가 포위되어 있던 안할트 공국 같은 작은 나라에게는 압력을 가했고 작센마이닝겐공국 같은 나라에게는 새로운 도로를 건설해주겠다며 관세동맹 가입을 종용했다. 1833년 프로이센의 주도로 독일 관세동맹이 결성되었다. 독일 관세동맹은 독일 경제 통합에 이바지했을 뿐만 아니라 독일의 정치적 통일을 위한 경제 기틀을 마련해 독일 통일을 촉진했다.

한편으로 관세 통일은 정치적 분열 상태로 인한 독일 경제의 어려움을 어느 정도 경감시켜 주었다. 각 연방 국가 간 교류가 더욱 빈번해졌는데, 1860년대에 이르면 공업이 발달했던 작센이 필요로 한 식량은 대부분 프로이센에서 왔고 남독일의 농업 연방이 필요로 한 선철과 석탄 같은 공업 원료도 프로이센에서 왔다. 이처럼 프로이센에 대한 각 연방국의 의존이 점차 심화되어갔다.

더 중요한 것은 관세동맹으로 프로이센에 대한 각 연방국의 재정적 의존이 한층 심해진 점이다. 관세동맹이 결성되자 관세 수입은 관세동맹 국가에서 가장 빠르게 성장하는 재정 수입원이 되었다. 뷔르템베르크의 1830년 관세 수입은 전체 수입 예산의 7.4퍼센트를 차지했는데 1839년에는 14.6퍼센트로 상승했다. 바덴의 1830년 관세 수입은 총수입의 8.4퍼센트를 차지했으나 1840년에 16.1퍼센트에 달했고 1850년에는 19.6퍼센트에 이르렀다. 이처럼 관세동맹 덕분에 커다란 경제적 이익을 얻게 된 각 연방국 통치자들은 프로이센에 굴복할 수밖에 없었다. 바이에른 국왕 루트비히 2세Ludwig II(재위

1864~1886)는 1864년에 프로이센이 제시한 조건을 받아들이는 것 외에 "다른 선택의 여지가 없었다"라고 말했다. 뷔르템베르크도 '달리 선택할 수 있는 게 없으므로 우리도 조만간 프로이센에 굴복해야 할 것'이라고 생각했다. 독일 학자들은 바로 이런 의미에서 독일 관세동맹이 독일의 각 연방국에게 당시 대립하고 있던 두 대국, 프로이센과 오스트리아 중 하나를 선택할 것을 강요했고 "강대국이던 오스트리아는 결국 중부 유럽에서 배제되었다"고 인식했다. 1866년 프로이센—오스트리아 전쟁에서 이긴 프로이센은 오스트리아를 독일 연방에서 몰아냈다.

결론적으로 제1차 산업혁명을 거치며 프로이센은 1850~1860년대에 이미 독일 각 연방국의 경제력의 총합을 뛰어넘어 독일 경제의 주도권을 장악하게 되었다. '석탄과 철'을 기반으로 하는 경제력에 의지해 프로이센의 재상 비스마르크는 '철혈정책Blut und Eisen Politik'을 시행하며 세 차례에 걸친 전쟁을 통해 덴마크, 오스트리아, 산업경쟁력이 이미 독일보다 약해진 프랑스를 무너뜨리고 1871년에 통일 독일제국을 건설했다. 이를 두고 영국 경제학자 케인스는 "독일제국이 철과 피 위에 건설되었다고 하는 것보다 석탄과 철 위에 건설되었다고 하는 것이 더 현실적이다"라고 말하기도 했다.

통일 독일제국의 건립은 전 유럽의 국제관계에 큰 영향을 주었다. 독일 통일 과정을 친히 목격한 영국 보수당의 당수이자 정치가인 벤저민 디즈레일리Benjamin Disraeli는 독일 통일을 1789년 프랑스대혁명에 비유해 '독일혁명'이라고 했다. 독일 통일이 기존의 유럽의 국제관계를 뒤엎으며 유럽의 "모든 외교 전통을 일소했고" "세력 균형을 철저하게 파괴"했다는 것이다. 새로 건립된 독일제국은 많은 인구와 강한 경제력, 그리고 수차례 증명된 강한 군사력을 바탕으로 러시아와 프랑스를 대신해 유럽 대륙의 잠재적인 맹주가 되었다.

독일제국
: 선진 산업국가의 탄생

독일제국 성립에서부터 제1차 세계대전 직전까지 40여 년 동안 독일은 제1차 산업혁명을 완성한 기초 위에 제2차 산업혁명에 전면적으로 개입함으로써 신속하게 선진 산업국가로 발전했다.

1860년대 말에서 1870년대 초 제1차 산업혁명을 기본적으로 끝낸 서유럽 국가 독일은 산업 생산량에서 프랑스를 추월하며 영국과 미국의 뒤를 잇는 세계 제3의 산업 강국으로 발돋움했다.

그러나 경제구조 측면에서 보면 독일제국 초기에는 아직 산업국가 수준에 이르지 못했고 산업화 정도가 비교적 높은 농업국이었다. 당시 독일 경제구조에서 농업, 임업, 어업 같은 1차 산업이 차지하는 비율은 37.9퍼센트, 공업, 수공업, 광업 같은 2차 산업이 차지하는 비율은 31.7퍼센트로, 독일의 전체 경제구조는 여전히 농업이 주도하고 있었다.

그러나 1870년대 이후 독일은 제2차 산업혁명이라는 좋은 기회를 이용해 새로운 변화를 모색했는데, 한편으로는 전통 영역에서 새로운 과학기술을 받아들여 생산 기술을 개선하고 생산 능력을 향상시켰다. 다른 한편으로는 전기에너지, 내연기관, 합성화학 등에서 신기술 플랫폼의 장점을 활용해 새로운 산업 부문을 확장하며 성장 동력을 만들었다. 이러한 두 가지 전략이 독일 산업을 비약적으로 발전시켜 독일은 단시간 내에 농업국에서 산업국으로 변모하고 일약 선진 산업국가가 되었다.

먼저 독일이 어떻게 신기술을 활용해서 철강과 석탄 생산 대국의 지위를 확립했는지 살펴보자.

독일은 제1차 산업혁명 과정에서 철도 건설을 통해 강철, 석탄, 기기 제조를 핵심으로 하는 중공업 발전 모델을 선택함으로써 공업 생산량이 1860년대에 이미 프랑스를 추월했다. 그렇더라도 주요 자본주의 국가 간 산업 생산량에 있어 확고한 선두 자리는 영국의 차지였지만 제1차 산업혁명 중 형성된 영국의 기술 잠재력은 기본적으로 소진된 상황이었다. 이것은 신흥 산업 국가가 영국을 빠르게 따라잡고 싶다면 새로운 기술 플랫폼을 활용해야 한다는 것을 의미했다. 이런 배경에서 독일과 미국이 앞다투어 달려 나가며 제1차 산업혁명에서 영국의 뒤를 따라가던 피동적 국면을 바꾸어나가기 시작했는데, 전기에너지, 내연기관, 합성화학 등 신기술에서 우위를 점해 마침내 혁신을 두려워하던 오래된 산업 대국 영국을 뒤로 밀어 냈다.

독일은 철강, 석탄 등 전통적인 산업 영역에서 신기술을 받아들 여 생산력을 향상시킴으로써 오래된 산업을 새롭게 혁신했다. 이것 이 제2차 산업혁명 과정에 독일 산업이 비약적으로 발전하며 빠르 게 영국을 추월할 수 있었던 발전 전략이었다.

철강 산업은 독일이 신기술로써 전통적인 산업을 개조해 거대한 성과를 거둔 모범이었다. 앞서 설명했듯이 독일 철강 산업은 제1차 산업혁명 동안 매우 크게 성장했다. 그럼에도 당시 세계 선두 자리 에 있던 영국에 비하면 독일의 철강 생산량은 보잘 것 없었다. 선철 생산을 예로 들어보면, 1870년 세계 선철 총생산량은 1,290만 톤이 었는데, 그중 영국이 670만 톤으로 세계 총생산량의 52퍼센트를 차 지했다. 반면 독일은 140만 톤 정도로 세계 총생산량의 12퍼센트를 차지할 뿐이었다.

이런 국면의 주요 원인은 영국의 철강 제련 기술이 독일에 비해 더 뛰어났기 때문이다. 영국의 헨리 베서머Henry Bessemer가 1856년 에 발명한 베서머법(연료를 쓰지 않고 산화 발열로 제련하는 방법)은 영 국의 철강 생산량을 크게 증가시켰다. 그러나 당시 독일은 이 기술 을 활용할 수 없었다. 베서머법은 인철燐鐵 제련에는 사용될 수 없었 고 전로 설비 2개를 만드는 데 1백만 마르크가 넘는 고액의 비용이 들었다. 인철을 많이 가지고 있으면서 자금이 부족했던 독일은 이 기술을 사용하기 힘들었다.

독일이 철강 산업 부분에서 영국의 맹주 지위를 위협하려면 반드시 독일 철강 산업 발전에 적합한 신기술이 필요했다. 그러던 중 1879년 영국에서 토머스 제강법이 나왔다. 토머스법은 용광로에 생석회를 투입함으로써 인철의 탈인脫燐 문제를 해결했으니 인철을 풍부하게 보유한 독일에 꼭 필요한 기술이었다. 독일 철강업은 이 최신 기술의 특허를 바로 그해에 독일로 들여왔고 독일의 강철 생산량이 비약적으로 증가했다. 1913년 독일의 강철과 주철 생산량은 각각 1,620만 톤과 1,931만 톤으로 세계 생산량에서 차지하는 비중이 상승해 각각 24.7퍼센트와 24.1퍼센트였다. 같은 기간 영국의 강철과 주철이 세계 생산량에서 차지하는 비중은 10.2퍼센트와 13.3퍼센트였다. 1913년에 독일은 세계 제2대 금속 생산국이며 최대 금속 수출국이었다.

독일의 석탄 산업 또한 신기술을 받아들이면서 비약적으로 발전했다. 이 전통적인 산업을 새로운 수준으로 나아가게 한 것은 광산 기술과 채굴 기계 관련 신기술이었다. 1880년대에 전력을 활용한 광산 철도가 투입되고 뒤이어 전동 펌프가 광산 급수에 사용되기 시작했으며 전동 모터가 구동하는 통풍기가 기존의 증기기관을 대신했다. 그리고 채광용 해머와 지깅 컨베이어jigging conveyor 같은 새로운 장비가 채탄용 도구에 등장했다.

이런 신기술과 새로운 기기가 채탄 효율을 크게 높임으로써 독일 채탄업의 규모와 생산량도 빠르게 증가했다. 이는 영국과 독일의 석탄 채굴량 비교에서도 알 수 있다. 1880~1913년 사이 영국의 석탄 채굴량은 1억 4,900만 톤에서 2억 9,200만 톤으로 증가했고, 독일은 5,910만 톤(이 중 갈탄은 1,210만 톤)에서 2억 8,900만 톤(이 중 갈탄은 8,750만 톤)으로 증가했다. 1913년 독일의 석탄 생산량은 실제로 영국 수준에 근접해 있었다.

이제 독일은 어떻게 전기와 화학 같은 새로운 산업을 발전시켜 선진 산업국가가 되었는가 살펴보자.

이 시기 독일 산업 발전에서 나타난 또 다른 특징은 전기와 화학 등이 제2차 산업혁명을 대표하는 새로운 산업 부문으로 등장해 독일 산업을 견인하는 기간산업으로 자리 잡은 것이다. 이들 신흥 산업이 독일을 제2차 산업혁명 시기에 유럽 대륙의 다른 나라를 완전히 따돌린 국가로 만들었다.

전기 산업의 발달은 제2차 산업혁명의 핵심 내용 및 주요 지표가 되었다. 독일인들은 이 신흥 산업의 확대 발전 전망을 민감하게 관찰했다. 1880년대 에른스트 베르너 폰 지멘스Ernst Werner von Siemens 와 에밀 라테나우Emil Rathenau로 대표되는 독일 기업가들이 전등, 전화 등의 보급을 계기로 앞장서서 전기 산업의 대규모 발전을 이끌었고 독일은 이 분야의 선두주자가 되었다. 독일 경제사학자 베르너 좀바르트Werner Sombart는 당시 독일에서 전기 산업이 번창하던 모습을 구체적으로 묘사했다. "1880년대부터, 특히 1890년대에 집중적으로 독일에 전기 산업 관련 기업이 하나둘씩 생겨나 성장하기 시작했고 1912년 무렵 이 신흥 산업은 널리 보편화되었다. 30년 전만해도 전기 산업을 아는 사람은 거의 없었다." 1896년까지 독일 전기 산업 분야에는 주식회사가 39개 있었고 지멘스운트할스케Siemens & Halske 같은 거대 기업 7개가 형성되었다.

당시 전기 산업의 발전에 있어서 독일과 비교할 수 있는 국가는 전 세계 어디에도 없었다. 1913년 독일의 발전량은 80억 킬로와트로 영국, 프랑스, 이탈리아 세 나라의 발전량을 합친 것보다 많았다. 제1차 세계대전 이전에 독일이 생산한 전기 제품이 전 세계의 34퍼센트를 점유하며(점유율이 50퍼센트 가까이 되었다고 밝힌 연구도 있다) 세계 1위 자리를 차지했는데, 당시 세계 최대 산업 대국이던 미국의 전기 제품 점유율은 29퍼센트 정도였다. 또한 독일 전기 산업 제품의 4분의 1이 세계 각지에서 판매되어, 독일 전기 제품 수출량은 전 세계 전기 제품 수출량의 46.4퍼센트를 차지했다. 독일은 전기로 제강, 철도 전기화 등 전기에너지 응용 방면에서도 세계 수위에 올라 있었다.

화학 산업의 발달은 제2차 산업혁명에서 독일의 갑작스러운 출현을 보여주는 또 다른 중요한 상징이었다. 제1차 산업혁명 때는 면 방직 공업에서 탄산나트륨과 황산이 대량으로 필요해짐에 따라 영국에서 가장 먼저 근대 화학 산업이 성장했다. 제2차 산업혁명 때는 독일이 최신 화학 연구에서 눈부신 성과를 거두며 이를 산업화함으로써 20~30년 만에 화학 산업 분야를 거의 독점했다.

19세기 중반 이후 화학 산업에서 합성물질이 천연물질을 대체하는 추세가 전개되었다. 1856년 영국 화학자 윌리엄 퍼킨William H. Perkin은 최초로 콜타르에서 보라색 염료(아닐린 퍼플)를 추출하는 데 성공했으며, 오래지 않아 그의 지도교수이자 당시 런던 황실 화학 연구원 원장이던 독일 화학자 호프만August Wilhelm von Hofmann도 두 종의 염료를 추출해냈다. 퍼킨의 성과는 영국의 합성염료 산업을 발전시킬 수 있는 절호의 기회였지만 당시 영국 산업계는 앞서 거둔 성취에 도취해 있어 이 새로운 발견의 가치를 제대로 이해하지 못했다. 반면 독일 산업계는 합성 화학 산업에서 커다란 희망을 발견해 과감하면서도 정확하게, 많은 인재와 자금을 투입해 콜타르를 종합적으로 개발하고 이용하는 방법 연구에 매진했다. 이로부터 독일은 세계 화학 산업 시장을 주도해나갔다.

그 결과 합성염료를 주로 생산하는 독일 화학기업이 우후죽순처럼 등장해 1870년에서 1874년까지 독일에는 화학회사 42개가 세워졌다. 1896년에 이르러 독일에는 이미 108개의 화학 공업 주식회사가 있었는데, 바스프BASF, 프리드리히 바이엘Friedrich Bayer & Co. 같은 대형 화학 공업 회사도 이때 창립되었다. 이로 인해 독일 염료 산업이 세계에서 차지하는 지위가 크게 상승했다. 1880년 독일이 생산한 합성염료는 세계 총생산량의 50퍼센트를 차지했고, 1900년에는 이 비중이 90퍼센트까지 상승했다. 독일은 또한 세계 칼륨화합물의 95~98퍼센트를 생산, 가공했다. 1900년 독일의 황산 생산량은 영국의 55퍼센트에 지나지 않았지만 1913년에는 전세가 역전되어 독일의 황산 생산량이 영국의 155퍼센트로 증가했다.

독일은 화학 산업에서 누구도 따라올 수 없는 위치를 차지했다. 이후 역사가들은 화학 산업을 일컬어 "독일제국에서 가장 위대한 산업 성취"라고 했다. 이탈리아 경제사학자 카를로 치폴라Carlo M. Cipolla는 영국과 독일의 염료 산업을 비교한 후 다음과 같이 결론 내렸다. "화학 산업에 있어서만큼은 영국이 후진국과 마찬가지로 식민지 경제의 특성을 보였다. 즉 독일에 콜타르 원료 및 반가공품 등 원자재를 수출하고 독일에서 정제된 값비싼 염료를 다시 사들였다."

신흥 근대 산업이 된 전기와 화학 산업의 급속한 발전은 후발 국가 독일이 신흥 산업 국가로 발전하는 데 활발한 활력을 제공했다. 독일은 이들 신흥 산업을 기반으로 일약 세계 산업을 이끄는 국가가 되었다.

제2차 산업혁명 시기 독일인은 최신 과학기술을 신속하게 생산에 도입했기에 독일 경제는 비약적인 성장을 거듭했고 농업국에서 산업국으로의 변화를 신속하게 실현했다. 1870~1913년 농림업 등 1차 산업이 독일 사회의 생산에서 차지하던 비중은 40.5퍼센트에서 23.2퍼센트로 하락했고, 같은 기간 광공업 등 2차 산업이 차지하던 비중은 28퍼센트에서 45퍼센트 이상으로 상승했다. 이밖에 취업자 수, 자본 투자 면에서도 2차 산업이 1차 산업을 모두 추월했다.

독일이 세계 산업에서 차지하던 비중을 보면, 1870년에는 13퍼센트로 영국과 미국에 이어 세계 3위였다. 그러나 1910년에는 16퍼센트로 상승해 35퍼센트였던 미국에 이어 세계 2위 자리에 올랐다. 같은 해 영국과 프랑스의 산업 생산은 하강을 거듭해 세계 산업 생산 총액의 14퍼센트와 7퍼센트에 머물렀다. 이렇게 독일은 유럽 제1의 자본주의 산업 강국이 되었다.

급속한 산업화로 경제가 빠르게 성장하고, 그로 인해 국가 경제 구조가 농업 지배구조에서 산업 지배구조로 바뀌자 독일 대외무역 구조 또한 엄청나게 변화했다. 이후 독일은 세계 수출입 무역에서 차지하는 비중이 끊임없이 상승해 점차 외향형 경제 국가로 변모하게 되었다. 1870년 독일은 이미 세계 3대 수출국과 2대 수입국이 되었다. 1880년대 이후 독일은 세계 수출 무역에서 프랑스를 추월해 영국의 뒤를 바짝 쫓는 제2대 수출국이 되었고 무역 총액에서는 영국을 직접적으로 위협했다. 이들은 모두 독일이 이미 세계 경제 강국이 되었음을 증명하는 것이다.

독일제국
: 유럽 쟁패에서 세계 경쟁으로

　정치와 경제는 불가분의 관계다. 독일의 산업 경쟁력이 증가함에 따라 대외 정책도 명백히 변화했다. 독일은 비스마르크 시대에는 유럽 대륙에서의 패권을 공고히 하는 '대륙정책'을 펼쳤다면 빌헬름 2세 시대에는 세계 패권을 차지하기 위한 '세계정책'에 주력했다. 다시 말해 독일제국 전반기에는 산업 경쟁력을 지닌 농업국으로서 경제 발전에 힘입어 유럽의 패권을 확보하는 것이 목표였다. 그러나 독일제국 후반기에는 선진 산업국으로 발돋움하면서 대외 정책 방향이 바뀌어 유럽 대륙에 한정하지 않고 전 세계 경쟁으로 뛰어들었다. 이러한 변화는 어떻게 일어난 것일까?

먼저, 비스마르크 시대 독일의 외교 상황을 들여다보자.

독일제국이 성립한 1871년부터 1880년대 중반까지 비스마르크는 독일제국의 수상으로서 강력한 힘을 발휘했다. 비스마르크는 현실주의 정치가였다. 1862년 프로이센의 수상이 된 이후 그는 프로이센의 힘을 이용해 철혈정책을 실행하면서 덴마크, 오스트리아, 프랑스를 무력으로 물리치고 강대한 독일제국을 건설했다. 비스마르크 집권기에 독일은 숙적 프랑스의 복수를 방지하기 위해 유럽 대륙에서 패권을 차지하는 데 전심전력을 기울인다는 대외 정책의 기본 방침을 채택했다. 이를 위해 비스마르크는 외교 수완을 발휘해 유럽 대륙에서 독일이 중심이 된 독일—오스트리아—러시아의 삼제三帝동맹(1873년), 독일—오스트리아 동맹(1879년), 독일—오스트리아—이탈리아 동맹(1882년), 독일—오스트리아—러시아의 2차 삼제동맹(1881년)을 맺어 대륙 동맹 체제를 결성했다. 이로써 독일은 당시 유럽 대륙의 국면을 지배하는 주도적인 지위를 보장받았으며 이것이 독일의 '대륙정책'이었다.

한데 당시 유럽 대륙을 쥐락펴락한 독일제국은 유럽 주요국 가운데 해외 식민지를 가지고 있지 않은 극소수 열강에 속했다. 심지어 1880년대 초에도 비스마르크는 "내가 제국의 총리인 한 우리는 식민정책을 추구하지 않을 것이다"라고 말했다. 비스마르크가 해외 식민지 문제에 이런 태도를 보인 이유는 독일의 부족한 역량으로 식민지를 차지하려고 하는 것은 마치 속옷조차 없는 폴란드 귀족이 실크나 담비 털가죽 외투를 구하는 것과 같다고 생각했기 때문이다.

그러나 몇 년 후 비스마르크는 식민지 정책을 180도 전환했다. 독일은 1884년 4월부터 1885년 5월에 이르는 짧은 기간 동안 서남아프리카와 서아프리카의 토고와 카메룬, 동아프리카, 그리고 남태평양의 많은 섬을 식민지로 만들어 전체 면적이 독일 본토를 훨씬 초월하는 대식민제국을 건설했다.

독일이 식민지 열강 대열에 합류하도록 비스마르크를 재촉한 원인은 다방면에 걸쳐 있었다. 1880년대 초 비스마르크는 이미 독일이 중심이 된 대륙 동맹 체제를 완성해 유럽 대륙에서 독일의 지위를 확고히 다졌기 때문에 마음 놓고 확장 정책을 펼 수 있었다. 한편 당시 영국은 이집트를 놓고 프랑스와, 아프가니스탄을 놓고 러시아와 분쟁하면서 유럽 대륙의 제1강국 독일을 자기편으로 끌어들이려고 했다. 영국 수상 솔즈베리는 "독일의 지지를 얻기 위해 영국은 반드시 식민지 문제에서 독일과 협력해야 한다"라고 분명하게 이야기했다.

그러나 비스마르크가 식민제국 건설을 추진한 주된 이유는 독일 산업의 급속한 성장에 따른 원자재 수요와 판매 시장 때문이었다. 즉 독일의 산업이 발전하면서 원자재를 들여오고 공산품을 판매할 해외 시장이 절실하게 필요해진 것이다. 독일과 아프리카 간 무역이 급속히 증가한 것이 이를 증명해준다. 통계자료를 보면, 1871~1883년에 독일이 아프리카에서 수입해온 물품의 양은 183퍼센트 증가했고 수출한 물품의 양은 530퍼센트 가까이 증가했다. 여기에 주요 서방 열강이 식민지 쟁탈전과 세계 분할에 뛰어들자 독일 각계에도 해외 식민지 확장을 목적으로 하는 조직이 생겨나 독일 산업을 대신해 원자재 공급지와 완제품 판매 시장을 찾아나서기 시작했다. 이런 추세를 마주한 비스마르크는 식민지 확장을 변호하며 "식민지는 독일의 산업과 상업 확장을 위한 새로운 시장을 확보한 것이다"라고 주장했다.

그럼에도 비스마르크의 대외 정책의 중심은 시종일관 유럽 대륙에 있었다. 1885년 9월 발칸반도에서 오스만제국의 통치에 항거하는 봉기가 일어나자 유럽 열강 사이에서 일련의 외교적 충돌이 벌어졌다. 비스마르크는 프랑스가 기회를 틈타 다른 열강을 끌어들여 독일에 보복할까 걱정되어 급히 관심을 식민지 쟁탈에서 유럽 대륙으로 전환해 불확실한 미래에 대비했다. 그는 이후 독일의 아프리카 문제 전문가이자 식민지 확대 주창자인 오이겐 볼프Eugen Wolf와 회견하며 식민지 확장을 중지한 원인을 두고 "당신의 아프리카 지도는 매우 훌륭합니다만 나의 아프리카 지도는 유럽에 있습니다. 여기는 러시아, 여기는 프랑스이고 우리는 그 중간에 있습니다. 이것이 바로 나의 아프리카 지도입니다"라고 이야기했다.

비스마르크가 대외 식민지 확장 문제를 주저한 이유 가운데 유럽 국제 정치의 변화를 견제하는 것 외에 또 다른 중요한 원인이 있었다. 바로 당시 독일이 제1차 산업혁명을 완성하고 어느 정도 산업화 능력을 갖추었음에도 전체적으로는 여전히 농업 경제를 위주로 하는 국가에 머물러 있었다는 점이다. 비스마르크가 사임하기 1년 전인 1889년에 이르러서야 비로소 독일의 공업 생산액이 간신히 농업을 초과하기 시작했다. 그때 독일은 유럽 대륙을 벗어나거나 영국 같은 오래된 자본주의 국가와 전 세계적 범위에서 우열을 다툴 경제력과 종합적인 국력을 가지고 있지 못했다. 그러므로 비스마르크의 대외 정책은 독일이 유럽 대륙의 패권을 차지하고 오래도록 유지하는 목표에 만족할 수밖에 없었다.

이제 빌헬름 2세 시대 독일의 세계정책을 들여다보자.

1890년대를 지나며 독일 경제와 전체 국력이 성장하자 유럽 대륙 강국의 지위를 굳건히 하는 데 집중하던 비스마르크의 정책으로는 독일인의 욕망과 야심을 만족시킬 수 없게 되었다. 따라서 세계 강국의 지위를 추구하고 세계 패권을 다투는 것이 독일 대외 정책의 주요 목표가 되기 시작했다. 1890년, 삼십 대에 막 들어선 젊고 성미 급한 독일제국 황제 빌헬름 2세는 비스마르크의 보수적인 대외 정책에 불만을 품고 노재상의 사임을 압박하면서 독일의 외교 정책도 대륙 강국 정책에서 세계 강국 정책으로 수정했다.

비스마르크에 이어 새로운 수상이 된 카프리비Leo von Caprivi(재임 1890~1894)는 즉시 이른바 대외 정책의 '신노선'을 시행했다. 독일은 '독일 공산품을 위한 해외 소비 시장 개척'을 중심으로 대외무역의 방향을 설정했고, 이에 맞춰 독일의 외교 정책도 유럽 대륙에서 해외로 시선을 돌려 유럽 강대국 러시아와 우호를 다지는 대신 세계 해양 및 식민지 패권국인 영국과의 우호를 추구했다.

1890년대 중반 이후 산업 성장이 급속도로 진행되면서 독일의 세계 패권을 향한 여정에 한층 힘을 실어주었다. 제2차 산업혁명이 진전됨에 따라 공업 생산품을 위주로 하는 독일의 수출은 고속 성장 단계로 들어섰다. 1880~1894년 독일의 수출액은 줄곧 30억 마르크 언저리에 머물러 있다가 1895년에 처음으로 30억 마르크를 돌파했다. 1905년 독일의 수출액은 57억 마르크, 1913년에는 100억 마르크 이상으로 증가했다. 독일은 철강, 전기, 화학 등 중요 산업 부문 생산에서 모두 영국을 추월했다. 이런 성장 속에서 독일인에게는 '어떤 새로운 힘'이 생겨났고 통치자에게는 세계 제패의 야심이 일어났다.

1897년 빌헬름 2세는 뷜로를 외무장관, 티르피츠를 해군청 대신으로 임명해 정식으로 세계정책을 추진하기 시작했다. 이 광범위한 세계정책의 핵심 동기는 독일이 '세계시장을 사냥터로 보고', 즉 세계를 지배하고 통치해 '세계시장이 독일 국내 산업에 기여하도록' 하는 것이었다.

세계정책에 따라 독일의 대외 확장은 두 가지 방식으로 나타났다. 하나는 해군력 확대에 전력을 기울이는 것이고 다른 하나는 적극적으로 해외 식민지를 건설하는 것이었다.

우선 독일은 해군력을 적극적으로 확대했다. 세계 강대국이 되거나 해외 식민지를 확장하려면 반드시 강한 해군을 먼저 갖춰야 했는데, 이것이 당시 독일이 열중하던 '함대정책'의 주요 동기가 되었다. 해군청 대신 티르피츠는 독일의 세계정책과 경제적 이익을 보호하기 위해 반드시 강한 해군을 건설해야 한다고 일찍부터 역설했다. 빌헬름 2세는 영국 빅토리아 여왕의 외손자로 어려서부터 영국의 해상 패권이 가져다준 영광을 보고 자랐기 때문에 강대한 함대 건설에 특히 관심을 가지고 있었다. 그래서 여러 차례 연설을 통해 해군 건설의 필요성을 강조하며 독일 미래의 명운은 바다에서 결정될 것이라고 보았다.

독일의 중공업 역시 해군 건설을 촉진하고 지원했다. 독일 중공업계가 이처럼 해군 건설에 열심이었던 까닭은 해군 건설이 독일에 해상 및 식민지 패권을 가져다줄 뿐 아니라 건조되는 군함과 관련 산업 기업에 막대한 이익을 가져다줄 것이기 때문이었다. 독일 해군 연합회 회장은 해군청 대신 티르피츠에게 보낸 편지에서 다음과 같이 이야기했다. "새로운 전함 주문과 그에 따른 상업 및 산업 활동이 관련 교역의 시장 가격을 상승시킬 수 있습니다."

위와 같은 부추김에 떠밀려 독일 의회는 1898년에 제1차 해군 확대 법안을 통과시켰다. 이 법안에 따라 독일은 1898년에서 1903년까지 6년 동안 총 96척의 전함(기갑함 11척, 기갑 순양함 5척, 순양함 17척, 구축함 63척)을 건조해야 했는데, 이는 실로 엄청난 속도로 작업해야 가능한 정도였다. 그럼에도 독일 정부는 1898년 법안에 제출된 해군 확대 속도가 너무 느리다고 불평을 늘어놓았다. 1900년에 통과된 제2차 해군 법안에서는 1915년까지 독일 해군 전력이 영국 수준에 도달할 것이라고 규정했다.

독일이 전력을 기울여 해군을 확대해나가자 즉시 해상 패권국 영국이 관심을 보였다. 영국은 자신들이 지키고 있는 해상 우위가 흔들릴까 두려워서 독일과 치열한 해군 군비 경쟁을 벌였다. 그러나 이미 내리막길에 들어선 영국은 군비 경쟁을 마음껏 할 수 없었고 경제적으로 여유롭던 독일이 오히려 기세등등하며 영국을 위협했다. 1897년 세계 7위 수준이던 '초보 함대' 독일 해군은 1908년에 영국의 해상 패권에 도전할 수 있는 세계 제2대 함대로 도약했다. 독일은 여기서 만족하지 않고 1908년과 1912년에 새로운 해군 확대 법안을 통과시켰다. 독일의 해군 확대 정책은 영국의 적대감을 불러일으켰다. 영국 외무부의 한 관리는 "해상에서 독일의 주도적 지위는 대영제국의 생존과 양립할 수 없다"라고 직설적으로 이야기했다.

그런 다음 독일은 해외 식민지를 건설했다. 독일은 해군 확대에 온 힘을 기울이면서 동시에 식민지 확장의 발걸음도 재촉했다.

독일은 먼저 아프리카에서 영국과 쟁탈전을 전개했다. 독일은 비스마르크가 만들어놓은 식민제국의 기초 위에서 서쪽의 독일령 서남아프리카와 서아프리카에서 시작해 동쪽으로 독일령 동아프리카(탄자니아)에 이르는 아프리카 식민제국을 건설할 계획이었다. 이 계획은 케이프타운에서 카이로에 이르는 아프리카 종단 계획인 영국의 '2C 계획'과 충돌을 일으켰다. 양측은 교차 지점인 남아프리카 지역에서 분쟁을 일으켰다. 독일의 행동에 영국은 강한 불만을 표했는데, 영국은 심지어 영국 해협과 북해에 해군을 파견해 시위를 하기도 했다. 결국 상대적으로 해군력이 약했던 독일은 남아프리카를 차지하려던 계획을 포기했다.

이밖에 독일은 북아프리카에서 모로코를 두고 프랑스와 쟁탈전을 벌여 두 차례 위기를 불러 일으켰다. 독일의 해군 확대와 식민지 쟁탈전에서 위협을 느낀 영국은 식민지를 두고 오래도록 다투어왔던 프랑스와 화해해 공동으로 독일에 대항하기로 했다. 영국과 프랑스 연합이 압력을 가하자 독일은 결국 모로코에서 프랑스의 특권을 인정했다.

남태평양에서 독일은 사모아제도를 두고 영국, 미국과 쟁탈전을 전개했다. 1889년에 독일, 영국, 미국은 사모아제도를 3국이 공동 관리한다는 협정을 맺었으나 독일은 사모아제도를 독점해 독일 해군을 위한 군사 기지를 건설하고자 했다. 독일은 1899년 영국이 남아 프리카 보어인과의 전쟁으로 곤경에 처한 것을 이용해서 영국은 사모아제도에 관한 일체 권리를 포기하고 독일이 사모아제도 중 가장 큰 두 섬을 차지하며 나머지 두 섬은 미국에 귀속된다는 협정을 체결하도록 영국을 압박했다.

극동 지역은 독일의 식민지 확장에 있어 주요 목표 지역이었다. 1896년 봄 독일 동아시아 함대 사령관이던 티르피츠는 중국에 독일 거점을 마련하기 위해 극동으로 특별 여행을 떠났고 자오저우만을 마음에 들어 했다. 1897년 11월에 산둥 차오저우 쥐예현에서 독일 선교사 두 명이 피살되었다. 빌헬름 2세는 이 소식을 듣고 크게 기뻐했다. 이것을 '독일 산업의 새로운 소비 시장을 얻기 위한' 절호의 기회라고 생각했기 때문이다.

그리하여 독일 정부는 중국 조정의 태도 표명을 기다리지 않고 극동 함대에게 자오저우만을 침공할 것을 명령해 칭다오를 점령했다. 그러고는 청나라 조정을 압박해 1899년 '자오아오조계조약膠澳租界條約'을 체결함으로써 99년 동안 독일이 자오저우만을 조차租借하게 되었다.

유럽, 아시아, 아프리카 세 대륙이 잇닿아 있는 중근동 지역은 독일 세계정책의 주요 목표 지역이었으며 또한 '독일 경제 확대를 위한 중요 진출 방향'이었다. 당시 독일은 근동 지역 수출에서 특히 강세를 보였다. 1897~1910년 사이 오스만제국의 수입품 중에서 독일 상품이 차지하는 비율이 6퍼센트에서 21퍼센트로 급속하게 증가했다. 따라서 1894년 독일 외무부 상무국은 소아시아를 독일의 공산품 판매 시장, 투자지, 식량 공급처로 만들 것을 제안했다.

결과적으로 중근동 지역을 장악하기 위해 독일은 베를린에서 비잔티움(콘스탄티노플)을 거쳐 바그다드에 이르는 '3B철도'('바그다드 철도'라고도 한다)를 건설하기로 결정했다. 1898년 빌헬름 2세는 3B철도의 건설권을 차지하기 위해 특별히 오스만제국을 방문해 세일즈맨을 자처했다. 그러나 중근동 지역에서 독일의 확장은 영국, 프랑스, 러시아의 불안감을 불러 일으켰다. 영국은 3B철도가 완공되면 독일 세력이 서아시아 깊숙이 침투되어 이란과 아프가니스탄, 심지어 인도에서까지 자신들의 이익을 위협할까 걱정했다. 러시아는 흑해 해협에서의 통제권을 잃을까 두려워했고, 오스만제국의 최대 채권국이던 프랑스는 독일이 오스만제국에서 세력을 확장하는 것을 바라지 않았다. 그 결과 영국, 프랑스, 러시아 3국이 연합해 독일의 위협에 대처했다.

빌헬름 2세 시대 독일의 세계정책은 표면적으로는 성공적으로 보였다. 우선, 독일 해군은 초보 함대에서 세계 제2대 해군으로 신속하게 성장했다. 식민지 쟁탈에서 보면, 1914년에 독일은 이미 영국과 프랑스 다음가는 세계 제3대 식민제국이 되어 160만 제곱킬로미터의 땅과 인구 1,500만 명의 식민지를 거느리게 되었다.

그런데 독일이 자신의 역량을 지나치게 드러낸 세계정책으로 인해 독일과 다른 열강 사이 대립이 격화되었고 기존의 세계 질서에 대한 독일의 도전은 다른 열강이 단결하도록 만들었다. 이 관점에서 보면, 독일은 얻은 것보다 잃은 것이 많았다. 독일이 전력을 다해 해군을 확대하고 식민지를 확보하자 영국의 해상 패권과 식민제국으로서의 지위가 위협을 받으며 영국과 독일 양국은 적대적인 관계가 되었다. 독일과 프랑스는 아프리카에서 대립하는 동안 두 나라 사이의 오래된 원한이 해소되지 않은 가운데 새로운 원한이 더해지게 되었다. 특히 중근동 지역에서의 독일의 확장은 영국, 프랑스, 러시아의 주요 관심 사안이 되었다.

독일의 위협적인 공세에 대응하기 위해 영국, 프랑스, 러시아 3국은 마침내 이전에 품었던 원한을 버리고 독일의 위협에 맞서 연합하기로 했다. 유럽은 마침내 독일—오스트리아—이탈리아를 한 축으로 하고 영국—프랑스—러시아를 또 다른 한 축으로 하는 양대 군사 진영으로 나뉘게 되었다. 1914년 제1차 세계대전이 발발하고 세계를 제패하려던 독일의 정책은 전쟁에 패배하며 물거품이 되어버렸다. 1918년 한 시대를 호령하던 독일제국이 몰락했다. 이로 인해 독일의 급속한 발전과 도전도 중단되었다.

미국

신대륙 국가의
세계 경제 패권의 길

:

왕리(王黎) | 지린대학 교수

7

지금까지 언급한 세계 근현대사에서 주연 역할을 한 경제 대국은 모두 서유럽의 강대국이었다. 미국은 유럽에 속하지 않으면서 최초로 글로벌 경제 강대국이 된 나라이며 또한 세계무대에서 주연 역할을 한 최초의 대륙 간 강대국이다.

글로벌 경제 활동의 주인공이 서유럽 국가에서 미국으로 바뀐 것은 세계 경제구조와 정치권력의 중심 역시 변화했음을 시사한다. 이러한 변화는 20세기에 펼쳐진 두 차례 세계대전의 결과였다. 미국이 두 차례 세계대전의 승리자였다는 것은 의심의 여지가 없으며, 이후 그들은 소련과의 냉전에서도 승리를 거두어 전 세계 경제 패권자의 지위를 사실상 오늘날까지 유지하고 있다.

지린대학의 왕리 교수는 오랜 시간 영국과 미국에서 공부했고, 또 국제관계를 연구하며 유럽과 미국 두 지역의 외교사와 미국의 대전략을 깊이 파고들었다. 그가 미국 경제의 장기적인 부상과 세계 패권 확립에 대해 설명해줄 것이다.

'구대륙' 유럽과 비교할 때
'신대륙' 미국이 가진 장점은 무엇일까?

　　잘 알고 있다시피 패권은 정치적 패권, 군사적 패권, 경제적 패권처럼 다양한 형태가 있다. 패권과 관련해서 이번에는 달러가 세계체제에서 가지고 있는 지배적 위치, 즉 '달러 패권'을 다루어보고자 한다. 230년 정도의 짧은 역사를 가진 국가의 화폐 달러는 미국이 막 건국했을 무렵 그 가치가 스페인 페소보다도 훨씬 약했다. 이런 달러가 언제 국제통화로 부상하고 어떻게 그 지위를 형성했을까? 오늘날 세계체제에서 달러는 어떤 이점을 가지며 어떻게 현재와 미래의 도전에 대처하고 있을까? 이러한 문제의 답을 찾기 위해 먼저 미국 경제를 이야기해보자.

독립 이전 북아메리카 식민지

오늘날 우리는 글로벌 세계체제 속에서 살고 있는데 이런 현실은 근대 유럽의 부흥, 발전과 해외 확장에 근원을 둔 것이다. 1500년을 출발점으로 삼으면 지금까지 세계에는 영국과 미국이라는 진정한 의미의 두 글로벌 강국이 있었다. 그들의 통치 범위와 영향은 전방위적이었고, 하드 파워와 소프트 파워를 아우르는 그들의 역량은 정치, 경제, 군사, 문화, 화폐를 포함해 다방면에 걸쳐 있었다. 영국과 미국의 '특수한 유대' 관계로 인해 세계 경제의 패권자인 미국을 이해하려면 대영제국 체제의 일부분이던 독립 이전의 식민지 시대를 추적해야 한다.

대영제국은 북아메리카 식민지에 어떤 영향을 주었을까?

대영제국은 1607년 북아메리카에 식민지를 개척했다. 이후 169년이 지난 1776년 미국의 독립 전쟁이 시작되었다. 미국의 경제 건설은 거의 대부분 유럽의 물질적 토대 덕분에 이루어졌으며 특히 영국의 영향은 절대적이었다. 경제 제도에 있어서 식민지 시대부터 독립 이후까지 영국이 미국에 미친 영향 가운데 특히 중요한 것으로 경제 운용 모델, 생산 요소, 상대적으로 완비된 부문별 경제 배치, 경제적 이익 평가 등 네 가지를 들 수 있다.

경제 운용 모델

영국은 시장 역할을 중시했기 때문에 영국의 북아메리카 식민지는 세계 무역을 발전시키는 데 있어 영국을 포함한 모든 유럽 국가보다 앞서 있었다. 독립 후 미국이 세계를 대하는 방식은 영국과 상당히 유사했다. 미국은 세계 각 지역의 세력 균형이 당시 세계 질서에 미치는 영향에 주목했다. 세계적 범위의 무역과 금융 서비스 시스템이 영국과 미국을 차례로 부유하게 만들었으며, 이렇게 획득한 부에 힘입어 미국은 전 세계에 군사력을 배치할 수 있었다. 이로써 미국은 세계체제의 지배자로서의 위치를 확고히 했다.

생산 요소

생산 요소란 토지, 노동력, 자본을 말한다. 대영제국의 북아메리카 식민지와 이후의 미국은 인구가 상대적으로 희박한 상황에서 기술 투자에 몰두하며 넓은 토지 자원을 개발했다. 동시에 토지를 시장에서 거래할 수 있는 일종의 자본으로 전환했다.

식민지 시대에 북아메리카인은 도구 개량과 농업의 과학화에 관심을 기울이기 시작했다. 독립 후, 특히 19세기에 급속한 발전이 이루어지는 동안 미국은 농업과 경제에 고등 교육과 직업 기술 훈련을 적용하고자 힘을 쏟아 당시 세계 최초로 농업과 전체 경제 발전에 기여하는 원동력을 제공했다. 이와 관련해 미국 경제사학자 해럴드 포크너Harold U. Faulkner는 미국의 발전 과정, 특히 19세기 농업의 과학화 및 기계화 과정에서 "미국 농업의 발전과 그 지위는 사람들로 하여금 과학과 교육에 투자하도록 촉진했고 나아가 미국 전체의 교통과 산업화를 위한 발명과 창조를 선도했다"라고 평가했다.

상대적으로 완비된 부문별 경제 배치

일찍이 북아메리카 식민지는 천연 자원과 농업뿐 아니라 어업, 광업, 심지어 제조업 일부까지 포함한 기초 위에서 건립되었다. 식민지 말기에 이르러 북아메리카는 최신 공구와 고급 생활 용품은 여전히 유럽에서 수입해왔지만 이를 제외한 거의 모든 공구를 직접 생산하기 시작해 이미 초보 단계의 생산 기초를 갖추었다. 이는 북아메리카와 유럽(특히 영국) 사이 경제적 유대를 사실상 확립한 것이었다.

경제적 이익 평가

애초에 영국은 북아메리카 식민지를 무한한 잠재력을 지닌 자원 생산지로 여겼기에 자원을 위한 투자와 개발에 특히 신경 썼다. 미국 건국 후에도 영국은 미국 시장과 그 자원을 잃지 않으려고 온 힘을 기울였다. 그래서 생겨난 것이 영국, 미국, 영국령 캐나다(카리브해 지역 포함) 사이에 형성된 거대한 무역권 '북대서양 무역 골든트라이앵글'이다.

결론적으로 다음과 같이 정리할 수 있다. 초기 식민지 시대부터 아메리카인은 서유럽 북부, 특히 영국의 주요 사회·경제적 특징을 갖추고 있었다. 같은 시기 유럽 각국은 이민을 통해 미국이 필요로 하던 노동력과 자금, 혁신 이념을 계속해서 공급했다. 유럽에서 이주해온 이들이 바로 독립 후 미국 경제의 기초를 다지며 발전시켰고 마침내 미국을 서유럽 수준까지 끌어올린 것은 물론 미국만의 독창적인 스타일까지 갖추게 했다. 미국은 정치와 사회 조건 측면에서 유럽에 비해 역동적이었으며 또한 사회도 상대적으로 안정되어 있었다. 미국인은 독립 후 백 년 동안 공전의 번영과 안정 속에서 자유로운 나라를 건설해, 유럽을 뛰어넘는 '언덕 위의 빛나는 도시City upon a hill'가 되었다. 그 기초는 북아메리카 식민지에서부터 이미 시작되었다.

독립 후 미국의 경제 발전

미국은 독립 후 유럽이나 영국과 정치적으로 분리된 적이 한 번도 없었다. 경제, 문화, 국민 사이의 분리 역시 상상하기 어려웠다. 이 때문에 영국과 유럽이 미국 경제의 회복, 발전과 미국 성장 과정에서 맡은 지대한 역할을 저평가해서는 안 된다.

미국이 경제적 측면에서 유럽과 대등하거나 심지어 유럽을 능가하기까지는 시간적으로 세 단계를 거쳤다.

첫 번째 단계는 18세기 말에서 1830년대까지 이어진 초기 '서부개척시기'다. 미국은 서부 개척으로 경제 발전의 핵심 요소인 풍족한 토지, 자원과 외자 유치를 위한 조건을 확보했다. 이 부분에 있어서는 어떤 유럽 국가도 미국에 비할 수 없었다. 동시에 미국은 서부로 확장하면서 동부에 가해지던 사회적·경제적 압력을 완화시킬 수 있었다. 또한 발전 초기부터 미국에서는 교통수단과 새로운 기술이 강렬하게 요구되었다. 어떤 의미에서 미국은 세계 최대 농산물 생산국이 되어 농업의 전문화와 상업화를 훌륭히 완성했을 뿐만 아니라 진정한 의미의 농업 과학화와 경작의 기계화를 시작했다.

두 번째 단계는 1815년부터 미국 남북전쟁이 끝날 때까지다. 이 시기는 가정(혹은 소규모 작업장)에서 산업화로의 이행 시기라고 규정할 수 있다. 1860년부터 1865년까지 이어진 남북전쟁은 미국 본토의 산업혁명을 촉진했다.

세 번째 단계는 남북전쟁 이후 1865년부터 1900년까지다. 농업이 여전히 미국에 부유함을 가져다주는 주요 원천이었지만, 19세기 말인 1890년에 이르러 미국의 제조업이 처음으로 농업의 생산 가치를 초과하기 시작했다. 이 기간 동안 막대한 국외 투자가 미국으로 계속 유입된 한편 국내에서도 공업 발전을 적극 권장했다. 당시 미국 사회에서 가장 유행하며 법률로써 강력하게 보호받은 활동은 바로 '혁신'이었다. 1865년부터 미국은 과학 발명 분야에서 '비약적'이라고 할 만큼 급속도로 발전하는 단계로 들어섰다. 침대차, 인공 얼음, 양면 인쇄, 에어브레이크, 진공청소기, 영화, 트램, 심지어 영화 필름 등 모든 것이 미국에서 생산되었다.

미국 경제, 특히 초기 미국 경제를 살펴볼 때는 정치가이며 재정 전문가인 알렉산더 해밀턴Alexander Hamilton을 기억해야 한다. 미국 독립 이후 번영을 향해 나아가던 때 해밀턴은 앞장서서 '화폐 금융 시스템'의 5대 지주 이념을 제기했다. 미국 국채 시장의 통일, 미국 중앙은행이 주도하는 은행 시스템 확립, 통일된 화폐 시스템, 관세와 소비세를 위주로 하는 세수稅收 시스템, 제조업 발전을 위주로 하는 금융 무역 정책. 해밀턴은 시종일관 국가 전체의 신용의 관점에서 이러한 5대 이념과 제도 배분을 설계했다. 그는 "한 국가의 신용은 반드시 완전체여야 한다. 각 부분은 세심하게 협력하고 협조해야 하는데, 이는 마치 하늘을 향해 높이 솟은 가지와 무성한 잎을 가진 나무라도 뿌리 하나가 손상되면 나무 전체가 시들어 말라 죽는 것과 같은 것이다"라고 했다. 후대에 해밀턴 본인의 품격과 치국 이념을 두고 논쟁이 불거졌지만, 미국의 재정, 금융, 조세 제도에 끼친 그의 영향은 분명히 강조될 필요가 있다.

어떤 거대한 생산이 수익을 창출하며 지속적인 발전으로 전환되려면 당연히 교류와 교환이 있어야 하는데, 이것이 바로 상업과 무역이다. 미국은 유럽의 시스템에서 탄생했고 당시 유럽이 지배하던 세계 무역 시스템과 밀접하게 연관되어 있었다. 이 덕분에 미국은 자신의 제품을 아메리카 대륙, 카리브해 지역, 유럽과 극동에 이르는 세계 각지에 수출함으로써 19세기와 20세기 전환기에 더는 농업과 자원 수출 지역에 머무르지 않고 도약할 준비가 된 신흥국이자 유럽에서 점차 인정받는 선진국이 될 수 있었다. 이 과정은 100여 년에 걸쳐 진행되었다. 20세기 초, 1926년에 미국 총생산량이 유럽을 추월할 것으로 예상되었지만 제1차 세계대전이 발발하면서 이런 현상은 1919년에 나타났다. 미국이 유럽의 지위를 이어받기까지 꼭 100년이 걸린 셈이다.

종합해보면, 미국이 세계 강국의 지위로 도약한 것은 미국인의 지혜와 노력, 개방되고 포용적인 사회 제도에서 비롯된 것이라 할 수 있다. 그러나 유럽인, 특히 영국인의 공헌과 영향 없이 미국인의 힘만으로는 이루어낼 수 없었다. 초기 미국 정치가 존 제이John Jay는 다음과 같이 말했다. "미국의 독립으로 전 세계가 미국을 향해 활짝

문을 열어젖혔다. 따라서 미국은 필요한 물건을 자유롭게, 자발적으로 수입하는 동시에 잉여 상품을 수출했다. 또한 현존하는 국제무역 시스템 아래에서 무역을 제한하는 모든 법규를 금지시켰다." 후속 실행을 보면 미국의 정치 엘리트가 건전한 국제무역, 우수한 신용 메커니즘 및 경화를 기반으로 한 화폐의 힘을 잘 알고 있음을 말해준다. 또한 대서양 너머 영국인과 유럽인 역시 "아메리카인(카리브해 지역 포함)에게 유럽은 없어서는 안 되며 유럽에게도 미국이 없어서는 안 된다"고 인식했다.

발전을 거듭하던 미국은 제1차 세계대전이 끝날 무렵 산업 총생산량에서 유럽 전체를 추월한 것은 물론 유럽의 최대 채권국이 되었다. 그러면 이 '유럽의 아들'은 유럽을 어떻게 대했을까? 이 문제로 파고들어보자.

'주저하던' 유럽의 채권자에서
자발적인 보호자로

미국은 왜 제1차 세계대전에 참전했을까?

1914년 8월 제1차 세계대전이 발발했을 때 이 전쟁을 '유럽전쟁'이라 부른 까닭은 무엇일까? 교전의 양측이 주로 유럽 국가와 그들의 해외 식민지였던 아프리카, 중동, 아시아 태평양 지역이었기 때문이다. 그러나 세계 최대 산업국이자 유럽의 최대 경제적 동반자로 도약한 미국은 이 전쟁을 모른 체하고 있을 수 없었다. 역사적으로 미국과 유럽 국가는 서로 다른 수준의 관계를 유지해왔다. 독립 후 미국은 여러 차례 유럽의 정치를 멀리하려고 시도했지만 '중립'을 유지하는 것이 어렵다는 것을 알게 되었다.

먼저, 당시 미국 인구 9,300만 명 가운데 3분의 1가량이 유럽 이민자의 후손이었고 그들의 대다수가 유럽 교전국 또는 교전국과 관련 있는 국가나 지역에서 온 이들이었다. 그렇기 때문에 정서적으로 유럽전쟁을 모른 체하기는 어려웠을 것이다.

다음으로, 거대한 동시에 기술적으로도 완벽한 해운 산업 같은 미국의 강점은 유럽 교전국의 전략 자원과 차관 방면에서 절실히 필요한 것이었다.

결과적으로 미국이 이 전쟁에 개입하게 된 원인은 다음과 같다.

막 경제 침체에서 벗어난 미국인들은 번영되고 안정적인 생활 조건과 삶의 질이 계속 더 나아지기를 바라고 있었다. 이때 유럽 국가 간 충돌이 발생하면서 미국 국내 기업이 충분히 가동되어 일자리가 확대되었다. 사회 심리적, 정치적, 문화적 요인도 중요했지만, 미국의 경제 회복과 지속적인 번영은 미국에서 생산된 식량, 원자재, 군수 공업 제품을 포함한 물자를 유럽 국가가 얼마나 요구하는지가 좌우했다. 미국은 유럽 전쟁을 기회로 삼아 경제를 발전시키고 일자리를 늘려야 했다.

유럽 각국은 미국과의 무역을 통제할 수 있는 국가가 전쟁에 필요한 자원을 갖게 되고 미국의 차관을 흡수할 수 있는 국가가 물자 면에서 절대 우위를 차지할 것임을 알고 있었다. 또 미국의 여론을 장악할 수 있는 국가가 사람들의 마음을 얻고 도덕적인 면에서 우월한 위치에 올라설 것이었다. 이러한 것을 할 수 있는 나라가 유럽전쟁에서 승리할 것이라는 건 누가 봐도 자명한 일이었다. 전쟁이 끝났을 때 미국은 자연스레 유럽의 진정한 '채권자'가 되었다.

유럽 채무 탄생의 원인과 미국의 대책

1918년 12월 미국 대통령 우드로 윌슨Woodrow Wilson(재임 1913~1921)이 이끄는 미국 대표단이 프랑스에 도착했을 때 받은 성대한 환영은 미국의 강대함과 위신을 드러내고 전체 유럽을 하찮게 보이게 하기에 충분했다. 윌슨은 미국이 세계 금융 리더의 자리에 올랐으며 세계 주요 공산품 생산량 1위일 뿐만 아니라 기술 혁신의 최전선에 있다고 자랑스럽게 선언했다. 당시 17개 유럽 국가는 미국에게 124억 달러 가까운 채무를 지고 있었다.

그 원인은 간단했다. 유럽의 교전국은 전쟁을 하기 위해 돈이 필요했던 데다 전쟁 자체가 물가를 올렸기 때문이다. 미국 기업과 은행은 유럽 국가에게 차관을 제공했다. 대중 선전, 해상 봉쇄와 통신 감시를 포함한 여러 가지 이유로 영국과 프랑스를 비롯한 협약국은 1917년에 이미 미국으로부터 23억 달러의 차관을 들여왔으나 독일과 그 동맹국의 차관은 3,000만 달러를 넘지 않았다. 전쟁이 끝났을 때 영국, 프랑스, 이탈리아는 전승국이었음에도 미국에 최고 90억 달러의 채무를 지고 있었다. 원금과 이자를 합치면 상환하는 데 총 62년이 필요했다. 이런 상황에서 새로운 국제 질서가 만들어지려면 미국이 적극 참여해야 했다.

미국 정부는 전후 국제 질서를 어떻게 재건할 것인가라는 문제를 마주하고 있었다. 그중에는 지난날 제국에 속해 있다 독립한 유럽 국가를 어떻게 안정적으로 새로운 세계 질서 속으로 받아들일 것인가도 포함되어 있었다. 당시 유럽의 미국 동맹국은 전쟁을 위해 미국으로부터 받은 차관과 물자 원조 상환을 미국이 면제해주어야 한다고 주장했다. 그 이유는 매우 간단했다. 동맹국으로서 그들의 전쟁 목표가 일치했기 때문이라는 것이다. 만일 미국이 그들의 건의를 받아들인다면 유럽 국가들은 독일에게 전쟁 배상을 요구하지 않겠다고 동의했다. 그렇지 않으면 독일은 패전국으로서 모든 전쟁 배상금을 책임져야 했다.

당시 미국인은 일상으로 돌아가 미국 내 문제에 집중하고자 하는 열망이 강했고 유럽의 정치 질서를 재건하는 등 해외에서 정치적 책임을 계속 떠맡는 것을 꺼렸다. 그러나 미국은 외국과의 경제 관계를 계속 유지할 필요가 있었고 특히 미국의 잉여 상품을 유럽 시장에 계속 판매할 수 있어야 했다. 더욱이 미국은 "전쟁 중에 빌린 물건은 갚아야 한다"는 그들의 말처럼 미국인의 세금이던 유럽의 채무를 받는 데 최선을 다해야 했다.

사실, 전후 미국의 국제적 성과를 묘사하면서 '주저하다'라고 말하는 것은 적절하지 않다. 역사적으로 미국이 유럽에 대응해 투자할 수 있는 능력이 부족했을 때는 주저하며 결정하지 못하는 모습을 종종 보였다. 그러나 가까운 이웃인 중남미에서 미국의 행동은 거의 파렴치한 것이었다. 제1차 세계대전이 끝났을 때 유럽의 복잡하고 예측할 수 없는 상황에 직면한 미국은 상호의존적인 경제적 이

해관계, 전통적인 인본주의 정서, 사상적 공감대로 인해 긍정적이고 신중한 태도를 취하는 경우가 많았다.

　제1차 세계대전 이후 미국과 유럽 국가 간 교류는 단순히 인본주의 정서와 지리적 안보 속에서만 존재한 것이 아니라 경제적 상호의존성에서도 분명히 나타났다. 다시 말해 미국 정부와 이익 단체는 전후 유럽 국가가 미국에 갚아야 하는 막대한 부채를 어떻게 효과적으로 회수할지에 주목하고 있었다. 사람들은 이를 '삼각채무'라며 놀리기도 했다. 삼각채무란 이런 것이다. 독일은 어떻게 전쟁 배상금을 책임질 수 있을까? 유럽 국가는 어떻게 미국의 전시 채무를 상환할 수 있을까? 또한 미국은 어떻게 독일을 지원해서 미국이 전시에 유럽 국가에 제공한 차관을 회수할 수 있을까?

요컨대 영국과 프랑스 같은 나라는 미국의 권고를 받아들이지 않고 독일이 반드시 전쟁 배상을 해야 한다는 태도를 고수했다. 그러나 독일은 베르사유 조약에 불만을 표시하며 그들이 기만당했다고 생각했다. 1924년 미국 대통령 캘빈 쿨리지Calvin Coolidge(재임 1923~1929)는 정치가이며 은행가인 찰스 도스Charles G. Dawes 등을 유럽으로 보내 협상하게 했고 그 결과로 '도스 플랜Dawes Plan'을 발표했다. 도스 플랜이란 간단히 말해서 찰스 도스가 독일의 전쟁 배상금 지급을 도우려고 만든 계획안으로, 이는 다음의 두 가지 방면에서 독일을 도와주었다.

첫째, 독일의 배상금 액수를 낮추었으며 전승국은 어쩔 수 없이 동의했다. 둘째, 미국이 직접 독일에 차관을 제공해 독일 생산력을 전면적으로 회복시켰다. 이밖에 독일은 유럽 국가의 전쟁 손실을 배상하는 데 동의했다. 미국은 또한 독일의 배상금에서 매년 2.25퍼센트에 해당하는 2억 2,000만 달러를 받았다. 미국은 도스 플랜과 1929년의 '영 플랜Young Plan'을 통해 독일에게 20억 달러의 차관을 제공했고, 독일은 생산을 확대해 유럽 전승국에 45억 달러의 배상금을 지불했다. 그러고 나서 미국은 유럽 전승국이 받은 45억 달러에서 23억 달러를 전시 차관으로 회수했다. 미국의 금융과 정치 역량으로 인해 유럽 국가는 더욱 하찮게 보일 수밖에 없었다.

흔히 제1차 세계대전 이후 미국이 '고립주의'에 들어선 것으로 잘못 인식하고 있다. 실제로 미국의 어떤 정부도 '고립주의'를 채택한 적은 없다.

1. 어떤 국가도 세계 최고의 힘과 영향력을 보여준 이후 일반 국가 상태로 되돌아간 적이 없다. 미국도 예외가 아니다.

2. 미국은 각국의 기대와 달리 국제연맹League of Nations에 가입하지 않았는데, 그 이유는 미국 내 당정 간 분쟁 때문이었지 외교 전략에서 이해를 달리했기 때문은 아니었다.

3. 1921년 독일과 전쟁 상태를 끝낸 후 미국은 유럽 국가의 채권을 회수하는 데 집중했다. 이듬해 미국은 전시외채관리위원회를 조직했는데, 그 주요 목적은 각 채무국의 상환 능력에 근거해서 협의를 이루는 것이었다. 당시 유럽의 30개 독립 국가 가운데 17개 국가가 미국에게 103억 달러에 달하는 채무를 지고 있었다. 1920년대 미국 대통령 워런 하딩Warren G. Harding(재임 1921~1923), 캘빈 쿨리

지, 허버트 후버Herbert C. Hoover(재임 1929~1933)는 모두 유럽의 상황을 경시하지 않았고 무시할 수도 없었지만, 우드로 윌슨 전 대통령의 서글픈 결말과 국내에 만연한 혼란을 감안할 때 미국 정부는 외교 문제를 처리할 때 국내 우선 정책을 계승할 것임을 천명했다. 즉 국제연맹 가입의 형태가 중요한 것이 아니라 달러 패권의 토대를 마련하는 것이 관건이었다.

당연히 달러 패권을 확립하는 것은 순조롭지 않았다. 국제 문제에 있어 정치와 경제는 더욱 분리하기가 어렵다. 경제 불황과 부채 사슬이 붕괴되자 세계적인 경제 위기가 폭발했다. 4년에 걸친 세계 경제 불황이 반전되기 시작했을 때, 아시아와 유럽에서 두 개의 전쟁 발원지가 연이어 나타났다. 바로 일본과 독일이었다. 이처럼 제1차 세계대전 이후 20년 동안을 흔히 '20년의 위기'라고 하는데, 이 시기에 세계는 또 다른 세계대전 속으로 빠져들었다. 5년 뒤 독일과 일본의 파시스트들이 패전하기 직전에 주요 전승국이 미국 브레턴우즈에 모여 전후 국제통화 체제 구축 방안을 논의했다.

브레턴우즈 체제와
달러 패권의 흥망

앞에서 미국이 제1차 세계대전 중 어떻게 유럽으로 세력과 영향력을 확대했는지 살펴보았는데, 여기서 가장 상징적인 것은 미국이 유럽의 '채권자'가 된 것이다. 그러나 미국 국내 사정으로 인해 전후 미국은 유럽의 정치와 안보에 지나치게 많은 책임을 떠맡고 싶어 하지 않았다. 그래서 미국은 유럽전쟁에서 승리한 이후 장기적인 평화를 유지하지 못했다. 20년 동안의 혼란과 위기를 겪은 후 유럽에서 다시 전쟁이 폭발했고 오래지 않아 더 큰 규모의 세계 전쟁으로 변화했다. 일반적으로 이 시기를 '20년의 휴전'이라고도 한다.

제2차 세계대전이 끝날 무렵 미국은 4대 전승국(미국, 소련, 영국,

중국) 가운데 가장 강력하며 최고의 과학기술 능력을 보유해 경제와 군사를 비롯한 모든 면에서 최강 국가였다. 이 시기 미국은 전후 세계 질서를 어떻게 구축할 것인지 고민했다. 이 전후 질서는 미국의 보편적 이념과 이익, 그리고 패권 유지에 부합하는 국제 질서여야 했다.

전후 국제 질서는 두 가지 지주 위에 건립되었다. 정치적인 면에서는 국제 연합The United Nations, UN을 초석으로 하는 집단 안보 체제를 형성하는 것으로, 미국은 심지어 UN 본부를 미국에 둘 정도로 UN에서 가장 영향력이 컸다. 그러나 UN은 결국 5개국의 동등한 거부권을 수용하고 실행했으니, 곧 안전보장이사회의 5개 상임이사국이 보유한 거부권을 말하는 것이다.

경제적인 면에서 미국은 달러를 초석으로 전후 국제통화체제의 기초를 만들었고 이로 인해 미국의 패권을 확립했다. 실제로 '달러 패권'이라는 개념은 '브레턴우즈 체제'를 초석으로 한 국제통화체제다. '달러 패권'이라는 말은 유럽인, 특히 프랑스인이 미국을 향해 드러낸 불만과 풍자의 표현이었다. 미국 경제학자 배리 아이켄그린Barry Eichengreen은 이를 '과도한 패권'이라고 했다.

미국은 왜 전후 경제 패권을 거머쥐려고 했을까?

국제관계에 익숙한 사람들은 국제관계가 일종의 무정부 상태에서 주권국가 간 상호작용이라는 것을 알고 주권국가를 넘어선 어떠한 권력 중심도 인정하지 않는다. 그러면 왜 국가들은 상대적으로 합의된 고정 통화를 받아들여야 했을까? 이것은 국제체제 속에서 국가 간의 무역, 대외 투자와 국경을 초월한 각종 지급을 해야 하기 때문이다. 이런 상황에서 국가들은 일정한 안정적인 질서나 배치가 필요하다. 다시 말해 무역에 종사하는 사업가, 투자자, 여행자 모두 어느 정도 환율을 알아야 하며 만일 변화가 심해 안정적이지 않다면 그들은 정상적으로 거래할 방법이 없다.

국제 거래에서 사람들은 특정 통화 간 가치 교환 비율의 예측 가능성을 공인된 보증으로 여겼다. 즉, 정상적인 거래에서 손실을 입지 않도록 화폐 가치가 너무 빨리 떨어지거나 너무 빨리 올라서는 안 된다는 것이다. 더 간단히 말하면, 오늘날 달러, 페소, 유로, 위안화를 가진 사람들은 모두 자신의 화폐가 국제 거래에서 어느 정도의 안정성과 가치를 갖기 바란다.

왜 이런 기대가 생겼을까? 역사적으로 자본주의가 세계적 규모로 확장되고 세계 무역 시스템이 확립되면서 일부 국가에서는 세계적으로 인정받는 '공공재'를 제공하려고 시도했다. 예를 들어 19세기 말부터 제1차 세계대전 직전인 1914년까지 나타난 '금본위제Gold Standard'가 그것이다. 금본위제는 국가의 통화와 금을 연계해 통화 안정을 유지하는 것이다.

1870~1914년에 영국, 프랑스, 독일을 비롯한 유럽의 주요 강국은 서로 밀접히 교역하며 금본위제의 안정성을 받아들이고 시행했다. 다른 나라들은 이 제도에 가입하는 것을 그다지 원하지 않으면서도—중국과 멕시코는 어쩔 수 없이 은원銀圓과 백은白銀 시스템을

포기했다—결국 이 규정을 받아들였다.

그런데 이 무렵 급속히 성장한 미국이 금본위제에 불만을 표시했다. 미국은 1896년 대통령 선거에서 금본위제, 무역 문제, 통화 문제를 우선적인 정치 의제로 설정했다. 미국 농산품 수출을 확대하는 데 있어 미국인은 유럽인이 가격을 너무 낮게 유지한다고 생각했다. 그러나 당시 미국의 영향은 제한적이었으며 각국은 미국의 반대 의견을 국제적인 합의로 여기지 않았다.

1914년 제1차 세계대전이 발발했을 때 미국은 유럽 교전국에게 대량의 차관을 제공하고 그들과 교역을 진행해 유럽의 많은 자금과 금이 미국으로 유입되었다. 이로 인해 1916년 미국 달러가 영국 파운드와 연결되기 시작하자 미국의 부는 극적으로 증가했다. 경제학자 배리 아이켄그린의 관점에 따르면, 달러는 이 시기에 이미 영국의 파운드를 대체해 주요 국제통화가 되었다. 제1차 세계대전 이후 유럽 국가들은 유럽 질서의 재편과 연이어 일어난 경제 대공황에만 관심을 쏟았기 때문에 이런 혼란스런 상황에서 달러가 파운드를 대체하고 있는 사실에 전혀 주의를 기울이지 못했다.

그래서 제2차 세계대전이 끝날 무렵 미국은 스스로 더 성장했다. 그들은 고집스럽게 달러를 중심으로 하는 국제통화체제를 만들려고 했다. 이때 국가의 총체적 경제력이 결정적인 역할을 했음은 물론이다.

왜 브레턴우즈 체제일까?

브레턴우즈 체제Bretton Woods System는 1944년 제2차 세계대전이 끝나갈 무렵 40여 개 나라가 전후 통화 질서의 원칙을 구축하기 위해 미국의 휴양지 브레턴우즈에서 모여 개최한 국제회의다. 브레턴우즈 체제의 핵심 내용을 네 가지로 정리해보자.

1. 전후 달러와 금을 연계한다. 미국이 1944년 1월부터 금 1온스를 35달러에 고정시키고 국제금융시장에서 이 공정가격을 유지하고 있음을 각국이 확인했다. 공정가격은 일종의 국제적 공인이다.

2. 각국의 통화와 달러를 연계한다. 각국 정부가 규정한 각자 통화에 포함된 금 함량 비율은 달러 환율에 상응해야 한다.

3. 조정 가능한 고정 환율을 실행한다. 당시 체결한 '국제통화기금 협정'에서 각국 통화의 달러 환율은 일반적으로 법정 환율의 상하 1퍼센트 이내에서 조정 가능하다고 규정했는데, 이것으로 달러의 지위가 확립되었음을 알 수 있다.

4. 각국 통화의 태환성兌換性과 국제 지급 결제의 원칙은 위의 세 가지 원칙에 근거하고 있다. 충분한 통화 공급을 확보하기 위해 연이어 국제통화기금International Monetary Fund, IMF과 국제부흥개발은행International Bank for Reconstruction and Development, IBRD을 설립했다. IMF는 충분한 외환보유고와 발전 기금을 제공하기 위한 것이고 IBRD는 기술적으로 국가 간 환율을 조정하기 위한 것이었다.

이런 상황에서 다음 두 가지 점에 주의를 기울여야 한다.

첫째, 1916년부터 영국 파운드는 달러와 연계되기 시작했지만 제

1차 세계대전에서 승리했을 때 세계 금융계에서 영국이 차지하던 영향력은 여전히 컸기 때문에 파운드화의 지위도 계속 유지되었다. 1944년에 영국 경제학자 존 케인스는 미국이 파운드를 달러와 동등한 지위로 받아들이도록 노력했지만 미국은 이러한 제안을 거절했다. 미국 대표 해리 화이트Harry D. White는 이렇게 주장했다. 미국은 전후 최대 경제 대국으로 전 세계 금보유량의 23퍼센트를 장악하고 있어 영국이 요구한 동등한 지위를 받아들이기 어려우며, 영국이 주장하는 '제국특혜관세Imperial Preference'가 소련의 국가 무역 제도와 유사해 이는 미국의 자유무역 원칙에 도전하는 것이므로 역시 받아들일 수 없다고 했다.

둘째, 미국 정치가들은 제1차 세계대전의 교훈을 되새기며, 제2차 세계대전 이후 패전국 독일이 반드시 미국이 지배적 위치를 차지한 세계 경제체제를 받아들이게 해야 했다. 미국 경제가 독자적으로 성장한 상황에서 개방된 세계 경제는 미국에 해가 되지 않는 것은 물론 소련의 위협에도 대항할 수 있었다. 그것은 바로 비공산권 국가들이 안보와 경제 등의 영역에서 미국과 협력할 의향을 가지고 있었기 때문으로, 세력이 대등하지 못한 상황에서 이들 국가는 미국에 의존할 수밖에 없었다.

이밖에 미국은 전후인 1948년 유럽에 '마셜플랜Marshall Plan'을 시행하기 시작했는데, 이는 당시 미국 국무장관이던 조지 마셜George C. Marshall이 명명한 유럽의 경제부흥계획이다. 왜 유럽을 재건해야 했을까? 유럽이 경제적으로 회복되어야 미국의 상품, 금융, 기술, 설비 방면의 수출 시장이 될 수 있었기 때문이다.

마셜플랜이 시행된 4년 동안 미국은 다양한 방식으로 유럽에 130억 달러를 제공했는데, 그중 90퍼센트는 무상 원조였고 10퍼센트는 차관이었다. 이처럼 전후 서유럽과 그 이후의 일본은 점점 미국 상품의 수출 시장이 되어갔다. 1948년에 미국이 보유한 금은 전 세계 보유량의 72퍼센트를 차지했다. 그 엄청난 위상으로 인해 달러는 한동안 금처럼 여겨지기도 했다. 달러가 전후 세계 질서에서 미국이 지배적 위치를 확립하는 데 도움이 된 것은 분명한 사실이다. 이와 대조적으로 소련의 역할은 지정학적 안보, 이데올로기와 우주 기술에서의 일부 우세에 국한되어, 국제 경제체제에서 소련의 영향력은 상당히 제한적이었다.

달러의 위세와 전후에 맞닥뜨린 도전

정치적 측면에서 살펴보자. 제2차 세계대전 이후 미국의 영향력은 계속 커졌고 미국은 동맹국을 포함한 다른 나라를 위협하기 위해 달러를 사용하는 것을 결코 포기하지 않았다. 가장 간단한 예로, 1956년 수에즈 운하가 위기에 처했을 때 영국과 프랑스가 미국의 세계 전략과는 다른 방안을 가지고 있자 미국 정부는 수에즈 운하 문제를 정치적으로 해결하는 방법을 영국이 받아들이도록 압박하는 데 달러의 우세를 이용했다. 달러의 위력은 제2차 세계대전 이후 더욱 두드러졌다. 1960년 세계 원유 수출국이 석유수출국기구 Organization of Petroleum Exporting Countries, OPEC를 결성했을 때 그들은 달러를 석유 구매에 사용할 수 있는 유일한 통화로 결정했다. 이 결정은 이후 달러의 지위에 매우 큰 영향을 미쳤다.

이와 동시에 유럽 및 기타 지역의 경제가 호전되기 시작했을 때 이미 달러의 지배적인 지위가 국제 경제체제에서 잠재적인 위기에 직면했음을 그들이 인지하고 있었다는 것을 알아야 한다. 그 이유는 국외에서 보유한 달러의 양이 미국 자체의 금 보유량을 초과했을 때 '트리핀 딜레마Triffin Dilemma'가 제기되었기 때문이다. 벨기에 경제학자 로버트 트리핀Robert Triffin은 미국의 경제력이 세계 최고의 수준에 도달해 있던 1947년에 미국의 달러 공급량이 단시일에 미국의 금 보유량을 초과하면 미국은 달러 투기를 진행할 가능성이 있다고 지적했다. 이렇게 되면 달러와 금본위제가 붕괴될 수 있기 때문에 달러와 금의 동등한 지위가 위협받는다. 그래서 트리핀은 존 케인스의 생각에 근거해 '방코Banco'라는 국제 화폐를 만들자고 제안했지만, 이는 학자의 생각 속에만 존재하던 가능성이었기 때문에 당시 관심을 끌지 못했다.

1960년 미국 예일대학교 교수이던 로버트 트리핀은 재차 경고하며 저서 『금과 달러 위기: 태환성의 미래Gold and the Dollar Crisis: The Future of Convertibility』에서 브레턴우즈 체제는 한 국가의 통화를 주요 기축통화로 삼고 있어 금 생산이 정체되면 국제 비축 공급이 미국의 국제수지 상태에 전적으로 좌우된다고 지적했다. 브레턴우즈 체제의 결함은 달러가 한 국가의 통화이자 세계 통화라는 데 있었다. 달러는 미국이라는 한 국가의 통화이기에 달러의 발행은 미국 통화정책과 금 보유량의 제약을 받았다. 그런데 달러는 세계 통화이므로 달러의 공급은 국제무역과 세계 경제 성장을 위한 수요에 부응해야 했다. 금 매장량과 미국의 금 보유량이 증가하면 세계 경제 발전을 위한 수요를 따라가지 못하며, 달러 공급을 끊임없이 증가하면 달러와 금의 태환이 유지되기 힘들다. 달러가 처한 이런 딜레마를 '트리핀 딜레마'라고 불렀다. 로버트 트리핀은 미국 달러가 위기에 빠지면 국제통화체제가 불안정해질 수밖에 없다고 지적했다.

1964년 달러의 지위가 도전받기 시작했으며 이 도전은 프랑스에서 시작되었다. 샤를 드골Charles de Gaulle(재임 1959~1969) 대통령의 경제 고문이던 경제학자 자크 뤼에프Jacques Rueff는 "달러는 이 체제에서 결코 적은 돈을 벌지 않았으며 미국은 달러를 발행해 다른 나라에서 생산된 상품과 노동력을 구매한 후 해외 투자로 전환해 세계 자본가의 지위를 유지했다"라고 지적했다.

중국학자 딩이판丁一凡과 뉴원신鈕文新의 설명은 아주 재미있다. 그들이 함께 쓴 『달러 패권美元覇權』(2014)에서 미국인이 마음대로 환율을 이용해서 이익을 얻을 수 있다고 비아냥대듯 말했다. "한 미국인이 10만 달러를 위안화로 환전할 때 환율이 1:6.5라고 한다면 65만 위안이 된다. 그가 1년 동안 중국을 여행하면서 돈을 물 쓰듯이 쓰고 난 후 50만 위안을 남겼고, 그 남긴 돈을 달러로 환전하려고 할 때 달러 대 위안화의 환율이 1:5라고 한다면 그는 10만 달러를 환전할 수 있게 된다. 그렇다면 미국인 한 명 혹은 몇몇 미국인, 아니면 전체 미국인이 중국에서 1년 동안 위안화를 흥청망청 써도 결국 1년 전과 같은 액수의 달러를 다시 가질 수 있다는 것이다." 물론 이 말은 농담이지만, 미국이 마음대로 달러 환율을 이용해 자국의 이익을 꾀할 수 있음을 알려준다.

미국은 이러한 지적과 경고를 깊이 있게 생각하지 않았다. 그리고 1960년대 달러의 지위가 흔들리기 시작해 1971년에 전후 최초로 달러의 위기가 나타났다. 이때가 바로 리처드 닉슨Richard M. Nixon(재임 1969~1974) 정부의 시기다. 닉슨은 새로운 경제정책을 채택하며 줄곧 지배적인 지위를 차지했던 브레턴우즈 체제의 종결을 선언했다. 그 이유는 다음과 같았다.

1. 닉슨은 전후 미국이 과중한 부담을 지고 있었기 때문에 다른 동맹국과 그 부담을 나누어야 한다고 생각했다.

2. 브레턴우즈 체제 자체가 미국의 일부 경제정책에 영향을 미치고 있었다. 달러가 지배하는 상황에서 화폐를 과도하게 발행해서는 안 된다.

3. 당시 미국의 몇몇 전후 동맹국은 경제가 회복되고 있었기 때문에, 그들은 금융 분야를 포함해 세계 경제와 정치에서 미국이 지고 있던 책임을 분담할 필요가 있었다.

1973년부터 미국은 달러를 10퍼센트 평가절하 한다고 선언하고 각국 통화가 더는 달러와 고정 환율을 유지하지 않고 변동 환율을 시행할 것을 받아들였다. 따라서 제2차 세계대전 이후 성립된 달러가 중심이 된 고정 환율제는 역사 속으로 사라져버렸다. 현재 세계 대다수 국가는 모두 변동 환율제를 시행하고 있다.

그렇다면 1973년 이후 달러의 지위가 하락했다고 볼 수 있을까? 이 점에 대해서는 다른 견해가 존재한다. 우선 현재까지도 국제통화체제는 여전히 브레턴우즈 체제의 틀을 기본으로 하고 있다는 점을 인정해야 한다. 그 이유로 첫째, 각국은 자신들의 금보유량 요구를 줄이지 않았다. 둘째, 각국은 국제무역, 대외 투자, 해외 지불을 할 때 완전히 달러를 포기한 적이 없었다. 셋째, 미국의 경제력이 여전히 세계 최고다. 새로운 통화가 달러를 대신할 수 있으려면 모두의 승인과 인정이 필요하다. 달러는 여전히 각국 국제 준비금의 70~80퍼센트를 차지하고 있다. 아이켄그린은 달러가 지위를 상실한 적이 없다고 보았는데, 그 주요 원인으로 달러의 신용도가 줄곧 좋은 상태를 유지했다는 점을 들 수 있다. 그리고 달러는 석유와 연계됨으로써 그 지위를 더욱 확고히 했다.

브레턴우즈 체제의 붕괴가 현재 글로벌 경제의 불확실성에 주는 시사점은 무엇일까?

1. 국제체제에서 주도국은 그 경제체제의 건전한 상태를 확보해야 한다. 당시 대영제국은 미국과 동등한 지위를 확보하려고 했지만 미국의 해리 화이트는 영국의 존 케인스의 제안을 받아들이지 않았다. 왜냐하면 미국 경제가 더 건전하고 강세를 보였기 때문이다. 제2차 세계대전 이후 유럽과 일본은 경제가 회복됨에 따라 미국의 패권 지위에 도전하기 시작했다. 그러자 영국 경제사학자 니얼 퍼거슨Niall Ferguson이 지적한 것처럼, 미국은 그들이 제조업에서 보유한 우월적 지위를 회복하고 계속 유지해야 했다. 오늘날 미국의 창의력과 첨단 기술은 여전히 세계 일류지만 미국 본토의 제조업은 크게 오도되어 미국인이 해외 투자를 추구하고 일부 저가 산업을 해외로 이전하면서 미국의 중하층민은 미국 경제 발전의 혜택을 누리지 못하고 소비자 부채가 더욱 증가하게 되었다. 이것이 미국이 쇠락한 근

본적인 원인 중 하나다.

2. 현재 패권국은 그들이 장악하고 있는 통화 특권을 어떻게 신중하게 행사할지를 알고 있어야 한다. 애초에 달러의 위상은 한때 미국에게 세계 유통 통화를 발행하는 특권을 주어 다른 나라의 정치, 금융, 통화 등에 영향을 미치게 했다. 그러나 미국이 특권을 남용하자 미국을 향한 다른 나라의 신뢰가 크게 약화되었고 심지어는 다른 대안을 찾게 만들었다.

3. 패권국인 미국은 전후 다자주의 약속을 지키는 데 총력을 기울여야 했다. 이 체제가 안정될 수 있을지 여부는 미국이 다자주의를 지지하느냐에 달려 있었다. 70여 년 전에 만들어진 브레턴우즈 체제는 다자간 합의의 산물이었고 많은 국가가 자발적으로 참여한 것이었다.

따라서 배리 아이켄그린이 말한 달러가 지위를 회복하는 방법은 다음과 같다. "세계화로 인한 다극화를 정확하게 인식하고 미국 경제 전체의 건전한 발전을 도모해야 한다. 또 달러 환율의 변동에만 의지해서는 안 되며 공정한 세제와 사회 복지를 시행해야 한다." 이것이 바로 미국이 달러 지위를 계속 유지하는 데 있어 중요한 포인트다.

스태그플레이션에 직면해 나온
'레이거노믹스'는 양약일까 독약일까?

로널드 레이건의 '신자유주의' 경제정책

1980년대에 흔히 '레이거노믹스Reaganomics'라고 부르는 로널드 레이건Ronald W. Reagan(재임 1981~1989)의 경제정책은 왜 나오게 되었을까?

1970년대에 브레턴우즈 체제가 붕괴되면서 국제 정치와 경제에 큰 변화가 발생했다. 미국과 소련, 미국과 중국 그리고 제3세계 국가 간 상호 관계가 변화했을 뿐만 아니라 전 세계 경제에도 많은 문제가 나타났다. 그중 가장 중요하면서 대표적인 것이 1973년에 일어난 석유 파동이다. 이때 산업 국가들은 쇠퇴기로 접어들었는데 높은 실업률과 통화 팽창률이 쇠퇴기를 반영하는 대표적인 지표였다. 1980년대에 각국은 긴축 정책을 채택해 정부 지출을 감소하고 임금을 삭감해 통화 팽창을 억제했다. 이것은 전 세계적인 위기로 개발 도상국도 예외가 아니었다. 이런 배경에서 로널드 레이건이 미국 대통령에 취임했다. 그가 추구한 정책은 당시 미국의 상황과 세계에서 미국의 위상에 부합하는 것이었다.

레이건은 미국 역사에 많은 정치적 유산을 남겼는데, 그중 '레이거니즘Reaganism'과 '레이거노믹스'도 포함되어 있다. 레이거니즘은 미국이 전 세계적인 차원에서 소련과 각 지역의 공산주의 확장에 대항한 것을 말한다. 그리고 미국 내의 거대 정부와 거대 노동자 문제(복지 정책)를 해결하기 위한 것이 레이거노믹스다. 이른바 '레이거노믹스'라고 하는 것은 미디어가 만들어낸 개념 또는 조롱의 개념으로, 그 본질은 '신자유주의'와 '통화주의' 같은 경제 학설의 혼합체다. 레이거노믹스는 "정부 지출 확대, 재정 적자 실행, 번영 유지를 위해 경제 활성화"라는 케인스주의를 포기했는데, 어떤 이는 이를 두고 국가가 지속적으로 생산을 확대하는 경제정책을 채택해 수요를 증가시키고 경제 성장을 촉진해야 한다는 정책을 포기한 것이라고 했다. 신자유주의 경제학은 '자유방임적인 개방 시장과 자율 규제'를 강조하는데, 이 이론의 대변인은 미국 동부의 보수 세력권을 대표하는 미 연방준비제도Federal Reserve System, FRS 이사회 의장을 지낸 폴 볼커Paul Volcker였다.

레이건이 자신의 경제정책을 추진할 당시 이론적으로 의지한 '공급 사이드 경제학Supply-side economics'이 득세하게 된 이유는 다음과 같다.

1. 1970년대 후반부터 유럽과 미국 등 선진국에 경제 불황이 나타나기 시작했는데 이는 케인스의 수요 중시 이론의 실패를 보여주는 것이었다.

2. 공급 사이드 경제학은 낮은 세금이라는 레이건의 정책에 부합하는 감세 정책을 주장했다. 레이건 정부의 주요 경제 발전 원칙은 공급 사이드 경제학의 감세 정책을 받아들여 경제 침체에 대응하고 통화 공급량을 통제함으로 통화 팽창에 대응하는 것이었다.

1981년 초 레이건이 미국 국회에서 발표한 '경제 부흥 계획'은 사실상 두 경제학파의 관점을 결합한 산물이었다. 주요 내용은 다음과 같다.

1. 재정 지출, 특히 사회 복지 지출을 줄여 정부의 재정 적자를 감소시킨다. 1984년에 이르러 미국은 실제로 보기 드문 재정 수지 균형을 달성했다. 그러나 레이건 정부 시기 미국의 군비 지출은 감소된 적이 없었다는 것을 주지해야 한다. 이를 통해 레이건 정부가 국내 보수주의와 방위산업체의 기본 이익을 대표했음을 알 수 있다.

2. 대규모 감세로, 3년 내에 개인 소득세를 감면하고 기업에 세제 혜택을 제공한다. 그러나 실제로는 부자들의 세금을 가장 많이 감면해주었으며 일반 국민은 이를 명확히 따져보지 않고 단지 자신이 내야 할 세금이 감소한 것에 만족했다. 실제로 비교해보면 부자들이 세금 감면으로 훨씬 더 많은 혜택을 받았다.

3. 기업에 대한 정부 규제를 완화하고 정부의 간섭을 줄인다. 이것은 케인스주의 경제 사상과 완전히 다른 것이다.

4. 통화 공급량을 엄격하게 통제한다. 이것은 표면적으로 통화 정책을 안정시켜 통화 팽창을 억제했다. 그러나 중하층 노동자 계급은 실질적인 혜택을 받지 못했으며 임금도 증가하지 않았다.

이런 상황에서 레이건 정부 후반기에 미국 경제 상황이 다소 호전되었다. 서방의 몇몇 경제학자가 이 공을 레이건이 실시한 경제정책에 두고 이른바 '레이거노믹스'라는 용어를 만들어낸 것이다. 한편 다른 경제학자들은 이에 대해 미국 경제가 장기간 불황을 겪은 후에 나타난 필연적인 반등의 결과로, 레이건 정부가 추진한 일련의 조치는 이전 카터 정부에서부터 시작된 것이며 정책 실행의 결과를 얻은 것에 불과하다고 지적했다.

어찌되었든 1980년대부터 21세기 초까지 미국은 전후 최장 기간 동안 최고의 번영을 구가하면서 사람들에게 희망을 보여주었다. 그러나 국제관계학자들은 세계적 시각에서 봤을 때 소련의 해체, 중국의 개혁개방 정책 실행, 세계화의 조류 같은 일련의 변화가 미국의 경제 회복에 도움을 주었다고 분석했다. 다시 말해 방대하고 강한 미국의 실제 산업과 새로운 고급 과학기술의 지원이 없었다면 미국 경제에서 최장 기간 번영이라는 현상은 나타나기 어려웠을 것이다.

한편 일부 정치학자들은 레이거노믹스와 미국의 장기간에 걸친 번영이 많은 사람들에게 받아들여질 수 있었던 것은 베트남 전쟁의 그늘에서 미국의 삶이 억압받던 것과 관련 있다고 보았다. 레이건은 간단명료한 말로 복잡한 경제 이론을 설명하고 감정이 풍부한 연설로 사람들을 설득하는 능력이 있었다. "이 위기에서는 정부가 해결책이 아니라 정부가 문제입니다.""정부 개입은 바람직하지 않으며 정부 예산도 규모를 초과해서는 안 됩니다. 사람들은 인플레이션을 싫어하고 기업 독점을 반대합니다. 시장에 더 많은 자유를 주어야 스태그플레이션을 해결하는 데 도움이 됩니다." 그의 이러한 연설과 발언은 미국 중하층의 심리, 특히 막대한 정부 예산을 반대하는 미국인의 전통적인 심리를 사로잡는 데 큰 몫을 했다.

경제 세계화와 달러 패권의 전망과 딜레마

레이건 정부는 이후의 달러 패권에 어떠한 영향을 주었을까?

21세기에 들어선 이후 사람들은 달러가 계속 국제적으로 중요한 역할을 유지할 수 있을지를 두고 많이 우려했다. 통일된 독일, 첨단 기술이 발달한 일본, 발전하는 유럽 및 브릭스BRICS(브라질, 러시아, 인도, 중국, 남아프리카공화국) 국가, 특히 중국의 성장이 세계 경제 체제에서 미국의 주도적 지위를 약화시켰음은 부인할 수 없는 사실이다. 주식, 해외 직접 투자, 국고채권 방면에서 미국은 이미 많은 점유율을 잃어버렸다.

그런데도 대부분의 국제무역 제안 및 결제에서 여전히 미국 달러가 사용되는 이유는 무엇일까?

많은 국가의 중앙은행과 정부의 주요 외화 보유고는 여전히 달러다. 경제 세계화, 다원화, 신흥 국가의 발전으로 달러 지위가 하락하자 서독, 일본 같은 나라들이 경제가 강세일 때 달러에 도전했다. 그러나 이들 국가의 전체적인 실력이 아직 부족했고 그들은 미국의 정치적 동맹국으로 미국이 그들의 안전을 보장했기 때문에 미국에 강력하게 도전할 힘이 없었다.

중국의 상황은 다르다. 오늘날 중국은 미국의 최대 채권국이지만 미국의 동맹국이 아니다. 그렇다면 중국이 달러의 패권적 지위에 도전할까? 그럴 가능성은 크지 않다. 그 이유는 다음과 같다.

1. 세계에서 거래를 위해 자발적으로 달러를 포기하려는 국가는 거의 없을 것이므로 달러가 누리고 있는 '우월한 지위'는 흔들릴 수 없다.

2. 지난 10여 년 동안 동맹국에서 라이벌, 심지어 적대국이 된 나라들이 달러가 유일한 국제통화인 것을 무너뜨리는 방안을 논의했지만 아직까지 대체제를 찾지 못했다. 반면 각국이 달러를 보유해 외화 보유고로 삼은 양은 아직도 상당하다.

3. 미국은 여전히 최대의 경제체이며 첨단 기술이 미국을 뒷받침하고 있다. 일찍이 아시아의 몇몇 국가가 연합해 아시아통화기금 설립을 제안한 적이 있었다. 1997년 이후 아시아의 경제 위기가 동남아시아에 큰 영향을 주자 일본이 앞장서서 일본과 중국이 주도하는 아시아통화기금을 설립하자고 제안했지만 미국과 IMF에 의해 부결되었다. 오늘날 한국, 중국, 일본 3국은 여전히 통화 협력을 강화하기 위해 노력하고 있지만 3국의 안보와 전략적 임무가 다른 점을 고려할 때 서로에 대한 불신이 큰 상황이다. 따라서 3국 협력의 전망은 그리 낙관적이지 않다.

달러의 세계적 패권의 앞날에 대해 많은 사람들이 관심을 가지고 있다. 미국 경제학자 배리 아이켄그린은 "안정성은 모든 통화가 국제

거래에서 널리 사용되기 위한 필요조건이다"라고 했다. 달러의 불안정성 때문에 사람들은 그것의 국제적 역할에 의문을 제기하고 이를 대체할 새로운 화폐를 찾으려고 했다.

그렇지만 달러를 대체할 수 있는 국제통화는 현재 세 종류 밖에 없다.

첫째, 유로다. 그러나 다른 통화와 비교할 때 유로는 한 국가의 통화가 아니며 심지어 어떤 EU 회원국 정부도 위험과 책임을 기꺼이 감수하려 하지 않는다. 따라서 유로는 이를 뒷받침할 강력한 집행기관이 없다.

둘째, 엔화다. 일본은 경제 규모가 큰 편이고 중국과 비슷한 액수의 외화 보유고를 가지고 있지만 일본 정부는 자신들이 국제 정치에서 어떠한 역할을 맡는 것을 주저하며 심지어 고려조차 하지 않는다. 일본은 국제통화체제에서 미국에 도전하고 싶지 않기 때문이다. 일본이 국제통화체제에서 미국에 도전한다면 일본의 기존 경쟁력이 있는 환율이 파괴될 수 있다. 또 한편으로 일본은 정치적으로 상당히 취약한 상태에 있다.

셋째, 브릭스 회원국의 통화다. 그런데 그들은 미국에 도전할 가능성이 있을까? 브릭스 회원국 가운데 중국을 제외한 나머지 국가의 경제 규모는 모두 상당히 작다.

그러면 중국은 달러의 패권적 지위에 도전할 가능성이 있을까? 사실 중국이 당면한 어려움도 제법 크다.

1. 중국은 보유하고 있는 달러가 너무 많아 부담이 되고 있다. 만일 달러가 빠르게 평가절하 된다면 중국의 손실도 커진다. 만일 중

국이 달러를 투매하면 중국이 보유한 달러의 양이 많기 때문에 연이어 달러의 평가절하가 나타나게 될 것이니 결과적으로 중국은 매우 큰 경제적 손실을 입게 된다.

2. 많은 역사적, 객관적 원인으로 인해 국제무대에서 중국의 정치적 신뢰를 향상시킬 필요가 있다. 중국 통화가 국제 기축통화가 될 수 있는지 여부는 중국의 경제 및 정치 개혁에 대한 세계 각국의 판단에 달려 있다.

당연히 중국은 현재 양자 무역 결제에서 양국의 통화를 사용하려고 노력하고 있지만 그 액수는 상대적으로 미미하며 실제로 중국은 여전히 많은 달러를 사용하고 있다.

요약하면, 미국 경제가 하강 추세에 있다 할지라도 달러의 우위는 여전히 낙관적이다. 그 이유를 경제사학자 니얼 퍼거슨은 이렇게 정리했다.

1. 미국은 여전히 세계 제1의 경제 대국으로 생산력 역시 매우 높다. 일부 저가 산업은 다른 나라로 이전하고 있지만 중·고급, 특히 첨단 기술 분야에서는 세계 1위 자리를 굳건히 지키고 있다.

2. 중국의 경제 총량은 미국과 비슷하지만 달러 대비 위안화 환율이 상대적으로 낮아 총액 면에서 달러화를 대체할 수 없다.

3. 금융 업무 능력과 국제 경제의 경험 면에서 중국은 좀 더 발전할 필요가 있다. 현재 일부 아시아 국가에서 중국 통화에 호감을 가지고 있다 하더라도 위안화가 국제경제체제에서 차지하는 규모는 아직 작은 편이다.

그렇다면 달러의 전망은 어떠할까? 그것은 미국의 경제력을 어떻게 보느냐에 달려 있다. 채무 측면에서만 본다면, 2007년 미국의 실질 채무는 53조 달러, 전 세계 GDP는 54조 달러였다. 빚더미 국가 미국은 실제로 파산한 국가였다. 그러나 미국은 파산하지 않았다. 왜 그랬을까? 미국은 많은 국가에게 빚을 지고 있었기 때문에 만일 미국이 파산을 선언하면 미국의 채권을 가지고 있던 국가들도 모두 큰 손실을 입을 수 있다. 이러한 상황을 감안하면 미국, 특히 달러의 패권적 지위가 약화됨에 따라 향후 많은 통화가 공존할 가능성이 여전히 존재한다.

오늘날 미국의 위상과 달러가 여전히 기축통화로 남아 있는 것을 국제관계의 시각에서 본다면, 달러는 이미 그 운명을 다한 것일까? 그렇지 않다. 달러의 지배력이 사라졌다고 해도 가까운 장래에 미국의 역할을 다른 국가가 대체하기는 여전히 어렵다고 할 수 있다. 또한 미국이 한때 보유했던 유일무이한 고품질 금융자본 처리 및 분배 능력은 아직까지 남아 있다.

경제학자와 정치학자들은 대부분 미국이 달러가 지배하는 국제질서를 계속 유지하고 싶다면 미국 경제체제를 재정비하고 실질 경제를 다시 진작하며 세계 각국과의 협력을 강화해야 한다고 지적한다. 더욱 중요한 것은 미국이 다자주의 협력을 유지하는 동시에 신흥 국가의 핵심 이익을 존중하는 법을 배워야 한다는 것이다. 미국의 성장 과정을 돌아보면, 그들 역시 함께 공존하며 발전하는 국제체제에서 이익을 얻었다. 이 체제는 신흥 국가와 비서방 국가를 포함해 어떤 국가도 배제해서는 안 된다. 글로벌 경제체제에서 상호 존중, 상호 협력이야말로 전 세계의 발전을 유지하는 초석이다.

일본

전후 성장과
잃어버린 20년

⋮

위제(于杰) | 상하이금융법률연구원 연구원

8

위제는 상하이금융법률연구원上海金融與法律研究院의 연구원이며 폴 볼커, 교텐 도요
오行天豊雄의 『달러의 부활Changing Fortunes: The World's Money and the Threat to
American Leadership』(1992), 후나바시 요이치船桥洋一의 『달러 관리Managing the
Dollar—From the Plaza to the Louvre』(1988), 장자아오張嘉璈의 『통화 팽창의 나선The
Inflationary Spiral: The Experience in China 1939-1950』(1958), 쓰루 시게토都留重人의 『일
본 경제 기적의 종결Japan's Capitalism: Creative Defeat and Beyond』(1993)을 번역해 소
개했다. 그는 전후 일본 경제 발전을 역사적 관점에서 살피며 1985년 플라자 회의
에 이른 근본 원인을 탐구했다. 이밖에 플라자 회의 개최 과정을 설명했는데, 이 부
분은 현재 미·중 무역협상을 주도하는 것으로 알려진 로버트 라이트하이저Robert
E. Lighthizer가 '플라자 합의Plaza Accord'와 관련이 있는지를 밝히는 데 도움을 줄 것
이다. 마지막으로 1990년 후반에 시작된 잃어버린 20년이라고 불리는 일본의 경
제 불황이 플라자 합의에 의해 조성된 것은 아닌지 이야기하고 있다. 원인, 과정,
결과로 이어지는 체계적인 설명을 통해 그 시기의 역사를 더욱 잘 이해하고 현재의
미·중 무역 관계와 중국 경제를 분석하는 데 도움이 되기를 바란다.

전후 일본
경제 발전의 원인

일본이 제2차 세계대전 이후 빠르게 경제를 회복하고 큰 발전을 이루게 된 요인에는 여러 가지가 있다. 그중 결정적인 요인 두 가지를 꼽아보면, 첫째, 미국이 시장을 개방해 전후 미국이 주도한 국제 경제체제로 일본이 편입된 것과, 둘째, 일본 국내체제의 요인, 특히 통산성通産省이 주도한 각종 산업 정책의 역할을 들 수 있다.

1945년 8월 일본이 제2차 세계대전에서 패망했을 때 일본 국민 총생산은 1934~1936년(중국 침략 이전) 총생산의 절반밖에 되지 않았다. 더구나 공업 생산이 이전의 10분의 1 수준으로 감소하고 심각한 통화 팽창으로 국민 생활은 매우 어려운 상황에 처해 있었다. 맥

아더Douglas MacArthur가 1945년 9월에 일본을 점령하자마자 미국 정부는 그에게 "일본 경제를 회복하고 부흥시키는 것은 책임지지 말라"라고 지시했다. 이 말은 곧 미국이 전후 일본 경제 상황이 계속해서 악화되는 것은 바라지 않지만 일본의 부흥을 위해 어떠한 고려도 하지 않았다는 것을 보여준다.

이것은 당시 국제 환경과 관계가 있었다. 중국을 포함한 연합국은 일본의 전후 배상과 전범 처리를 어떻게 할 것인가 고민하면서 일본이 다시 경제적으로 강해지도록 내버려두면 안 된다는 데 동의했다. 연합국은 전쟁 배상금을 상쇄하기 위해 기계를 해체하는 동시에 일본의 재벌을 분할하고자 했다. 재벌이 바로 일본 군국주의, 국가자본주의의 경제적 기초로 인식되었기 때문에 체제 내 숨겨진 위험을 제거하려면 대기업 재벌 집단의 사회화가 반드시 필요했다.

그러나 1948년에 이런 추세의 방향이 갑자기 바뀌기 시작했다. 중국 내전 상황이 변화하고 냉전이 시작되면서 미국은 일본이 소련이 주도하는 사회주의 진영에 편입될까 우려했기 때문에 특히 경제적인 측면에서 일본을 대하는 태도가 변화했다. 미국 관리들은 미국의 노력으로 일본 경제를 호전시키는 것이야말로 일본을 미국 진영에 머무르게 하는 최대 협상 카드가 될 것이라고 보았다. 이때부터 미국은 일본의 전쟁 배상과 재벌 해체 등의 일은 적당히 마무리하고자 했다. 해체가 예정된 재벌의 예를 들어보면, 맨 처음 해체가 계획되었던 56개 가문 10대 재벌의 총 325개 기업 가운데 1948년 말 해체 명단에 오른 기업은 19개에 지나지 않았다.

유럽과 아시아에 대한 미국의 경제 원조를 일반적으로 유럽은 마셜플랜, 일본은 '도지라인Dodge Line'이라고 한다. 도지라인은 일본에 두 가지 영향을 주었다. 하나는 재정 균형 조치가 일본의 물가 상승을 억제했지만 곧 디플레이션에 빠져, 미국과 일본은 모두 일본만으로는 경기회복이 불가능하다는 것을 깨닫게 된 것이다. 도지라인의 또 다른 조치는 1949년 4월에 1달러당 360엔의 환율을 확정한 것으로, 이 환율 수준은 1971년 브레턴우즈 체제가 붕괴될 때까지 22년간 지속되었다. 이는 일본 경제의 기적을 일구는 데 크게 기여했으며, 엔화를 저평가해 수출을 장려하는 것과 같은 일본 정책 당국의 환율 정책에도 상당 부분 영향을 미쳤다. 이것은 또한 후대의 플라자 합의에도 영향을 주었다. 일본을 점령한 연합국 총사령부의 금융 고문 조지프 도지Joseph Dodge는 당시 일본 경제를 다음과 같이 평가했다. "일본은 경쟁이 나날이 심화되는 국제시장에서 정상적인 수출로 생존할 수 있는 능력, 즉 국제수지 안정과 전후 재건에서 급속한 발전으로 변모할 능력을 아직 입증하지 못했다."

도지의 평가는 아주 객관적이었다. 연이어 발발한 한국전쟁이 일본 경제를 견인하는 효과를 가져왔지만 이런 단발성 경제 성장은 계속 이어질 수 없었다. 한국전쟁이 끝난 후 일본 경제는 또다시 정체되기 시작했다. 미국은 1950~1952년 사이 일본에 22억 달러에 상당하는 군비를 지불해 이 기간 동안 일본에서 발생한 무역 적자 15억 달러를 메워주었다. 그러나 경제적인 측면에서 이런 외부 수혈은 결코 장기적인 방책이 되지 못했다. 미국의 지원이 끝없이 계속될 수는 없었다. 미국과 일본의 정책 입안자들은 모두 이 점을 주시했다.

미국이 일본 경제가 자립해서 번영하도록 지원하는 방법을 몇 년에 걸쳐 모색한 끝에 내린 결론은 미국을 포함한 서방 국가가 일본에 시장을 개방하는 것이었다. 일본은 경제적으로 서구권에 합류하기를 원했지만 일본 자신은 어떠한 역할도 할 수 없었다. 패전국으로서 전후 배상 같은 문제 외에도 1930년대 일본의 무역 덤핑 역사는 영국을 포함한 서방 국가의 반감을 불러일으켰다. 게다가 당시 영국은 여전히 제국특혜관세를 유지하면서 역사적 제국의 면모를 지키려고 노력했기 때문에 일본이 서구권에 합류하는 문제를 두고 줄곧 미국의 제안을 받아들이지 않았다.

1949년 미국은 프랑스 안시에서 개최된 관세 및 무역에 관한 일반 협정General Agreement on Tariffs and Trade, GATT 회의에서 최초로 GATT 협정국이 일본에게 최혜국 대우를 부여해줄 것을 정식으로 제안했다. 이 제안은 미국이 경제 문제에서 일본을 대하는 태도가 변했다는 것을 국제적으로 분명히 선언한 것이지만, 영국을 포함한 다른 나라의 반대에 부딪쳤다. 그들은 일본의 가입 조건은 다른 나라와 완전히 평등해야 하며 어떠한 특혜도 있어서는 안 된다고 주장했다. 이들의 요구는 당연했다. 제2차 세계대전 이후 미국을 제외한 모든 서방 경제는 무역에 크게 의존하고 있어 무역 손실, 즉 적자를 걱정했기 때문이다. 1950년에 미국 국무장관 특별고문이면서 미국 냉전 전략의 중요 참여자인 존 덜레스John F. Dulles는 일본에게 무역에서의 최혜국 대우와 국민 대우를 해주어야 한다고 국내외에 호소했다.

이후 영국을 비롯한 많은 나라가 반대했음에도 미국은 일본이 GATT에 가입하도록 노력을 아끼지 않았다. 이 덕분에 일본은 1953년 10월 24일 GATT에 투표권 없는 서명국이 되었다. 미국 대표단 단장이던 윈스럽 브라운Winthrop G. Brown은 당시의 모습을 다음과 같이 기록했다. "마쓰모토 대사는 방 한가운데 있는 참관석에서 일어나 자신을 위해 마련된 (정식 서명인의) 정례회의 테이블로 걸어갔다. 이 작은 발걸음이 역사를 만들었다." 2년 후 일본은 정식 서명국이 되었다. 이를 기점으로 일본은 무역 대국으로 도약하는 기적의 단계에 들어섰다.

미국이 일본의 GATT 가입을 재촉한 가장 큰 배경은 냉전이었다. 냉전 상황이 아니었다면 일본은 미국의 지지를 받지 못했을 것이고 그렇다면 미국이 주도하는 서방 경제체제에 들어갈 수 없었을 것이다. 들어간다고 하더라도 그렇게 빨리 들어갈 수는 없었을 것이다. '시장 개방과 무역으로 일본을 지원해 미국과 같은 자본주의 국가로 만든다'는 것이 미국의 구상이었다. 미국이 주도하는 서방 경제체제는 또한 이때부터 무역 자유화 과정을 시작했다.

미국은 일본에게 시장을 개방하도록 서방 국가를 압박하면서 동시에 일본에게 여러 가지 요구 사항을 제시했다. 그중 가장 직접적이고 중요한 요구는 미국이 중국에 시행하고 있는 무역 금수 조치에 발맞추어 중국과의 무역을 중지하라는 것이었다. 곧바로 1952년 일본과 중국의 수출입량은 1930년 이래 최저 수준으로 떨어져 거의 제로에 가까웠다. 당시 미국의 요구는 어느 정도였을까? 일본에서 미국으로 수출하는 브러시에 중국의 돼지털이 원료로 사용되었다면 미국은 수입을 허락하지 않았다. 같은 기간 미국이 일본 무역에서 차지하는 위상이 점점 높아져 1960년에는 수출입 부문에서 일본 최대의 단일 경제체가 되었다. 1950년대 후반에 일본은 미국의 반대를 무릅쓰고 중국과의 교역을 회복하려고 노력했지만 결과는 만족스럽지 못했다. 중국과 일본 간 무역 발전은 중국의 개혁개방 이후, 특히 1990년대 이후부터 시작되었다.

일본의 GATT 가입은 경제 도약을 위한 가장 중요한 단계였으며 이로써 서방 시장이 점진적으로 개방되었다는 중요한 의미를 지닌다. 당시 서방 국가 간 관세는 결코 낮지 않았는데, 미국은 1930년대 관세법에 따른 높은 세율을 낮추려고 노력했으며 각국은 관세 인하와 무역 자유화 실시를 논의했다. 선진국이 전면적, 점진적으로 관세를 인하한 것은 1960년대 이후가 되어서야 이루어졌다. 그러나 시장이 개방되어 있는 한 관세는 당시 일본에게 가장 중요한 문제는 아니었다. 교텐 도요오는 『달러의 부활』에서 1955년에 그가 막 취업했을 때 처음 받은 월급은 20달러였고 당시 일본의 1인당 GDP는 200달러로 미국의 10분의 1이었다고 했다. 또 다른 통계를 보면 일본 방직 노동자의 시간당 임금은 미국의 11분의 1에 불과했다.

인건비 우위에 환율 우위까지 더해져 미국의 상대적으로 높은 관세는 걱정할 수준이 아니었다(최고 관세는 단지 50퍼센트 전후였다). 1950년대에 서방 세계가 직면한 것은 '달러 공황', 곧 달러 부족이었다. 미국과 서방 국가가 같은 시기에 논의한 무역 정책도 오늘날 미국의 트럼프Donald Trump(재임 2017~2021) 대통령이 중국에 제기한 것과 같은 상호호혜Reciprocal 문제를 강조했지만, 당시 미국이 일본을 대할 때 이 원칙을 고수하지 않은 것만은 분명하다. 미국 내에서는 많은 비판의 목소리가 있었다. 그들은 미국이 일본에 시장을 개방하면서도 일본에게 어떠한 대등한 요구도 하지 않은, 미국과 일본 사이에 불평등 조약이 체결되었다고 생각했다. 이것은 1980년대 이후 무역 관계에서 마찰을 일으키는 불씨가 되었다.

한편 일본의 산업 정책은 미국 시장 개방을 넘어 일본 경제가 비약적으로 발전하기 위해 가장 중요한 조건이었다.

1960년대 이전 일본의 산업 정책은 독창적이고 선구적인 개념으로 다른 선진국에서는 아직 인식되지 않은 것이라고 일반적으로 여겨진다. 유럽은 1971년에야 비로소 산업 정책 문제에 관심을 갖기 시작했고 미국에서 산업 정책을 논의한 것은 1980년대에 들어선 이후였다. 일본은 1960년대부터 '무역입국貿易立國'의 방침을 명확히 하고 수출을 지원하는 산업 정책을 함께 실행했는데, 세수 지원과 금융 보조 등이 포함된 산업 정책에서 가장 중요한 것은 수출입상의 엄격한 통제였다.

중국인에게는 친숙한 행정지도도 있었는데, 이를 일본인은 '가부장적 정부지도'라고 불렀다. 산업을 보호하기 위해 일본은 각종 제한과 장벽을 두어 미국 기업과 상품이 진입할 기회를 거의 없앴으며 일본이 필요로 하는 원자재 수입품에 대해서는 심지어 면세 정책을 실시했다. 당시 일본이 수입을 제한하며 흔히 언급한 이유는 "일본이 계속된 무역 적자로 외환이 없어 수입할 돈이 없다"는 것이었다. 이 변명은 또한 일본이 외국 자본을 제한하는 중요한 이유였는데, 외국 자본이 이윤을 본국으로 돌려보낼 때 외환을 사용해야 했기 때문이다. 일본 관리들은 외국 자본을 받아들이고 싶지 않다고 사적으로 인정했으며 심지어 코카콜라 같은 회사도 이런 제한을 피할 수 없었다.

일본의 국내 산업 육성과 보호에 있어서는 조금의 빈틈도 없었다고 할 수 있다. 동시에 일본은 과학기술에 대한 투자를 무척 중시해 1952~1972년 일본은 33억 달러를 들여 기술 계약 1만 2,000건을 체결했다. 1970년 일본의 금보유량이 5억 3,000만 달러에 불과했다는 것과 비교하면 그 수준이 가늠될 것이다. 이러한 산업 정책의 지지 속에서 1950~1970년대 일본의 자동차 공업과 전자 공업은 기술을 축적하며 빠르게 발전해나갔다.

일본의 각종 산업 정책은 여러 대에 걸친 미국 대통령의 암묵적인 지지를 받았다. 미국 정부의 이러한 태도에 더해 미국 기업은 1970년대 후반 이전까지 일본 시장과 일본 기업의 경쟁력을 무시했는데, 그 덕분에 일본의 수출 지향 기업은 경쟁을 피해 급속히 발전할 수 있었다.

산업 정책을 두고 중국에서는 많은 논쟁이 있었다. 일본이 이루어낸 경제 기적은 산업 정책의 도움을 받았기에 산업 정책이 효과적이었음을 설명해주지만 그렇다고 산업 정책이 여러 나라에서 일반화될 수 있을지는 의문이다. 일본의 산업 정책 성공에는 중요한 조건이 뒷받침되었다. 우선 미국은 일본에 시장을 개방했고 같은 시기에 대등한 산업 정책을 실행하지 않았다. 나아가 일본의 산업 정책에 어떠한 의문도 제기하지 않았다. 본질적으로 일본의 방식은 경쟁 우위를 확보하기 위해 장기간 엔화 환율을 낮춘 것이며 산업 정책 또한 이웃 나라에 위험을 전가하는 방식으로 불공평한 경쟁을 조성한 것이다.

대내외적으로 무역에 대한 미국 대통령의 태도(자유무역 또는 보호무역)에는 차이가 있었지만, 전후부터 조지 부시George H. W. Bush(재임 1989~1993) 시대까지 미국 대통령은 모두 자유무역을 지향했으며 이것은 일본에게 매우 큰 도움이 되었다. 아이젠하워Dwight D. Eisenhower(재임 1953~1961) 시대에 일본은 GATT에 가입했고 케네디 John F. Kennedy(재임 1961~1963) 이후 몇 명의 대통령은 GATT와 관세를 대폭 낮추기 위한 협상을 벌였다. 이는 그야말로 일본을 위해 맞춤 제작된 거의 무조건적 무임승차일 뿐 아니라 그 혜택이 꾸준히 개선된 것으로, 이것은 일본에 투자하기 위해 필요한 개선이었다.

1958년 유럽 경제권은 경상 항목의 태환을 실현했는데(무역, 여행, 유학 등의 영역에서 수입과 지출의 제약 없이 자국 통화를 외국 통화로 교환할 수 있게 되었다), 폴 볼커의 말처럼 브레턴우즈 체제는 이때 비로소 제대로 작동하기 시작했다.

그러나 일본은 1964년에 경상 항목의 자유로운 태환을 실행했다. 그럼으로써 일본은 수출을 고무하고 수입을 제한하는 정책을 더욱 강하게 운용할 수 있었다. 이후 연이은 무역 흑자, 특히 미국으로부터의 흑자로 일본의 외환보유고는 빠르게 증가했다. 중국은 1994년 1월 이중환율을 일원화하며 외환체제 개혁을 단행했을 때 경상 항목이 조건부로 태환될 수 있었고 1996년 말에 이르러 경상 항목이 자유롭게 태환되었다. 중국이 이렇게 한 목적은 GATT 회원국 신분을 회복하고 이후 세계무역기구World Trade Organization, WTO 가입 요건을 고려한 것이었다.

이 기간 동안 일본은 '조용히 돈만 벌자'가 어떤 것인지 완벽하게 보여주었다. 일본은 미국의 군사적 보호와 시장 개방에 힘입어 발전했다는 사실을 깨닫고 국제 사회에서 몸을 낮추어 '3S'라는 평가를 받았다. 3S는 Silent, Smiling, Sleeping을 의미한다. 그러나 일본인은 무역이 경제에서 차지하는 중요성을 잘 알았기 때문에 일본 상품을 판매할 수 있는 기회라면 어떠한 것도 놓치지 않았다. 프랑스 대통령 샤를 드골은 일본 총리 이케다 하야토池田勇人(재임 1960~1964)를 트랜지스터라디오 장사꾼이라며 비웃었고, 다른 나라 사람들은 일본인을 경제적 실리 추구를 위해서는 물불 안 가리고 달려든다는 의미로 "이코노믹 애니멀economic animal"이라고 불렀다.

일본의 수출 지향적 경제 성장, 특히 인위적으로 환율을 낮추어 수출을 촉진하는 모델은 일본 경제의 기적을 낳았고 훗날 동아시아의 다른 국가도 이를 모방했다. 일본 경제학자 쓰루 시게토는『일본 경제 기적의 종결』에서 1950~1973년 일부 선진국 제조업에서의 노동 생산율 증가에 있어, 1950년을 100으로 보았을 때 1973년 일본은 1,412, 영국과 미국은 210으로 일본이 이들보다 7배 가까이 높았으며 서독은 411로 추산했다. 그러나 1949년 엔화 대 달러 환율이 360 대 1로 결정된 후 22년 동안 변동 없이 고정되었기 때문에 달러에 대한 엔화 환율은 심각하게 저평가되어 있었다. 1960년대 서독의 마르크화는 달러에 대한 환율을 두 차례에 걸쳐 크게 절상했다. 엔화 환율의 저평가는 일본 경제를 고도로 번영시켰지만 서방 국가 사이의 무역수지 불균형을 야기해 마침내 브레턴우즈 체제의 붕괴를 가속화했다.

환율 저평가는 일본 대외무역, 특히 미국과의 무역이 지속적으로 성장할 수 있게 한 핵심 요인이었지만 장기간 유지될 수 없는 것은 분명했다. 무역이 주도한 경제 성장으로 이케다 하야토가 1960년에 제안한 국민 소득 2배 증가 계획은 초과 달성했지만 무역수지 불균형이 심화되며 브레턴우즈 체제가 붕괴되었다. 그리고 제1차 석유 파동으로 인해 1955년 이래로 지속된 일본의 경제 기적은 종말을 맞이했다.

플라자 회의
과정

플라자 합의문에서 가장 중요한 내용은 '환율 조정'이었지만 또 하나의 중요한 내용이 담겨 있었다. "미국의 경상수지 적자는 ······ 보호주의 압력을 부추기고 있다. 만약 이를 견제하지 않으면 국가 간 파괴적인 보복으로 이어져 세계 경제에 심각한 피해를 줄 수 있다." 이 말은 당시 각국의 공감을 얻어 플라자 회의의 배경이 되었는데, 그 원인은 미 의회가 '보호무역주의'를 동의한 데 있었다. 중국에서는 플라자 회의를 충분히 설명하거나 보도하지 않아 잘못 이해되고 있다. 그러므로 먼저 당시 플라자 회의 과정을 자세히 살펴볼 필요가 있다.

1970년대는 석유 파동의 영향으로 전후 서방 경제가 가장 동요하던 10년으로, 특히 미국은 건국 이래 최초로 통화 팽창이 나타나 스태그플레이션이 새로운 경제 개념으로 자리 잡았다. 여기에 베트남전쟁까지 발발해 이런 형세를 더욱 심화시켰다. 달러는 전후 가장 심각한 신용 위기를 맞아 엔화와 마르크화에 대해 지속적으로 큰 폭으로 평가절하되었다. 이로 인해 미국은 5개국 정상회의에서 일본과 서독에게 서구의 경제 성장을 견인하는 책임을 맡으라고 호소했지만 효과는 만족스럽지 못했다.

같은 시기 유럽의 경제도 정체기에 빠져들어 '유럽경화증Eurosclerosis'이라는 신조어가 나오기도 했다. 일본 경제 또한 이전의 고도 성장기에서 변동이 심한 저성장 상태로 추락했다. 일본은 서구 경제 성장을 견인하겠다는 계획에 호응해 많은 재정을 투입했지만 적자만 증가하게 되자 1980년대 후반, 즉 플라자 회의 이후 재정 정책에 신중을 기하게 되었다.

이런 상황에서 미국 대통령 지미 카터Jimmy Carter(재임 1977~1981)는 1979년에 폴 볼커를 연방준비제도 이사회 의장으로 임명했다. 볼커는 이자율을 높여 인플레이션을 강력하게 억제했는데, 그는 기준금리를 역사상 유례없는 20퍼센트 수준으로 높였다.

1970년을 전후해서 유럽의 달러 시장이 성장했다. 석유 파동으로 산유국의 달러 수입이 증가했고 이 자금은 대부분 유럽의 달러 시장, 주로 런던 금융기관으로 유입되었는데 여기에는 런던에 분점을 설립한 미국 대형 은행도 포함되어 있었다. 유럽의 달러는 이들 금융기관을 통해 라틴아메리카 국가로 대출되었다. 1970년대 유럽의 외환 시장은 초기 단계로 대다수 국가(미국 포함)는 자본 진출에 많은 제약이 있었다. 이밖에 서방 통화 간 변동 환율 역시 탐색 단계여서 무역이 여전히 환율 변동에 중요한 역할을 했다.

1980년 미국 은행법이 개정되면서 금융 자유화와 자본 유동이 가속화되었다. 폴 볼커의 고금리 정책은 미국의 실질 금리 수준을 높여 인플레이션을 억제하는 동시에 미국과 유럽 외환 시장 간 스프레드利差를 확대했다. 그리고 후자는 이전에 라틴아메리카로 유입된 자금과 일본의 대미 흑자를 포함한 전 세계 자금이 미국으로 유입되도록 만들었다.

되돌아보면 1971년 브레턴우즈 체제가 붕괴된 때부터 2012년에 이르기까지 엔화는 달러에 대해 40년간 절상주기에 있었다. 그런데 1979~1985년에 이 엔화 절상주기가 큰 폭으로 조정되어 달러가 엔화와 기타 주요 통화에 대해 크게 평가절상되었다.

볼커의 높은 금리 인상이 이러한 조정 추세를 만든 주요 요인이었지만, 그렇다고 전부는 아니었다. 1980년부터 외환 시장 거래가 활발해지면서 시카고 상업 거래소를 대표로 많은 외환 파생 상품이 개발되었다. 이들 외환 거래가 환율을 결정하는 가장 중요한 요소가 되었다.

거래의 관점에서 당시 국제 외환 시장에는 두 파벌이 있었는데, 하나는 근본주의파로 무역수지와 경제 성장 같은 근본적인 요소가 환율을 결정한다고 보았다. 따라서 무역수지 적자국의 통화는 평가절하되어야 하며 무역수지 흑자국의 통화는 가치가 올라야 한다고 보았다. 다른 하나는 도표파 혹은 추세파라고 하는데 컴퓨터 도표에 근거해서 환율 추세를 분석하는 것이다. 1983년 이전에는 많은 외환 시장 딜러가 무역수지가 환율을 결정한다는 근본주의파의 생각을 가지고 있어 미국의 적자가 달러 약세로 이어질 것이라고 보았다. 그러나 지속적으로 절상된 달러로 인해 오히려 돈을 잃자 입장을 바꿔 차트 추세를 바탕으로 달러 강세에 베팅하는 대열에 합류했다.

플라자 회의의 일본 대표였던 대장성 전 부대신 교텐 도요오는 당시 도쿄 시장의 외환 딜러에게 환율 추세에 영향을 주는 요인이 무엇이냐고 물었다. 그러자 딜러는 단기, 중기, 장기, 이렇게 세 요인이 있다고 대답했다. 교텐 도요오가 '장기'라는 말을 듣고 흥분해 딜러에게 "장기는 얼마 동안입니까?"라고 물었더니 딜러가 이렇게 답했다. "10분입니다."

노벨 경제학상 수상자이자 토빈세(단기성 외환 거래에 부가하는 세금)를 주장한 제임스 토빈James Tobin 교수도 같은 경험을 한 적이 있다. 그의 학생 중 한 명이 시카고 상업 거래소에서 딜러의 조수로 일한 적이 있는데, 이 학생 또한 딜러에게 환율 추세에 영향을 주는 요인을 문의했더니 마찬가지로 '장기'는 10분이라고 대답했다고 한다. 알다시피 금융 시장에서 장기는 연 단위로 계산된다.

이러한 종합적 요인으로 인해 1979년 이후 달러는 빠르고 급격하게 평가절상되었다. 1980년에서 1985년 2월까지 달러의 실효 환율은 81퍼센트 상승했다. 국제결제은행Bank for International Settlements, BIS은 이렇게 경상 수지가 지속적으로 악화되었을 때 유입된 자본에 의해 환율 강세 현상이 발생한 통화는 아직 없었다고 밝혔다.

달러의 평가절상으로 일본 상품은 가격 우위를 가지게 되어 미국에 대한 일본의 수출이 크게 늘면서 흑자 또한 증가했다. 이 때문에 미국은 적자가 엄청나게 늘었는데 주로 일본과의 무역 역조에서 비롯된 것이다. 1984년 미국의 무역 적자는 1,040억 달러로 역사상 처음으로 1,000억 달러를 초과했다. 상품 무역에서의 적자가 미국의 그해 GDP의 3퍼센트에 근접했으며 이 역시 미국 역사상 처음 있는 일로 그중 일본이 절반 가까이 차지했다.

이것이 플라자 합의에서 "서방 국가 간 국제 수지에 거대한 불균형이 있다"와 "미국의 경상수지 적자가 보호주의의 압력을 부추기고 있다"라고 언급한 이유다. (이 기록은 20년 후인 2006년에 깨졌는데, 미국의 무역 적자가 GDP의 6퍼센트를 차지해 플라자 회의 전후의 배가 되었다. 이때 미국의 적자는 대부분 중국에서 비롯된 것으로 당시 중국의 무역 흑자는 GDP의 7퍼센트를 차지해 플라자 회의 전후의 일본에 비해 배가 높았다.) 브레턴우즈 체제가 붕괴하기 전인 1970년에 미국의 상품 무역 적자는 겨우 100억 달러로 당시 미국 GDP의 1퍼센트도 되지 않았는데도 미국은 금과 달러의 태환 창구를 닫아버렸다.

플라자 합의 서명 이전 미국과 일본 간 심각하게 불균형한 무역 구조는 미국이 주도하는 서방 경제체제의 안정을 위협했을 뿐만 아니라 일본을 포함한 각국의 수뇌부에게 잠복되어 있는 위기를 인식하게 해주었다. 이것이 플라자 회의의 거시적 배경이다.

전문가들은 플라자 회의 이전의 일본 상품이 품질은 높고 가격은 저렴해 경쟁력이 있었던 것은 분명하지만 일본의 대미 교역 확대와 흑자 확대 요인의 절반 이상은 환율 때문이었다고 분석했다.

일본은 대외무역 수출에서 큰 폭의 성장과 흑자를 기록하면서 1979~1985년까지 일본 경제 호황기를 맞이했다. 이 기간 동안 서방 국가가 미국의 재정 적자와 무역 적자를 지적할 때마다(높은 적자는 높은 인플레이션과 높은 이자의 원인이다) 미국 정부는 미국이 서방 경제의 성장을 이끌었다고 대답했는데, 실제로 그랬다.

당시 달러가 다른 통화에 비해 지나치게 절상된 것이 정상적이지 않다는 것을 시장 밖에 있는 정부 관리들도 의식했을까? 의식하고 있었다. 1981년 4월부터 1984년 말까지 미국 외 13개 서방 국가가 500억 달러를 내놓아 달러의 평가절상을 억제했으며 그중 서독이 250억 달러를 부담했다. 1984년 하반기에 서독은 일본도 참여할 것을 촉구했지만 일본은 움직이지 않았다. 미국 정부, 즉 레이건 정부 역시 달러 가치가 큰 폭으로 상승한 것은 정상이 아니라고 인식했다.

레이건은 자유 시장경제를 신봉해 자유무역을 주장했다. 그의 첫 번째 재무 장관 도널드 리건Donald Regan은 레이건의 이념을 완벽하게 실행해 환율이 시장에 의해 결정되어야 한다고 인식했고 재무 차관 베릴 스프링클Beryl Sprinkel은 특별한 사건이 발생할 때를 제외하고 정부는 달러 환율에 간섭하지 않을 것이라고 공개적으로 언급했다. 그가 말한 특별한 사건이란 레이건 저격 사건을 가리켰다. 이러한 정책을 의심하는 사람들에게 리건은 "강한 달러는 강한 미국을 대표한다"라고 했다.

리건 팀은 달러에 대한 엔화의 상대적 약세가 폐쇄적인 일본 금융에서 비롯된 것이라고 생각했다. 그래서 1983~1984년에 엔—달러 회담Yen-Dollar Talks을 수차례 개최해 일본이 엔화 국제화를 통해 '달러 강세, 엔화 약세' 문제를 해결할 것을 촉구했다. 국제화 조치에는 국제무역 결제에서 달러 대신 엔화를 사용하는 것과 유럽 시장에서 엔화 채권을 발행하는 것이 포함되었다. 여기서 주목해야 할 점은 엔화의 국제화가 미국의 요구로 진행되었다는 것이다. 처음에 일본은 이러한 조치를 긍정적으로 받아들이지 않았지만 플라자 회의 이후 엔화가 점차 국제화되기 시작하자 엔화의 지위를 높이고 일본의 대외 투자 확대했으며 중국의 WTO 가입 이후 세계 경제의 글로벌화를 크게 촉진했다.

달러 강세가 이어지며 일본 제품 수입이 크게 증가하자 미국 국내 산업이 압박을 받았다. 특히 철강과 자동차 산업에서 실업률이 크게 증가하면서 미국 내에서는 이를 향한 불만이 끊임없이 증가했다. 이와 관련해 중국 입장에서 언급하려는 것은, 1980년대 미국과 일본의 무역 마찰은 일본 기업의 기술이 미국의 산업을 따라잡아 어깨를 나란히 한 이후의 결과로, 즉 진정한 의미의 산업 경쟁이 야기한 마찰이라 할 수 있다는 점이다. 반면 중국 내에서 자주 언급되는 1950년대 미국과 일본의 직물 무역 분쟁은 대표성을 띠고 있지 않았다. 이는 산업기술 경쟁이 아니라 미국의 경우 몰락한 산업 노동자들의 요구라는 정치적 요소가 더 강했다. 1980년대 미국과 중국 사이에도 직물 무역에서 마찰이 있었다.

미국 공장 노동자가 일본 자동차를 때려 부수는 사진 몇 장이 널리 퍼진 적이 있었는데, 그중 한 장에는 다음과 같은 메시지의 팻말이 있었다. "미국에서 자동차를 팔려면 미국에 공장을 세워라." 이것은 1981년의 일이다. 이 사진이 퍼지고 난 뒤 오래지 않아 일본 도요타 자동차는 미국에 공장을 세웠다. 또한 1981년에 일본은 미국에 수출하는 자동차를 1년에 168만 대로 제한하는 제도를 시행했다. 1984~1985년에는 그 수를 185만 대로 수정했으며 이 제도는 1985년 이후 중지되었다. 로버트 라이트하이저가 미국 무역대표부United States Trade Representative, USTR 부대표를 지낼 때 일본과 철강 무역 관련 담판을 벌인 것을 포함해 레이건 대통령의 첫 번째 임기 동안 이와 유사한 일이 계속되었다. 이 시기에 일본에 조치를 취할 것을 호소하고 달러의 평가절하를 요구한 대표적인 인물로 자동차 업계의 전설적인 인물인 크라이슬러 회장 리 아이아코카Lee Iacocca가 있다. 그는 각종 방법을 동원해 대통령을 설득했지만 레이건은 흔들리지 않았다.

이 과정에 도외시할 수 없는 또 하나의 중요한 요인은 냉전이다. 나카소네 야스히로中曾根康弘(재임 1982~1987) 전 일본 총리는 "일본은 침몰하지 않는 미국의 항공모함"이라는 유명한 말을 남겼다. 이 말은 미국의 군부와 정부로 하여금 무역과 환율 문제를 모른 체하게 만들었다. 미국과 소련의 냉전 상황이 중대한 시기로 치달아가자 미국은 군비를 대폭 증가해 금액 면에서 소련을 압도할 수 있었던 반면 미국 연방 정부의 재정 적자는 더욱 악화되었다. 이런 배경 때문에 미국은 일본의 무역 흑자를 포함하는 지지를 필요로 했는데, 이 역시 볼커가 고금리를 유지한 중요한 요인이었다.

그러나 레이건의 첫 번째 임기가 끝난 1985년을 전후해서 이러한 상황에 변화가 나타났으며 변화의 요인은 미국 국내와 국외 모두에 있었다.

국내에서는 끊임없이 증가하는 무역 역조와 지속적인 환율 상승, 그리고 대기업의 호소가 마침내 국회에서 발효되어 효과를 나타낸 것이다. 도널드 리건에 이어 재무 장관이 된 제임스 베이커 James Baker는 당시 자동차 회사 사람들이 백악관, 재무부, 의회를 찾아와 정부와 의회의 무능함을 비난했다고 회고했다. 플라자 회의에 참가했던 미국 재무 차관 데이비드 멀포드David Mulford는 2015년에 플라자 회의 30주년을 회고하면서 "러스트 벨트Rust Belt(쇠락한 공업지대)라는 말이 당시 매체에 빈번하게 출현했다"라고 했다. 러스트 벨트의 기업과 실업자들은 계속해서 의원들에게 목소리를 높이고 제안서를 제출할 것을 촉구했고, 민주당이 장악한 의회는 대통령에게 부여된 무역상 권한의 일부를 제한하거나 심지어 회수하는 것을 고려하는 무역 법안을 준비하기 시작했다. 특히 일본을 포함한 무역 파트너가 미국 시장에 진입하는 것에 대항해 무역 장벽을 세우고 더는 예전처럼 비정상적으로 개방하지 않겠다고 위협했다. 의회의 동향은 바로 플라자 합의 본문에서 9차례나 언급되었던 '보호무역주의'였다.

당시 레이건에게 있어 미국과 일본 사이 심각한 무역 불균형을 가능한 한 빨리 그리고 통제 가능한 방식으로 해결할 수 있는 옵션은 의회가 보호무역주의 조치를 채택하기 이전에만 운용할 수 있었다. 1985년 초 레이건은 재무팀을 교체해 도널드 리건과 백악관 수석보좌관 제임스 베이커의 자리를 바꾸었다. 베이커는 경제 전문가는 아니었지만 실용주의자로 정부 개입을 통해 환율 불균형 문제를 해결하고자 했다. 달러 환율 문제에서 미국의 정책은 이때부터 전환을 이루어 더 이상 '선의의 무시' 전략을 고수하지 않고 '대화할 수 있다'는 태도를 받아들였다.

로버트 라이트하이저는 2008년에 발표한 논문에서 플라자 회의를 인용하며 레이건이 보호무역주의자라는 것을 입증했는데, 사실 레이건의 접근 방식은 바로 보호무역주의에 대한 대응책이었다.

여기에서 라이트하이저는 하나의 포인트를 추가했다. 1985년 9월 22일 플라자 회의를 끝내고 성명(플라자 합의)을 발표하기 전에 미국 의회와 백악관에서 플라자 회의를 이해하고 있는 사람은 많지 않았으며 당연히 참여자는 더욱 적었다. 플라자 회의를 주도한 제임스 베이커의 회고에 의하면, 회의 전에 플라자 회의 개최와 대강의 내용을 알고 있던 사람은 레이건 대통령을 포함해 8명에 지나지 않았다고 했다. 폴 볼커는 플라자 회의의 미국 측 대표였지만, 회의 개최 직전에 베이커에게서 소식을 들었다. 베이커가 볼커에게 알린 이유는 미 연방준비제도 이사회 의장인 볼커가 통화 정책에서 환율에 개입하려는 재무부의 입장을 지지해주기를 바랐기 때문이다.

플라자 회의는 재무부와 중앙은행의 일로 다른 부문과는 관련이 없었다. 극소수 고위 관료만 이 회의를 이해하고 참여했기 때문에 결정된 내용은 발표하지 않았으며 회의 개최 소식조차 외부인에게 알려지지 않았다. 라이트하이저는 당시 무역대표부 부대표였는데, 시간적으로 플라자 회의가 개최되기 전인 1985년 6월에 그 직을 떠났다. 이밖에 그의 상관이던 윌리엄 브록William E. Brock도 회의에 참여할 기회가 없었다.

미국 무역대표부는 특수한 기구로 케네디 대통령 시대에 설립되었다. 그 역할 중 하나는 미국에서 무역을 하는 기업의 요구를 직접 듣고 그 기업에 대한 정보를 의회와 백악관에 전달하는 것이다. 라이트하이저가 부대표로 있을 때 무역대표부는 라이트하이저 본인을 포함한 매파가 장악하고 있었으며, 윌리엄 브록도 여러 차례에 걸쳐 직접 또는 기업 대표들을 이끌고 가서 레이건에게 일본에 대해 강경한 태도를 취하도록 건의했지만 레이건은 받아들이지 않았다.

라이트하이저가 철강 무역 협상이 한창일 때 일본 측 협상단의 제안이 마음에 들지 않자 종이비행기를 접어 상대에게 날려 보냈다는 유명한 일화만으로는 그가 강한지 무력한지 말하기 힘들다. 라이트하이저 이후 레이건은 무역대표부 팀을 전체적으로 조정했다. 새 대표가 된 클레이턴 야이터Clayton K. Yeutter는 더욱 강경해 취임 직후 일본의 산업 정책과 미국과 세계시장에서의 일본 기업의 입장에 따라 일본과 '미일 반도체 협정'을 체결했다. 이 협정으로 일본의 반도체 산업이 말살되었다고 보는 시각이 꽤 많다. 이 협정 역시 크게 잘못된 것이었다. 또한 플라자 회의 1년 전인 1984년에 미국 의회는 무역대표부에 '국가별 무역 보고'를 정례화할 것을 요구하며 매년 제출하게 했는데, 이것은 의회가 직접 무역대표부에 압력을 가한 것이다. 도널드 트럼프 대통령이 2018년 6월에 돌연 중국의 대미 수출품에 관세를 부가한 것 역시 이 보고서에 의거한 것이었다.

국외에서는 미국 의회의 보호무역주의 동향이 일본과 서독의 정책 결정에 영향을 주었다. 나카소네 총리를 비롯한 일본 관리들은 전후 일본 경제의 기적은 미국이 주도한 국제 경제 질서와 통화 체계에 힘입은 것임을 잘 알고 있었다. 그러나 일본은 수출 위주의 경제체이기에 체계의 동요를 잘 견디지 못했다. 일본 때문에 국제 경제체제가 무너져서는 안 되며 일본도 다른 서방 국가에 고립되기를 원하지 않았다. 또 일본은 이 수출 위주의 모델을 오래 지속할 수 없었다. 1971년 브레턴우즈 체제가 붕괴된 이후 일본은 무역과 환율에 있어 주요 문제를 일으키는 나라로 여겨졌는데, 세계 무역 불균형이 주로 일본의 거대한 무역 흑자로 인해 발생했기 때문이다.

실제로 1981년부터 미국과 일본 간 심각한 무역 불균형 문제를 놓고 여러 차례 협상을 벌여 많은 합의에 서명했다. 그러나 미 의회가 보기에 이러한 합의는 불균형을 해결하기에는 너무 느리게 진행되는 것 같았다. 그래서 나카소네는 1985년 상반기에 당시 대장상大藏相이던 다케시타 노보루竹下登에게 환율 조정을 통해 가능한 한 빨리 미일 간 무역 불균형을 해결하고 싶다는 의중을 전했다.

『달러 관리』에 인용된 내용에서 나카소네는 다음과 같이 회고했다고 한다. "1985년 상반기에 우리는 일본의 흑자 문제를 힘들게 해결했지만 이러한 구체적인 무역 자유화 협상은 실제로 불균형을 다루기에 충분하지 않았다. 그래서 나는 종합적인 계획을 실행해 미국의 지지 아래에서 이 문제를 처리하기로 결심했다. 종합 계획에는 엔화와 달러의 환율 조정이 포함되어 있었다." 당시 일본 통산성 부대신 후지카와 신지藤川信二는 플라자 회의 이후에 "현재까지 일본은 기존의 국제 경제 질서를 이용하기만 해왔으나 이제 생각을 바꾸어 국제 경제체제 유지에 상응하는 책임을 져야 할 것이다. 동시에 국제 공공재 제공 면에서도 역할과 공헌을 해야 한다. 일본은 무역 상대국과 협력해 일본의 대외 불균형을 바로잡기 위한 모든 노력을 기울여야 한다"라고 지적했다.

일본의 여러 산업 정책에 참여하고 '마에카와 리포트' 기초 위원회 위원이던 미야자키 이사무宮崎勇도 다음과 같이 평가했다. "일본의 무역 흑자는 국민총생산의 4.4퍼센트를 차지해 이유 여하를 막론하고 지나치게 높다. 문제는 우리의 경상수지 흑자 규모가 세계 무역 질서를 혼란에 빠뜨릴 만큼 크다는 것이다." 그가 여기에서 언급한 비율은 바로 플라자 회의가 열린 1985년의 것이다.

서독은 달러가 심각하게 고평가되어 있음을 처음 인식한 이후 유럽 통화체제를 안정시키기 위해 여러 차례 직접 개입했다. 당시 영국의 파운드화는 달러에 대해 역사상 최저 수준인 1 대 1로 떨어져 영국인은 이러한 환율 수준을 치욕적이라고 여겼다. 더욱 문제는 전후 영국의 파운드화가 하락할 때마다 위기가 따라와 마거릿 대처Margaret H. Thatcher(재임 1979~1990) 수상이 직접 레이건 대통령에게 전화를 걸어 미국이 시장에 개입해줄 것을 간청했다고도 한다.

미국 국내외의 이러한 요인이 1985년 9월에 플라자 회의를 개최하는 계기가 되었다.

플라자 회의가 열릴 당시 일본 대장상이던 다케시타 노보루는 플라자 회의 10주년 기념 『이코노미스트The Economist』와의 인터뷰에서, 제임스 베이커와 회견할 때 자신이 주도적으로 달러에 대한 엔화 절상에 동의하고 계획했다는 점을 인정했다. 리건 전 재무부 장관 때문에 플라자 회의 개막 전날인 9월 21일 저녁까지도 일본의 참석자들은 여전히 미국이 정말로 환율 시장에 개입하기로 동의했는지 의구심을 가지고 있었다.

제임스 베이커가 재무부 장관이 되어 환율 시장 개입을 고려한다고 했을 때는 원래 G2였던 일본과 미국의 연합 행동에 지나지 않았지만 서독의 마르크화가 가지고 있던 마찬가지의 문제도 고려해 조정할 필요가 있었다. 뿐만 아니라 만약 마르크화가 더해지지 않는다면 일본이 모든 서방 국가에게 비난을 받을 수 있었기에 서독을 불러들였다. 서독은 처음에는 미온적인 태도를 취했다. 미국의 재정 적자가 너무 심하고 일본의 흑자가 너무 커서 문제가 생겼다고 여겼기 때문이었다. 또한 미국은 1984년에 시장에 개입하겠다고 했다가 리건이 철회하기도 한 경력이 있었다. 결국 서독도 참여하기로 했으나 일본과 같은 '무역 흑자국'으로 여겨지는 것은 강하게 반대해 최종적으로는 '경미한 무역 흑자국'으로 표현되었다.

그러다보니 미국은 G5 가운데 영국과 프랑스만 남겨 놓는 것은 적절하지 않다고 판단해 최종적으로 G5가 모두 참여하는 것으로 조율되었다. 그래서 플라자 회의에서 영국과 프랑스는 구경꾼일 뿐이었다고 말하곤 하는데, 어느 정도 사실에 부합되는 말이다.

앞에서 살펴봤듯이, 나카소네는 미국의 지지 아래에서 이 문제를 처리하겠다고 이야기했다. 그렇다면 일본이 능동적으로 엔화를 평가절상할 수는 없었을까? 시장의 관점에서 보자면, 일본은 매우 약한 나라였고 시장에서나 대국 간 관계에서 어떠한 발언권도 없어 호소력이 있을 수 없었다. 서독은 플라자 회의 전 여러 차례 직접 시장에 개입했으나 기대한 효과를 거두지 못했다. 당시 상황에서 미국의 참여가 없다면 시장은 받아들이지 않을 것이었다. 더구나 시장에 진입해 함께 개입하기로 합의하더라도 시장이 인정하지 않아 개입이 예상된 효과를 거두지 못할 수도 있을 것이라고 서방 국가들은 우려하고 있었다.

2주 남짓한 시간 동안 5개국이 모두 100억 달러(각국은 180억 달러의 개입 자금을 준비했다)를 투입해 시장 환율이 암묵적으로 인정한 정도(10~12퍼센트)에 도달하게 되자 이들 국가의 금융 당국은 안도의 한숨을 내쉬었다. 이 과정에서 (중앙은행과 재무부를 포함한) 정부도 결정자가 아닌 시장 참여자에 지나지 않았다.

전체 개입 과정에서 보자면, 원하는 결과를 얻었기 때문에 5개국의 재무부서는 매우 만족했다. 그러나 시장의 관점에서 볼 때 플라자 합의의 조치는 달러의 하향 조정을 추진한 것이었다. 1985년 2월에 달러는 엔화와 마르크화에 대해 1978년 이후 최고로 상승한 후 하락하기 시작했다. 즉 달러 하락 추세가 이미 형성되어 있었으며 이는 당시 폴 볼커가 우려하던 바였다. 그는 정부의 시장 공동 개입이 달러 가치의 급격한 하락으로 이어질 수도 있다며 필요하다면 역개입을 고려해야 한다고 했다. 볼커의 판단은 당시 회의에 참석한 관료들과는 다른 견해였지만 결국 그가 옳았다. 시장에 대한 볼커의 감각은 그가 뉴욕 연방준비은행 총재를 지낼 때 형성되었을 것으로,

뉴욕 연방준비은행은 미국 재무부와 연방준비제도 이사회가 시장에 개입하는 창구였다.

플라자 조치의 필요 여부를 두고 당시에 찬반 논쟁이 있었다. 하버드대 교수이자 전미경제연구소National Bureau of Economic Research, NBER 소장을 가장 오랫동안 역임한 마틴 펠드스타인Martin Feldstein은 줄곧 플라자 회의는 완전히 필요 없는 부질없는 짓이었다고 여겼다. 그러나 대다수 관리들은 정부 개입의 실질적 효과 외에 다른 시장 참여자들이 정부의 결정을 볼 수 있게 하는 것이 매우 중요하다고 믿었다. 이 점에서 본다면 개입의 목적은 확실히 이룬 것이었다.

일반적으로 1980년대 초에 인플레이션을 강력하게 억제한 폴 볼커의 정책은 달러에 대한 서방 세계의 신뢰를 재편했으며 미국 경제가 다시 정상 궤도에 진입해 20년 동안 주요 경제 대완화를 형성하는 데 큰 공을 세운 것으로 인정된다. 플라자 회의는 브레턴우즈 체제가 붕괴되고 서방이 변동 환율제를 채택한 이후 달러가 다시 세계 기축통화의 지위를 확립한 것을 보여주는 상징적인 사건이었다. 환율 조정 폭에 있어 참여 국가의 기대에 부응했으며 미국과 일본, 미국과 세계 간 무역 불균형 조정도 주기가 더 길어졌다는 면에서 원하는 결과를 얻은 셈이었다.

학문적 관점에서 볼 때 플라자 회의는 제2차 세계대전 이후 브레턴우즈 체제 시대의 전문가와 관리들의 집념 어린 실험이었으며 특히 1년여 뒤에 이루어진 '루브르 합의Louvre Accord'에 이러한 집념이 반영되어 변동 통화 구간을 예측하고 통제할 수 있기를 희망했다.

1980년대를 마감하면서 이러한 생각은 다시는 주류가 되지 못했다. 그러나 브레턴우즈 체제와 변동 환율의 사전 동요를 경험한 것은 신용 통화가 된 달러가 다시 세계 통화 체계에서 주도적 지위를 확립하도록 만들었다.

간단히 정리해보자. 플라자 회의(합의)는 서방 5개국이 처음으로 공동 조율에 참여한 행동으로 적절한 타이밍에 가장 나쁘지 않은 옵션이었다. 중국에서는 제2차 세계대전 이후 경제 규모가 미국의 60~70퍼센트에 접근할 때마다 미국은 추격자들을 억제해왔는데 플라자 회의가 그 전형적인 예라는 견해가 존재한다. 그러나 미국의 환산에 따르면, 플라자 합의 이전인 1984년 일본의 GDP는 미국의 30퍼센트를 막 넘어섰는데 이 비율은 1978년보다 높지 않은 것이었다. 일본의 GDP가 미국의 70퍼센트에 도달한 때는 1995년이다. 1978년과 1995년의 비율이 높은 이유 중 가장 중요한 요인은 달러 대비 엔화의 가치 상승이었다.

그러나 1995년 이후 미국과 일본의 무역 마찰은 이미 종결 단계에 접어들어 더는 억제할 필요가 없게 되었다. 이밖에 경제 역량 면에서 현재 전 세계에서 미국과 어깨를 견줄 만한 곳으로는 유럽 연합European Union, EU밖에 없는데, 양자는 서로 우열을 가리기 어려운 상황이다. 미국은 EU에 어떠한 압력도 가하지 않았으나 중국 내 많은 평론가들은 미국이 유로화를 억제했다고 주장했다. 이것은 말도 안 되는 오해일 뿐이다. 실제로는 유로화의 창립과 발전에 미국의 지원이 있었다.

만약 플라자 회의를 일본의 잃어버린 20년과 연계해 음모론으로 판단하려면 다음의 몇 가지 문제를 고려해야 한다.

첫째, 중국 연구자들이 자주 언급하는 반례反例가 있는데, 곧 서독, 영국, 프랑스다. 이 3개국의 통화도 플라자 회의 이후 달러에 대해 큰 폭으로 절상했으며 절상폭도 일본에 비해 결코 낮지 않았지만 수십 년간 어떠한 경제 하락도 겪지 않았다. 1987년 이후 미국과 일본은 공동으로 시장에 진입하고 구두로 엔화에 개입하는 조치를 취했지만 여전히 엔화 강세를 되돌리지 못했다.

둘째, 서독의 무역은 당시 유럽공동체 내부에 집중되어 미국과의 무역량은 서독 전체 무역량의 10퍼센트 정도인 반면 일본의 대미 수출액은 일본 전체 수출액의 40퍼센트에 달했다. 또한 미국에 대한 무역 흑자는 일본의 전체 무역 흑자의 100퍼센트에 가까웠으며, 1981~1982년에는 심지어 일본 대외무역 흑자 총액의 150퍼센트를 차지했다. 이런 상황에서 미국이 일본 상품을 무제한적으로 수입할 수 있었을까? 이는 현재와 비교할 수 있다.

셋째, 어떠한 상품이나 자산을 막론하고 그 가격이 오르기만 하고 내리지 않을 수는 없다. 달러도 당시 엔화와 다른 서방국의 주요 통화에 대해 계속해서 오를 수만 있었을까? 마침 5년 동안 계속해서 달러가 평가절상되자 폴 볼커는 비로소 달러의 갑작스런 평가절하를 걱정하기 시작했다. 그러나 엔화는 달러에 대해 1971년부터 2012년까지 계속해서 가치가 상승했고 중간에 여러 차례 하향 조정되곤 했다.

넷째, 당시 상황에서 만일 5개국이 환율 조정에 협조하지 않아 미국이 정말로 화폐 전쟁과 무역 전쟁을 도발했다면 일본은 대응할 능력이 있었을까? 앞서 언급했듯이 1984년 일본의 GDP는 미국의 30퍼센트를 겨우 넘어섰는데, 미국의 그해 GDP는 4조 달러를 넘었다. 또한 일본의 그해 달러 보유량은 겨우 264억 달러였다. 실제로 그 역량을 비교해보면 일본은 응전할 수 있는 어떠한 능력도 없었다.

다섯째, 일본은 제2차 세계대전 이후 자신들의 경제 기적이 미국의 시장 개방과 세계적인 군사력이 원료와 완제품의 정상 무역을 보장해준 것에서 도움 받았음을 잘 알고 있었다. 이것은 교텐 도요오와 나카소네 야스히로를 포함해 일본 정부의 관리부터 너무도 잘 알고 있던 사실이다. 그리고 같은 시기 냉전의 다른 진영은 종말을 앞두고 있는 처지였다.

여섯째, 냉전에서 지속적인 우위를 점하려면 자기 진영에 피해가 가지 않게 해야 했기에 무역 불균형을 해소하는 데 협조하는 이성적이고 합리적인 선택을 할 수밖에 없었다. 플라자 합의는 미국이 동맹국에게 대우를 해준 것으로 결코 원한다고 얻을 수 있는 것이 아니었다. 일본은 냉전으로 인해 미국의 범위 안으로 들어갔고 냉전 시대에도 이 체제를 유지했다.

이외에 좀 더 설명해야 할 것이 있다. 플라자 회의는 미국이 무역 불균형을 해결하는 옵션 가운데 하나로 재무부와 중앙은행이 주도한 통화 옵션이었다는 점이다. 실제로 플라자 합의 안에는 환율 조정 계획과 더불어 '시장 개방' 정책도 포함되어 있었다. 합의 속 각국별 정책 계획에 프랑스, 영국, 서독, 미국 등 4개국은 모두 '보호무역주의를 배척한다'는 항목을 가장 뒤에 배치했지만 일본은 제1조에 배치해 '외국 상품과 서비스에 대해 일본 시장을 더욱 개방한다'는 점을 명확히 했다.

플라자 회의 다음 날인 1985년 9월 23일, 레이건 대통령은 백악관에서 재계와 무역업계 대표를 접견해 무역 문제에 관해 연설하며 '자유무역'은 반드시 '공정 무역'이어야 한다며 일본의 시장 개방을 요구했다. 브레턴우즈 체제가 붕괴했을 당시 미국 재무부 장관이던 존 코널리John B. Connally도 같은 말을 한 적이 있다. "우리는 자유무역을 지지하지만 공정해야 한다."

무역 정책 분석 전문가들은 '공정 무역'이라는 말이 자유무역과 보호무역주의를 구별하는 표지가 될 수 있다고 여긴다. 1985년은 레이건 정부가 무역 정책에서 방향을 바꾼 해로 볼 수 있다. 이후 미국은 일본과 1996년까지 12년간 지속된 무역 협상을 시작했으며 무역대표부가 이를 주도했다. 이 12년 동안 미국과 일본 사이에는 수십개 무역 협정이 체결되었고, 레이건과 부시 대통령은 의회와 보호무역주의와 자유무역 사이의 게임을 계속했다. 그러나 미국의 무역 입법은 분명하게 가속화되었는데, 1988년의 '종합무역법Omnibus Foreign Trade and Competitiveness Act of 1988'과 '미일 구조적 장애 협정The U.S.—Japan Structural Impediments Initiative'이 유명하다. 이들은 또한 일본이 국내 개혁을 추진하도록 재촉하는 '외압'으로 작용해 투자 접근, 산업 장벽, 시장 점유율 등의 측면에서 상호 무역 요구 사항이 제시되었다.

무역 정책 문제에서 미국 정부와 의회 사이에는 항상 게임이 존재했다. 플라자 합의도 의회의 보호무역주의 압력을 누그러뜨리려는 데에서 시작된 것이었다. 이어진 발전 상황에서 보면 미국과 일본 간 무역 협상은 계속 이어졌지만 1990년대 초 미국의 무역 상황이 개선됨에 따라 보호무역주의를 둘러싼 의회의 압력도 점점 약화되어 갔다.

플라자 회의 이후
일본의 선택과 영향

한 경제체제의 통화 절상 및 절하, 특히 주요 무역 상대국의 통화 절상 및 절하는 수출입에 명백하고 직접적인 영향을 미친다. 이 점에서 1930년대 세계 경제 공황 시기 이후 각국이 경쟁적으로 평가절하를 통해 수출을 늘린 방식은 오늘날까지 변함없이 계속되었다. 이것이 바로 미국이 계속해서 몇몇 수출 상대국의 통화를 주시하며 '환율조작국'이라고 비난하는 이유다. 달러의 평가절하는 미국의 무역 조건을 개선하는 데 역시 도움이 되었다. 일본은 무역에 의존하는 외향형 경제체제로 엔화의 환율이 대폭 절상되면 무역뿐 아니라 경제 발전에도 영향이 있었다.

플라자 회의는 일본의 전체 수출, 대미 수출과 무역 흑자에 즉시 영향을 주었다. 처음에 미국 관리와 학자는 플라자 회의 이후에도 일본의 대미 수출액과 흑자가 계속 늘어나고 있어 환율 조정이 불균형 해소에 거의 효과가 없다고 비난했다. 중국에도 이렇게 주장하는 학자가 있었다. 달러로 추산해보면 이 결론이 틀린 것은 아니었다. 이는 무역에서 J 커브 효과, 즉 환율 조정 효과가 수출입으로 전달되는 데 시차가 있기 때문이다. 미국의 경우 1988년 이후 이 효과가 분명해지기 시작해 1991년까지 경상 수지 흑자는 거의 0이 되었다.

그러나 일본의 경우 엔화로 계산한 무역액은 1986년부터 감소했고 무역량 감소는 더욱 분명해졌다. 엔화로 계산하는 것과 달러로 계산하는 것에서 다른 결과가 나온 원인은 달러에 대한 엔화의 절상 폭이 엔화로 계산한 대미 수출액 감소폭보다 크기 때문으로, 달러로 환산할 때 수출 총액과 흑자액이 모두 커지는 것은 자연스러운 결과였다. 그러므로 미국 내 불만은 J 커브 효과 때문이었다.

일본의 국내 경제 성장은 엔화로 추산할 것이기에 악화된 무역 상황이 당연히 경제 성장에 반영되었다. '절상 불황'이라고 불리던 상황에서 다방면으로 압력을 받은 정책 결정자들은 문제 해결 대책을 마련해야 했다.

앞에서 언급했듯이, 일본 총리와 산업 정책 관료들은 플라자 회의가 열리기 전에 이미 일본이 수출에만 의존해서는 경제 성장을 이끌 수 없다는 것을 알고 있었다. 미국인과 유럽인에게 하는 그럴 듯한 말에 그치는 것이 아닌, 일본 자체의 정책 전환 노력이 필요한 시점이었다. 이 노력이 가장 구체적으로 드러난 것은 바로 1985년 나카소네 총리의 지시로 마에카와 하루오前川春雄 일본은행 총재가 주도해 1986년 4월 7일 세상에 나온 '마에카와 리포트'다.

'마에카와 리포트'에서는 일본 경상 수지 흑자가 세계 경제를 혼란스럽게 한 주요 원인이라는 것을 국제 사회가 공통적으로 인식하고 있으므로 일본의 경제구조 개혁은 필연적으로 행해져야 한다고 분명하게 지적했다. 또한 일본 경상 수지 흑자는 국제 화합에 영향을 미치지 않는 범위에서 조정되어야 한다고 했다(구체적인 목표를 제시하지는 않았지만 GNP의 2퍼센트 정도였을 것으로 이 목표는 1989년에 실현되었다). '마에카와 리포트'를 하나의 계획이라고 본다면 그 의미는 플라자 합의를 능가한다. 이것은 일본이 제2차 세계대전이 끝나고 40년간의 발전을 이룩한 이후 그 발전 모델을 바꾸겠다는 선언이자 결의였다.

일본은 경제 전환 개념에 기초해서 플라자 회의 이후 통화와 재정 정책에서 이에 상응하는 노력을 했다.

일본이 처음 채택한 조치는 할인율Discount Rate을 내리는 것이었는데, 1986년 1월 30일부터 계속해서 5차례에 걸쳐 금리를 인하해 1987년 2월 20일에는 할인율이 5퍼센트에서 사상 최저인 2.5퍼센트까지 내려갔다. 이에 따라 예금이자율도 함께 내려갔다. 최초두 차례 금리 인하는 엔화 강세를 헤지hedge하려는 데 그 목적이 있었다. 시간이 지난 후 일본 정책 결정자들은 일련의 금리 인하 조치와 1989년 이후 연속된 금리 인상으로 많은 비판을 받았다. 당시 상황을 감안해보자면, 총리를 비롯한 각료들은 경제의 내수 전환을 염두에 두고 있었지만 통상적인 내수는 정책 자극만으로 연속해서 크게 성장할 수 없었다. 게다가 무역 회사에서부터 의사 결정권자 (정부 관료와 국회의원)에 이르기까지 경제 하락 국면에서는 수출 지향적인 경로에 의존하는 경향이 강해진다. 이것은 쉽게 이해되는 내용이다.

연속된 금리 인하는 엔화 절상을 막지 못하고 오히려 부동산과 주식 시장의 거품을 가속화했다.

할인율이 지속적으로 하향 조정되자 기업과 개인의 자금 조달 비용이 줄어들었다. 같은 시기 정부는 회사채 발행을 포함한 금융 자유화를 실행하고 토지 정책을 완화해 은행, 기업, 법인, 개인이 모두 주식과 부동산 투자 열풍 속으로 빠져들게 했다. 기업은 산업 투자라는 명분으로 조달한 자금의 일부를 이 분야로 전환해 사용했다. 이렇게 일본 전체가 집중함에 따라 플라자 회의 이전부터 시작된 주식 시장과 부동산 시장은 1990년과 1991년까지 가파른 성장을 이어갔다.

도쿄 주식 시장은 1989년에 시가 총액으로 세계 최대 시장이 되었고 도쿄 증권거래소의 거래액은 뉴욕의 배를 넘어섰다. 도쿄 긴자의 지가地價는 캘리포니아 전체를 살 수 있는 수준에, 도쿄의 지가는 미국을 살 수 있는 수준에 도달했다. 1990년에 다양한 지표로 선정된 세계 10대 은행에는 일본 은행이 7개 또는 9개가 포함되기도 했다. 자산 가치의 상승은 주로 채무에 의지한 것이었다. 일본의 주택구매자들은 자발적 혹은 은행의 권유로 대출 한도를 높여서 더욱 크고 더욱 많은 부동산을 구입해 자산 가치의 상승 속에서 이익을 얻고자 했다. 이것이 당시의 일반적인 모습이었다. 태양 아래 새로운 것은 없듯이, 2007년 이전 미국 부동산 시장도 꼭 이와 같았다. 한편 은행이 더 많은 대출 실적을 올리는 것이 당시 일본 은행업의 성과 지표였던 데다 엔화 절상과 신용 대출의 편리함 덕분에 일본의 기업과 개인의 구매욕은 전 세계로 향했다.

'버블 붐'은 플라자 회의 이후 '절상 불황'에 대한 우려를 상쇄했다. 일본 경제는 1986년부터 6년여에 걸쳐 호황기를 누렸는데 이는 제2차 세계대전 이후 두 번째로 오랫동안 지속된 호황기로 "헤이세이 경기平成景氣"라고 불렸다. 경제는 성장하는데 인플레이션율은 높지 않았으니 정책입안자들에게는 매우 이상적인 상태였다. 그래서 재무성 장관 출신으로 1991년 일본 총리에 취임한 미야자와 기이치宮澤喜一(재임 1991~1993)는 1989년에 "일본 경제의 상황은 아주 좋습니다"라며 흥분했다. 이것이 후대 사람들이 일컫는 '버블 붐'이었다.

자산 가격이 치솟자 정책 입안자들이 우려하기 시작했다. 일본 은행은 1989년 5월 이후 연속해서 5차례에 걸쳐 금리를 인상해 1년 반 동안 할인율이 6퍼센트 상승했다. 이듬해 3월 대장성이 부동산 융자 총액 제한제를 실시해 주식 시장과 부동산 시장의 거품을 거둬내자 도쿄 주식 시장은 1990년 한 해 동안 40퍼센트 하락했다. 일본 기업과 개인이 버블을 일으키며 쌓아올린 거액의 채무가 일본 경제를 짓누르는 지푸라기가 되었다. 일본 경제는 이때부터 "잃어버린 20년"이라 불리는 단계에 접어들었다.

노무라종합연구소의 수석 이코노미스트 리처드 쿠Richard C. Koo

의 말을 빌리면, 일본은 자산 부채 때문에 위기에 봉착한 전형적인 사례로, 기업과 가계의 채무가 자산 가격 상승을 부추겼고 자산 거품이 붕괴된 후 장부상의 자산은 대폭 축소되었지만 채무는 변동이 없었다. 이런 상황에 빠진 채무인은 대출 이율과 신용 조건에서 어떠한 우대를 해주더라도 투자와 소비 행위를 증가시킬 수 없으며 단지 빠른 시일 안에 채무를 상환하려고 할 뿐이다. 추산에 의하면, 일본 증시와 부동산 거품이 붕괴된 후 장부상 손실은 1,500조 엔에 이르렀는데, 이는 일본의 3년 동안 GDP를 모두 합한 것과 같은 액수였다. 일본 은행의 부실 채권이 최고조에 달했을 때에는 일본 GDP의 35퍼센트를 차지했다. 채무 위기는 순식간에 은행업의 위기로 바뀌었고 1990년대 중반 일본의 은행은 대대적인 재편이 이루어질 수밖에 없었다.

정책 효과를 분석하면 통화 정책이 자산 거품을 자극할 것이라는 것을 사전에 예측할 수 있다. 그렇다면 당시 일본은 왜 재정 정책에 크게 의존하지 않았을까? 앞에서 언급했듯이 1970년대 말 일본은 재정 정책을 강력하게 추진했지만 적자폭이 커진 것 외에 국내와 세계의 경제 성장 촉진 효과는 미흡했다. 이런 선례 때문에 일본 의회는 재정 적자를 엄격하게 경계했으며 정부는 재정 부양 정책을 자신 있게 제안하지 못했다. 미야자와 기이치는 전임 총리인 나카소네 야스히로와 다케시타 노보루가 엔화 절상을 이끌었다고 비판했다. 나카소네는 이후 다케시타를 대신해 미야자와를 대장상으로 임명했다.

제임스 베이커 미 재무 장관은 일본의 대미 흑자가 줄어들지 않자 미야자와 기이치에게 재정 정책을 통해 일본 경제를 부양할 것을 촉구했으나 미야자와가 약속한 몇몇 재정 부양책은 완전히 이행되지 않았다. 그 결과 미국은 미야자와를 신임하지 않게 되었고 미야자와는 이로 인해 말할 수 없는 고통을 받았다. 그가 약속을 지키지 못한 이유는 바로 앞에서 이야기한 원인 때문이었다. 일본은 1992년 버블 경제가 붕괴될 때까지 대규모 재정 정책을 실행했는데, 그 후 정부의 채무는 해마다 가중되어 현재 서방 국가 가운데 GDP에서 채무가 차지하는 비중이 가장 높은 국가가 되었다. 그러나 이 지표는 일본이 채무 위기에 빠질 것이라는 것에 대한 참조 사항이 될 수는 없었다.

일본 경제가 지속적인 불경기에 접어들게 된 직접적인 영향은 버블 붕괴가 조성한 자산 부채 위기에 있었다. 1987년에 이르러 일본의 1인당 GNP는 미국을 추월해 명실상부한 선진국이 되었다. 그러나 일본의 국토 면적, 인구수, 전 세계 과학기술에서의 혁신, 후발 경제 국가의 추월 같은 여러 요소를 고려해볼 때, 일본은 국민 소득 배가 계획을 시행했음에도 국민들의 일상 소비는 수출을 대체하고 경제 성장을 견인하는 역할을 할 정도로는 결코 늘어나지 않았다. 다만 국내 소비에 의지해서 낮은 수준의 안정적 경제 성장을 담보할 수 있었다는 것에 만족할 뿐이었다. 만일 1980년대 말의 버블 호황이 없었다면 일본 경제는 '헤이세이 경기'를 누릴 수 없었을 것이며 1992년 이후의 잃어버린 10년, 20년도 나타날 수 없었을 것이다. 물론 역사에 가정은 없다.

플라자 회의 이전 일본에서는 일본의 인구 구조가 유럽이나 미국에 비해 우월해 상대적으로 노령화에 진입하는 시점이 늦을 것이라는 분석이 있었다. 그러나 일본 총무청의 자료에 따르면 1992년 일본의 65세 이상 인구가 전체 인구의 13.5퍼센트인 687만 명으로 역사상 최고 수준을 기록했다. 일본 노령화 속도는 정부의 예측을 크게 뛰어넘었으며 그해는 마침 일본의 부동산 버블이 붕괴되어 불경기가 지속되던 때였다. 버블 붕괴 이후 채무 부담 때문에 일본 기업의 산업 투자가 대폭 줄어들어 일본 기업은 2000년을 전후한 정보산업 시대에 상대적으로 열세에 처하게 되었다. 또한 일본 기업의 효율성 증가도 예전만 못했다.

1954~1972년 일본 경제의 연평균 성장률은 9.2퍼센트, 1973~1991년에는 3.5퍼센트, 1992~2015년에는 0.8퍼센트였다. 1970년대에는 석유 파동의 여파로 서방 전체의 경기가 모두 불경기였으며 미국 역시 같은 시기에 달러의 신용 위기에 처해 있었다. 이런 배경에서 하버드대학 교수 에즈라 보걸Ezra F. Vogel이 『일본 제일Japan as No. 1』(1979)을 출판했다. 이 책은 1991년까지 세계를 풍미했으며 플라자 합의 이후 더욱 각광받았다. 1989년에는 소니SONY 창립자 모리타 아키오盛田昭夫가 작가이며 정치가인 이시하라 신타로石原慎太郎와 함께 쓴 『NO라고 말할 수 있는 일본「NO」と言える日本』이 출간되어 크게 유행했다. 미국인들은 미국의 위상이 하락하는 가운데 과거와 같은 발전 속도의 차이라면 2000년을 전후해 일본이 경제 총생산량에서 미국을 능가할 것이라고 믿었다. 그러나 1992년 폴 볼커의 『달러의 부활』이 세상에 나온 후 일본이 1위라는 주장은 더는 언급되지 않았다.

지금까지 플라자 회의 이후 일본 정부의 재정과 통화 정책을 살펴보았다. 이번에는 일본 기업 이야기를 해보자.

미국 시장 개방에 일본 산업 정책이 힘을 더하면서 일본의 주요 산업이 급속도로 발전했다. 대표적인 분야로 자동차 산업을 들 수 있다. 1975년까지 환율 요인을 감안하더라도 도요타豊田와 혼다本田의 노동 생산율은 미국 자동차 회사를 크게 넘어섰다. 일본 자동차가 미국에 수출되기 시작하자 미국 자동차 산업에 경쟁 압력이 가해지며 미국 자동차 회사 노동자, 철강 노동자가 일본 자동차를 때려 부수는 것이 뉴스에 등장하곤 했다.

일본 기업은 일찍이 동남아시아 지역에도 투자했으나 1980년대 초 이후부터는 무역 마찰을 피하기 위해 미국에 투자를 집중하기 시작했다. 일본 통산성이 1986년에 발표한 「통상백서」에 따르면 일본이 선진국의 산업에 투자할 때는 무역 마찰을 피하기 위해 자동차 산업에 65퍼센트, 공작 기계에 77.1퍼센트, 사무기기에 95.7퍼센트를 투자하는 것으로 나타났다.

버블 경제가 붕괴되고 채무 압력이 밀려들자 일본 기업의 투자 능력과 강도 모두 대폭 하락했다. 1990년대 후반기 보도에 의하면, 일본 기업이 1980년대 미국의 상징적인 기업을 인수하면서 상당한 손실을 입거나 철수를 약속한 사례가 끊임없이 발생하고 있었다. 정말로 시운이 변했다고 말할 수 있다. 그러나 일본 기업의 대외 투자와 미국과 일본 간 무역 충돌은 중국에게 좋은 기회를 가져다주었다.

1980년대 중후반, 특히 1990년대 일본의 대외 투자는 다시 유럽과 미국 같은 선진국에서 동남아시아 경제체제와 중국으로 그 대상을 바꾸었는데, 마침 중국은 시장경제체제를 받아들이고 개혁개방을 가속화하고 있었다. 또 한편 위안화 환율과 이후 WTO 가입으로 중국의 대미 수출이 증가했다. 일본 기업은 이 모든 과정에 참여하며 보너스 기간을 즐겼다. 데이터를 통해 보면, 일본이 오래도록 미국에게서 얻어온 큰 폭의 흑자를 이제 중국이 누리게 되었다. 즉 중국은 미국에 대량으로 수출을 해서 거액의 흑자를 얻었고 일본은 중국을 상대로 수출을 늘려 큰 흑자를 얻었다. 이 과정에서 중국은 일본을 제치고 미국의 최대 적자국이 되었다.

로이터Reuters 통신의 통계를 보면, 2017년 말까지 일본의 해외 순투자 총액은 328조 엔, 달러로 환산하면 3조 달러다. 중국은 2019년 말 외환보유고가 막 3조 달러를 넘었는데, 이 3조 달러는 순자산이 아니며 채무가 포함되어 있다. 중국 상무부 통계에 따르면, 2017년 말 기준 일본의 중국 누적 투자액은 1,081억 달러에 이르며 70퍼센트 이상이 흑자였다.

마지막으로 제2차 세계대전 이후 일본의 경제 발전 모델과 플라자 회의를 대조해보면 중국의 상황을 살필 수 있다.

경로, 방식, 논리 면에서 중국의 개혁개방, 특히 1990년대 중후반의 발전은 전형적으로 외자 유치를 통한 수출 주도형 성장이었다. 이 기간에 미국 시장 개방, 전 세계 경제와 통화 체계가 중요한 역할을 했다는 것은 결코 도외시할 수 없다. 중국의 대미 수출 규모와 흑자가 끊임없이 확대되어 미국과 세계 경제에 준 영향은 1960~1980년대 일본의 상황과 매우 유사했다. 다만 총액과 비율 면에서 현재 중국의 규모와 영향이 더 클 뿐이다.

일본을 포함한 서방 국가와 시장은 1985년 엔화가 달러 대비 절상되어야 한다는 점을 매우 분명히 알고 있었다. 그러나 중국인민은행 행장 이강易綱은 2019년 양회兩會(전국인민대표회의와 정치협상회의) 기자회견에서 "과거 4년 동안 위안화는 실제로 상당한 평가절하 압력을 받아왔다"라고 인정했다. 이는 1985년 일본과 완전히 다른 상황이다. 1970년대 서구 국가 간 변동 환율이 시작되면서 혼돈의 시기로 접어들었으며(이때 '오일 달러'라는 개념이 나왔지만 중국인 대부분이 이해하는 바와는 큰 차이가 있었다) 1984년 미국이 엔화의 국제화를 요구하자 엔화는 점점 달러의 속박에서 벗어나 시장이 환율을 결정하게 되었다. 이 과정에는 어려움이 많았지만 엔화는 분명히 이 길로 나아가고 있었다.

그러나 위안화는 1994년 개혁 이후 25년 동안 줄곧 달러의 속박에서 벗어난 적이 없어, 달러는 정책 결정자와 다른 시장 주체에게 신앙이자 저주가 되었다. 이것은 경제가 빠른 속도로 발전하던 초기에는 이익을 가져다주며 유리하게 작용했지만, 현재는 이에 대한 반작용이 드러나 마치 호랑이 등에 올라 타 내리기 어려운 상황처럼 위안화 환율의 절상과 절하에 중국이 주체성을 발휘하기 힘든 상황이 되었다. 달러에 고정되어 있는 한, 존 코널리가 1971년 금과 달러가 분리될 때 "달러는 우리의 통화지만 당신들에게는 골칫거리"라고 한 말에서 직접적으로든 간접적으로든 벗어나기 어려웠다. 엔화는 현재 이런 골칫거리가 없다.

1970년대 말부터 이미 일본 정부와 학계는 일본이 수출 위주의 방식에서 벗어나야 한다는 것을 깨달았다. 플라자 회의는 그러한 방향 전환을 가속화하는 작용을 했으며 이후 일본의 경험은 변화가 매우 어렵다는 것을 보여주었다. 지금도 일본 경제에서 무역이 차지하는 역할이 여전히 중요하지만 일본은 1980년대 이전에 끊임없이 충돌을 일으키던 무역 관계와 발전 모델에서 이미 벗어났다. 중국 내에서도 내수의 역할을 인식하고는 있지만 아직 이행되는 수준은 아니다. 이것은 아마도 전체 사회의 수입 배분과 관계가 있을 것이다.

수출 주도형 경제를 내수 주도형으로 순조롭게 변화시키려면 많은 조건이 필요하며 이들 조건은 단순한 경제정책의 범주를 벗어나 있어 국내 정책만으로 해결할 수 없는 것도 있다. 일본 국내 연구 기관은 1973년에 일본이 10퍼센트 이상의 경제 성장률을 1985년까지 유지할 수 있을 것이라고 예상했다. 대외무역 주도 방식에서 벗어나면 성장률은 떨어질 수밖에 없겠지만 장기 불황이 아니라면 낮은 성장 수준에서 안정세를 유지할 것이다. 정책은 이러한 규율을 바꿀 수 없었다. 이 규율을 깨뜨릴 수 있는 유일한 방법은 혁명적인 기술 혁신으로 글로벌 소비의 새로운 트렌드를 선도하는 것이다.

1980년대 미국과 일본의 무역 마찰은 일본 기술이 미국을 따라잡아 미국의 상대적 기술 우위와의 격차를 좁혔기 때문이었다. 일본은 기업, 기계, 사무기기, 가전 등에서 미국을 압도하기 시작했다. 당시 미국과 일본 사이에 벌어진 산업 경쟁과 무역 마찰을 살펴보면, 이전할 수 없는 산업 사슬industry chain이나 가치 사슬value chain은 없었으며 실업의 대가를 치르기만 하면 되었다. 이것은 트럼프 같은 정치인의 선택이었다고 보아야 한다. 미국의 일본 수출품은 보잉 여

객기를 제외하고는 대부분 식량과 목재였기 때문에 일본에서는 미국을 엄연한 농업국으로 보는 경향이 있었다. 플라자 회의가 그랬듯이 미국과 일본의 문제는 경제 문제에 국한되어 있었다. 미국 관리들은 일본의 자본주의가 미국과 다르다고 비난했고 클린턴은 "무역 문제로 일본을 불 위에서 구워버리겠다"고 공언했지만 이들 간 분쟁은 상업과 무역의 범주를 벗어나지 않았다. 전 세계 모든 경제체제가 일본과 같은 행운을 가진 것은 아니었다. 그리고 일본은 1968년을 시작으로 그 경제 규모에 있어 미국에 이은 두 번째 자리를 늘 유지했다. 그러나 일본 전문가들의 말을 빌리면, 일본 버블 경제의 붕괴는 결코 세계 생산에 어떠한 영향도 주지 않았다고 한다.

2002년 이후 세계 무역의 증가는 주로 중국에서 나왔다. 중국 상품 수출은 전 세계 수출 시장 점유율의 15퍼센트를 넘어섰으며 이 비율은 제2차 세계대전 이후 미국만 도달한 수치였다. 중국의 세계 수출 시장 점유율이 상승함으로써 미국을 포함한 다른 국가의 점유율은 하락하게 되었다. 미국의 한 통계를 보면, 2009년 이후 미국은 중국과의 상품 수지 적자가 전체 적자의 약 50퍼센트를 차지하며 절대 가치가 꾸준히 증가해 미국 적자의 가장 큰 원천이 되었다.

2018년 중국 상품에 대한 미국의 무역 적자는 2000년 미국의 세계 무역 적자 총액에 상응했다. 같은 해 중국의 노동 집약형 상품이 전 세계 같은 유형의 수출 상품에서 차지하는 총액이 25퍼센트를 초과했는데, 이는 제2차 세계대전 이후 모든 서방 국가보다 높은 비율이었다. 결국 중국은 여전히 노동력의 이점을 이용하고 있어 국내 산업 발전, 투자, 소비 모두 무역 수출의 제약을 받고 있다. 이런 상황에서 무역 마찰은 중국 경제에 매우 큰 영향을 줄 수 있으며 장시간 지속될 수도 있다.

　마지막으로 내가 가장 중요하게 보는 것은 전후 발전 과정에서 일본은 정부가 통제할 수밖에 없는 자본 유출 문제가 없었다는 것이다. 자본 유출은 라틴아메리카를 포함한 다른 여러 나라에서 경제와 정치 위기 폭발의 원인이 되었다. 일본은 자본 유출 우려가 없기에 현재의 높은 국내 채무를 결코 잠재적인 우환으로 여기지 않는다. 그러나 이러한 지표만으로 단순 비교하면서 자본 유출입의 현실을 가벼이 여겨서는 안 될 것이다.

개혁개방 이후 40년간
중국 경제 발전과 미래

:

웨이썬(韋森) | 푸단대학 경제학과 교수

9

2018년은 중국이 개혁개방을 한 지 40주년이 되는 해이고 2019년은 중국인민
공화국 성립 70주년이 되는 해다. 각계에서는 신중국이 개혁개방 이후 비로소 괄
목상대한 성장을 했다고 인식하고 있지만, 중국은 중간에 우회한 적도 있었다. 푸
단대학 경제학과 교수 웨이썬은 개혁개방이 중국 경제 발전에 가져다준 영향과
동력을 소개하고 중국 경제의 미래가 나아갈 길을 예상해볼 것이다.

1978년 시장화 개혁 후
중국 경제의 신속한 발전

2019년은 중국에게 특별한 해였다. 바로 중화인민공화국 성립 70주년으로, 사람으로 치면 고희古稀를 맞이한 것이다. 그러나 1978년 12월 중국의 개혁개방을 기점으로 보면 중국의 실제 경제 발전은 막 40년을 경과했다고 할 수 있다.

중국 역사에서 중화인민공화국의 발전은 두 시기로 구분할 수 있다. 첫 번째 시기는 1949년(어떤 이는 1952년이라고도 한다)부터 1977년까지로, 이때는 중국 전체 사회에서 중앙 계획경제체제를 수립하고 실천한 시기다. 두 번째 시기는 1978년 이후 현재까지로, 중국이 시장화 개혁과 대외 개방으로 전환한 때다. 시장경제가 중국 내부의 성장 동력이 됨으로써 중국 경제의 진정한 발전이 이루어지기 시작했다고 할 수 있는데, 이것이 1978년 시장화 개혁과 그 이후의 상황이다.

1949년 중국인민공화국이 세워졌을 때 중국은 매우 가난하고 낙후된 나라였다. 국가통계국 수치에 따르면, 1952년 중국 인구는 5억 7,000만 명이었지만 GDP는 겨우 679억 위안으로 1인당 GDP는 119위안이었다. 그러나 전 세계를 상대로 비교해보면 당시 중국 경제가 최악의 시기는 아니었다. 만청晚清 시기부터 민국民國 초에 이르기까지 사회적인 혼란을 거쳤고 연이은 14년간의 항일 전쟁과 3년의 내전을 겪었지만, 1952년 당시 전 세계 인구의 4분의 1을 가지고 있던 중국의 총 GDP는 전 세계 GDP의 5.5퍼센트를 차지하고 있었다.

1950년대부터 중국은 소련의 계획경제체제 모델을 들여와 30여 년 동안 중앙 계획경제체제를 통한 사회 실험을 진행했다. 중화인민공화국 건국 후 전반기 30년 동안 중국은 농업 합작화 운동, 상공업의 사회주의적 개조, 1958년 인민공사화人民公社化와 대약진운동大躍進運動, 그리고 1966년부터 1976년까지 10년 동안의 문화대혁명文化大革命을 거쳤다. 그러는 동안 중국 경제는 전혀 성장하지 못했다.

전 세계 경제 성장의 역사를 들여다보면, 1950년대부터 1980년대 초까지 전 세계, 특히 서방 선진국은 제2차 세계대전 이후 20여 년 동안 고속 성장을 이루었지만 중국 경제는 오히려 더욱 뒤처졌다. 1978년 중국 인구는 9억 6,000만 명으로 늘어났지만 총 GDP는 1952년을 불변 가격으로 계산하면 3,678위안, 1인당 GDP는

347위안이었다. 당시 달러로 환산하면 겨우 215달러였다.

28년 동안 중국의 총 GDP가 5.4배 증가한 것으로 보이지만 세계와 비교해보면 중국 경제는 전체적으로 크게 퇴보한 것이었다. 국가통계국의 최신(2019년 7월) 추산에 의하면, 1978년 전 세계 인구의 4분의 1인 9억 6,000만 명의 인구를 가진 중국의 GDP는 세계 총 GDP에서 1.8퍼센트를 차지할 뿐이어서 1952년의 점유율에 비해 크게 하락했다. 당시 중국인 1인당 가처분소득은 겨우 171위안으로 전체 아프리카 국가의 1인당 GDP의 평균 수준보다도 낮았다. 국가통계국의 공식 통계에 따르면 1978년에 7억 7,000만 명에 달하는 중국 대륙의 주민이 UN이 규정한 빈곤선 아래에서 생활하고 있어 중국 농촌의 빈곤 발생률이 97.5퍼센트를 초과했다.

이러한 수치는 28년간의 계획경제체제 실험이 1958년의 대약진 운동, 1960년부터 3년 동안 지속된 자연 재해, 1966년 이후 10년간 문화대혁명을 거치면서 중국 경제를 붕괴 직전의 수준에 이르게 했음을 보여준다. 이러한 과정은 우리 자신이 친히 목도하고 경험한 것이기에 너무도 잘 알고 있다.

중화인민공화국 성립 70년의 역사는 초기 30년의 계획경제체제 실험이 오늘날의 관점에서 기본적으로 실패했다는 것을 충분히 증명해주었다. 영어 단어로 말하면 Infeasible, 즉 실행 불가능한 것이었다. 20세기 후반부터 세계 각국 경제 발전의 역사적 궤적을 횡적으로 비교해보면, 계획경제체제 실험은 중국, 소련, 그리고 동유럽 각국 국민에게 재난적인 결과를 가져다주었다. 이것이 1960년대 이후 소련, 동유럽 각국, 중국, 베트남 같은 사회주의 국가에서 경제체제 개혁과 사회 변혁을 추진하게 된 근본 원인이었다.

1978년 이후 중국은 사상 해방 운동을 시작했고, 이어서 시장화 개혁과 대외 개방을 진행했다. 특히 1994년부터 사회주의 시장경제 체제를 건설한다는 기본 발전 목표를 확립한 이후 중국 경제는 빠르게 발전해나갔다. 1994년 중국의 총 GDP는 2018년을 불변 가격으로 계산했을 때 1조 1,000억 위안이었으나, 2000년에 이르면 1조 8,600억 위안으로 빠르게 증가했다. 특히 2001년 말 중국이 WTO에 가입한 이후부터 중국 경제는 20여 년 동안 고속 성장을 했다. 2010년 중국의 총 GDP는 41조 2,000억 위안에 이르러 이탈리아, 영국, 프랑스, 독일, 일본을 차례로 앞질렀으며 이후 수년째 미국에 이어 세계 2위 자리를 차지하고 있다.

지난 3년 동안 중국의 경제 총액은 지속적으로 70조, 80조, 90조 위안을 넘어섰고 2018년에는 90조 300억 위안에 달해 세계 경제의 16퍼센트를 차지했다. 불변 가격으로 계산하면, 2018년 중국 국내 총생산은 1952년에 비해 175배 증가해 연평균 성장률은 8.1퍼센트였다. 이 중에서 1979년부터 2018년까지는 매년 9.4퍼센트씩 성장해, 같은 시기 세계 경제의 연평균 성장률 2.9퍼센트보다 훨씬 높아 세계 경제 성장에 대한 연평균 공헌율이 40년 평균 18퍼센트에 달했다. 특히 최근 몇 년 동안 중국의 경제 성장은 세계 GDP 성장에 무려 30퍼센트 이상 기여했다. 2018년 중국의 1인당 국민 소득은 9,732달러로 세계 중위권 국가의 평균 수준보다 높았다.

2000년 이후 중국 제조업 총생산량은 이탈리아, 영국, 프랑스, 독일, 일본을 넘어섰고 2010년에는 미국을 추월해 세계 제1의 제조업 대국이 되었다. 현재 중국은 이미 200종이 넘는 공산품 생산량에서 세계 1위 자리를 차지하고 있으며 제조업의 부가 가치 역시 2010년부터 세계 1위를 기록하고 있다. 2018년 중국의 석탄 생산량은 36.8억 톤으로 1949년에 비해 114배 성장했고, 철강 생산량은 11.1억 톤으로 세계 철강 총생산량의 50퍼센트 이상을 차지했다. 또한 시멘트 생산량은 22.1억 톤으로 세계 총생산량의 55퍼센트 이상을 점유했다. 2017년 중국 자동차 판매량은 2,888만 대로, 미국은 1,725만 대, 일본은 523만 대, 독일은 344만 대가 팔렸다. 즉 1년 동안 중국의 자동차 판매량은 미국, 독일, 일본 세 나라의 판매량을 합친 것보다도 300만 대 가까이 많았다.

2018년 말 중국의 철도 운영 거리는 13만 1,000킬로미터로 1949년 말에 비해 5배 증가했다. 최근 몇 년 동안 완공된 고속 철도는 2만 9,000킬로미터에 달해 세계 고속철도 총 길이의 60퍼센트 이상을 차지하게 되었다. 도로는 485만 킬로미터로 1949년 말에 비해 59배 증가했는데 그중 고속도로는 무에서 유를 창조해 2018년 말 14만 3,000킬로미터에 이르렀다. 정기 항공편 운항 거리는 838만 킬로미터로 1950년 말에 비해 734배 증가했다.

요약하면, 1978년 개혁개방 이후 시장경제체제 형성과 민영 경제의 발전, 그리고 외자의 대량 유입으로 중국 경제는 40여 년이라는 짧은 기간 동안 급속하게 발전했다. 2018년 달러 환율 가치로 중국의 GDP는 13조 6,000억 달러를 넘어서 세계 제2위 자리를 차지하게 되었다.

현재 중국이 총 GDP와 제조업 총생산량에서 거의 세계에서 선두권에 있다고 하더라도 인구가 14억 명이나 되기 때문에 중국의 1인당 GDP 순위는 그리 높지 않다. 2018년 말의 환율로 계산하면 중국의 1인당 GDP는 9,732달러로 세계 77위였고 중국 국민의 가처분소득은 더욱 낮았다.

국가통계국의 최근 발표를 보면, 1956년 중국인의 1인당 가처분소득은 98위안이었고 1인당 평균 소비지출은 88위안이었다. 1950년대부터 1978년까지 인구가 급속도로 증가하며 자본 축적과 소비 관계가 불합리해지는 등의 원인 때문에 1978년 중국인의 1인당 가처분소득은 겨우 171위안, 1인당 소비지출은 151위안이었다.

1978년의 개혁개방 이래로 중국 경제는 지속적으로 빠르게 발전했으며 도시와 농촌 인구 소득도 크게 증가했다. 그래서 개혁개방 이후 중국 가정의 1인당 가처분소득이 대폭 늘었지만 선진국과의 차이는 여전히 크다.

몇몇 국제기구의 수치를 가지고 환산해보면, 2018년 중국의 1인당 가처분소득은 3,436달러로 GDP의 39퍼센트를 차지했다. 미국의 1인당 GDP는 3만 9,192달러로 중국의 11배에 달하며 GDP의 69퍼센트를 차지했다.

또 다른 분명한 예는 2016년 미국 공식 빈곤 척도Official Poverty Measure, OPM로, 이에 따르면 소득이 11,880달러 미만인 독신자는 빈곤 가정에 속했다. 중국에서 1인당 가처분소득이 가장 높은 상하이의 2018년 1인당 가처분소득은 64,183위안이었다. 이것은 미국 가정의 빈곤선 기준에도 미치지 못하는 수치다. 이 데이터는 중국 가정의 실제 생활수준이 서방 선진국과 큰 차이가 있다는 것을 보여준다.

　이렇게 보면 중국 경제는 개혁개방 이후 30여 년 이라는 짧은 시간 동안 빠르게 발전해 현재 명실상부한 세계 제2의 경제체가 되었지만 세계의 선진국, 신흥 시장경제체제 국가나 지역과는 여전히 큰 격차를 보이고 있다. 특히 광대한 농촌과 발달하지 못한 서부 지역에서 이러한 현상은 더욱 두드러진다.

　중국 경제의 발전을 살펴보려면 세계사의 맥락에서 지난 40년 동안 중국의 성장을 살펴봐야 한다. 인류 사회의 발전사에서 진정한 의미의 경제 성장 또는 근대적 의미의 경제 성장은 인류 사회가 산업혁명 시기에 들어선 이후에 나타난 현상이다.

　현대 세계 경제사 데이터 연구 및 분석 전문가 앵거스 매디슨 Angus Maddison의 추산과 추정에 따르면, 기원전 1000년부터 기원후 1800년까지는 동방과 서방 국가를 막론하고 1인당 GDP는 기본적으로 크게 변화하지 않았다고 한다. 다만 14~15세기 베네치아에서 비로소 경제가 성장하기 시작했고, 16~17세기에는 네덜란드 경제가 산업혁명 이전에 성장의 길에 들어섰으며, 17~18세기에는 영국의 1인당 소득이 일정한 증가를 보였을 뿐이었다. 그러다 1820년대 후반 영국과 유럽 국가, 그리고 미국에서 산업혁명이 일어난 이후 근대적 경제 성장으로 발전하게 된 것이다.

　근대 사회가 시작된 이후 서방 각국은 두 차례 급속한 경제 성장 시기를 경험했다. 그 첫 번째는 제1차 산업혁명과 제2차 산업혁명 직후인 1820년부터 1913년까지다. 이 기간 대영제국이 부상했을 때 평균 경제 성장률은 2퍼센트대에 그쳤으며 제1차 세계대전 이후에는 '영국병British disease' 침체기에 접어들었다. 그 사이 1873년에서 1896년까지는 제1차 세계 대공황을 겪었다. 같은 시기 프랑스의 GDP는 평균 1.5퍼센트 정도 성장했다. 독일제국은 통일 이후 비교적 늦게 경제 성장을 시작했으나 그 속도는 영국과 프랑스에 비해 빠른 편으로 GDP가 평균 2.5퍼센트 넘게 성장했다. 그러나 두 차례 세계대전에서 패전하며 독일의 경제 성장은 멈추었다. 제1차, 제2차 산업혁명을 거치는 동안 4퍼센트가 넘는 고속 성장을 한 나라는 미국과 캐나다뿐이었다.

근현대 세계 역사를 배경으로 중국의 과거 70년간의 경제 성장 궤적을 살펴보면 비교적 분명해진다. 앵거스 매디슨이 『세계 경제 천년사The World Economy: A Millennial Perspective』(2001)에서 추산한 바에 따르면, 몇몇 세계 대국의 총 GDP가 세계 경제에서 차지하는 점유율을 볼 때, 1500년 명나라 효종孝宗(재위 1487~1505) 홍치弘治 연간 중흥 시기에 중국 GDP는 세계 경제에서 대략 24.9퍼센트를 차지했고, 명나라 신종神宗(재위 1573~1620) 만력萬曆 28년인 1600년에 이르면 중국 GDP가 세계 경제에서 차지하는 비율이 29퍼센트로 상승했다. 그러다 청나라 성조聖祖(재위 1661~1722) 강희康熙 39년인 1700년에 이르러 22.3퍼센트로 하락했다. 청나라 선종宣宗(재위 1820~1850) 도광道光 연간인 1820년에 중국 GDP가 세계 경제에서 차지하는 비율이 최고 수준으로 상승해 전 세계 경제의 32.9퍼센트를 점유했다. 많은 경제사가들은 당시 중국 GDP가 유럽 모든 국가의 GDP를 합한 것보다도 높았다고 인정하고 있다.

중국 경제는 1870년 이후 두 차례 아편 전쟁, 태평천국 운동, 염

군쵼軍의 봉기 등을 거치면서 쇠락하기 시작했다. 그럼에도 1870년 중국 GDP는 전 세계 경제의 17.1퍼센트를 차지했다. 뒤이어 청일 전쟁, 8개국 연합군의 베이징 침공과 청나라의 멸망을 거쳤고, 또한 북벌 전쟁, 민국 혁명과 민국 초기의 군벌 혼전을 겪으면서도 1913년 중국 GDP는 여전히 세계의 8.8퍼센트를 차지했다. 14년간의 항일 전쟁과 3년간의 해방 전쟁 이후 1952년 중국 GDP 점유율은 5.5퍼센트였다(세계은행의 데이터 참조).

제1차, 제2차 산업혁명기의 유럽과 미국, 나아가 제2차 세계대전 후 일본과 '동아시아의 네 마리 용'이 1950년대에서 1970년대에 걸쳐 고도성장을 거듭했다면, 중국은 인구 10억 명이 넘는 대국으로 1978년부터 2018년까지 41년 동안 가격 요인을 제외하고 GDP가 36.7배 증가해 연평균 9.4퍼센트씩 성장했다. 이것은 타이완의 1962년부터 1996년까지 35년간의 연평균 성장 속도와 거의 비슷하다.

그러나 중국 대륙이 인구 14억 명의 대국이라는 것을 고려하면 40년 이상 GDP가 초고속 성장했다는 점 자체는(타이완은 인구가 2,000만 명 정도인 상대적으로 작은 경제체다) 개혁개방 이후 중국이 세계 경제사에서 기적을 만들어냈다는 것을 말해준다. 또한 1978년 개혁개방 이후 중국은 40여 년이라는 짧은 기간 동안 서방 선진국이 100년 넘게 걸려 완성한 산업화 과정으로 나아갔다는 것을 말해준다.

요약하면, 수천 년의 문명사를 지닌 중국에서 경제의 진정한 발전은 1978년 시장화 개혁 이후 일어난 사건이다. 이러한 역사적 사실은 중국이 시장화 발전 노선을 유지하면서 '중화인민공화국헌법'에서 규정한 법치 국가 목표를 확립해야만 안정되고 지속적인 경제 성장을 바탕으로 찬란한 미래에 도달할 수 있음을 알려준다.

과거 40년 동안
중국 경제의 성장 동력

    앞에서 1978년 이후 중국의 개혁개방이 가져다준 경제 발전 데이터와 사실을 살펴보았다. 이로부터 40년간의 개혁개방을 거쳐 중국의 경제가 빠르게 발전한 것을 확인했는데, 40년이라는 짧은 기간 동안 중국은 서방 국가가 근대 이래로 거의 100년에 걸쳐 행했던 발전 과정을 경험했다. 14억 명 인구를 가진 중국이 현재 세계 경제 대국이 되었다는 사실에 의구심을 가지고 있는 사람은 거의 없다. 그렇다면 중화인민공화국 성립 70주년과 중국 개혁개방 40주년의 역사적인 전환점에서 우리는 다음의 문제를 분명히 인식해야 한다. 중국 경제가 지난 40년 동안 이렇게 빠르게 성장한 이유는 무엇일까?

성장 동력과 공헌 요소는 무엇일까? 이러한 문제를 명확히 인식함으로써 미래에 중국이 나아갈 방향도 정확하게 이해할 수 있을 것이다.

지난 40년 동안 중국 경제 성장을 이끈 주요 원인과 동력은 무엇일까? 대체적으로 다음의 몇 가지로 나누어볼 수 있다.

첫째, 중국 경제의 고속 성장이라는 기적을 만들어낸 원인으로 1978년 이후의 시장화 개혁을 들 수 있다. 즉 시장경제를 받아들임으로써 중국 경제는 급속한 성장 단계로 진입하게 되었다. 40년간 중국 경제의 고속 성장 과정은 바로 중국 시장화 개혁의 과정인 것이다.

1978년 이후의 개혁사를 돌아보면 중국은 계획경제에서부터 한 걸음씩 시장경제체제로 나아갔다. 이러한 변화가 시작되자마자 경제학계에서는 계획규제와 시장규제, 계획경제와 상품경제, 그리고 계획상품경제를 논의했다. 1993년 중국 공산당 제14기 중앙위원회 3차 전체회의에서(14기 3중전회) 통과된 '중국공산당 사회주의 시장경제체제에 관한 몇 가지 문제 결정中共中央關於社會主義市場經濟體制若干問題的決定'에서 중국 경제가 시장경제 발전의 노선으로 나아갈 것을 최종적으로 확정한 이후 중국 경제가 비약적으로 발전하기 시작했다. 시장경제 발전이 중국에 가져다준 성장의 모습을 그래프로 확인해보자.

표 1과 표 2를 통해 지난 40여 년 동안 세 차례 큰 개혁개방이 있었다는 것을 명백하게 볼 수 있다. 즉 1978년 토지 도급, 1992년 덩샤오핑鄧小平의 남순강화 이후 도시 국유기업 개혁과 시장경제 지위

중국 연도별 GDP(단위: 억 위안)

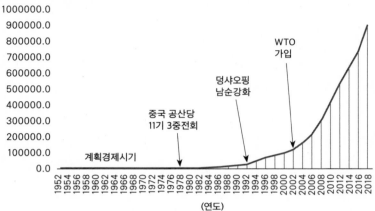

표 1 1952년 이후 중국 경제 성장 궤적

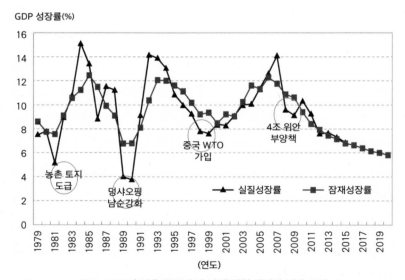

표 2 1978년 이후 중국의 세 차례 개혁 개방과 경제 도약

확립, 그리고 2001년 중국의 WTO 가입을 기점으로 세 차례에 걸쳐 경제가 급속도로 성장했다. 경제 총량이든 연평균 경제 성장률이든 관계없이 모두 이 점이 분명하게 드러나고 있다.

나는 여러 해에 걸친 연구에서 이 모든 상황을 인류 역사에서 발견할 수 있는 세 가지 자원 배분 방식인 자연경제, 계획경제, 시장경제의 관점에서 살폈다. 그리고 그중 시장경제를 인류 사회에 빠른 경제 성장을 가져다준 유일한 자원 배분 방식으로 보았다. 동양과 서양, 과거와 현재를 막론하고 자연경제는 얼마간의 경제 성장도 이루지 못했다.

지금까지 근대 서방 세계의 부상이든 1980년대 이후 중앙 계획경제국가의 개혁이든 간에 시장경제 조건 아래에서 비교적 빠른 경제 성장을 이룩했음을 어느 하나 예외 없이 증명해주었다.

그러므로 1978년 이후 40여 년에 걸친 중국 경제의 기적적인 성장은 우선 '시장화 개혁'을 통해 얻은 결과라 할 수 있다. 시장 메커니즘이 있어야 기업은 발전을 위한 동기를 얻을 수 있으며, 사회의 모든 사람이 시장 거래를 통해 부자가 되고 자신의 복지 동기를 높일 수 있다. 또한 그래야만 수많은 기업가가 등장하고 정부 관리가 경제 발전을 목표로 삼고 이를 달성하기 위해 시장화를 더욱 촉진하며 자기가 관할하는 부문과 지역의 경제 성장을 위한 정책과 조치를 취함으로써 더욱 빠른 경제 성장이 이루어지게 할 것이다. 시장화 개혁이 없었다면 오늘날의 중국은 없었을 것이며 40여 년 동안의 경제 기적도 없었을 것이다.

둘째, 중국의 경제 성장에 있어 시장화 개혁과 더불어 강조되어야 할 것은 중국 정부가 시장에서 한 역할이다. 문화대혁명 말기에 계획경제가 인간 사회에서 실행할 수 있는 자원 배분 체계가 아니라는 사실을 중국 사회 전체가 깨닫고 점차 공감대가 형성된 이후 중국 정부의 정책과 조치가 변화하기 시작했다. 중국 정부가 시장경제에 대한 통제와 억압을 완화하자 각급 정부는 시장경제 발전을 최고 목표로 삼았다. 이로써 1994년부터 각급 정부가 시장경제 발전과 성장을 이끌어가는 가장 큰 추진체가 되었다.

실제로 중국 각급 지방 정부 간 경쟁에서 중요한 것은 투자 유치 경쟁이 아니라 시장 개혁 경쟁이었다. 바로 시장화 개혁 방면에서의 각급과 각 지방 정부가 서로 경쟁하며 시장 발전에 유리한 각종 조치를 시행함으로써 오늘날 중국만이 가지게 된 독특한 시장경제체제를 형성한 것이다.

중국 각급 정부와 거의 모든 공무원이 시장경제를 발전시키는 데 투입된 것은 매우 독특하면서 역사적으로 유례없는 일로, 지난 40년 동안 중국 경제의 급속한 성장을 촉진하는 한편 다양한 경제 및 사회 문제를 야기하기도 했다. 중요한 사회 문제로 만연한 공무원의 부패, 사회 소득과 부의 편중이 급격히 확대된 분배 문제, 환경 오염 및 생태계 파괴 등을 들 수 있다.

한 국가 경제의 역사적 발전 단계에서 보면 투자의 감소는 시장화 조건에서는 마땅히 기업이 알아서 해야 할 일이다. 투자 수익률이 떨어지고 기업이 돈을 벌지 못하면 새로운 투자 기회와 업종이 갈수록 줄어들게 되고, 여기에 부동산의 동반 성장마저 포화 상태에 이르면 중국의 투자율은 자연히 떨어질 것이다. 중국의 수출 기회가 점점 줄어들고 어려워지는 상황에서 수출의 증가 속도 역시 자연스럽게 성장을 멈추거나 하락하게 될 것이다. 정부의 기능과 경제 성장에서 정부의 역할이 변화하면 중국의 경제 성장 방식이 자연스럽게 변화하며 중국의 경제 성장률이 둔화되기도 할 것이지만 사회는 더 안정적이고 조화로워질 것이다. 이처럼 중국은 천천히 우수한 시장경제 질서를 건설해가고 있다.

셋째, 개혁개방 이후 40년간 이어진 중국의 가파른 성장은 중국이 시장 메커니즘을 받아들인 이후 나타난 중국 민영 기업의 급속한 성장과 밀접한 관계가 있다. 특히 1994년 대규모 국유 기업이 민영화된 이후 중국 민영 경제가 급속히 성장했다.

시장감독관리총국 데이터에 의하면, 2017년 말까지 중국의 민영 기업은 2,700만 개, 자영업자는 6,500만 호를 넘었으며, 등록 자본은 165조 위안 이상이라고 한다. 또한 민영 경제가 GDP의 60퍼센트를 넘어 중국 경제의 반 이상을 점유하게 되었다. 동시에 민영 경제는 국제 경쟁에 뛰어든 중요한 역량이 되었다. 요약하면, 민영 경제의 특징을 흔히 '5, 6, 7, 8, 9'로 표현하는데, 즉 민영 경제는 50퍼센트 이상의 세수稅收, 60퍼센트 이상의 GDP, 70퍼센트 이상의 기술 혁신 효과에 공헌했다. 중화전국공상업연합회 통계에 따르면 성진城鎭(대도시와 농촌의 중간지대인 도시)의 취업자 중에서 민영 경제에 취업한 비율이 80퍼센트를 넘어 신규 일자리 공헌율이 90퍼센트를 넘어섰다.

『포춘Fortune』이 발표한 세계 500대 기업에서 중국 민영 기업 수는 2015년 6개에서 2016년 16개로 증가했다. 중국기업연합회가 발표한 중국의 500대 기업 가운데 민영 기업의 수는 2011년에서 2016년까지 6년 동안 끊임없이 증가해 184개에서 205개로 늘어났고, 차지하는 비율도 36.8퍼센트에서 41퍼센트로 높아졌다. 2016년 8월 중화전국공상업연합회가 발표한 '2016년 중국 500대 민영 기업' 명단을 보면, 500대 민영 기업에 선정된 기준이 101억 7,500만 위안으로 100억 위안을 돌파했다. 이처럼 중국 경제의 고속 성장 시기는 민영 경제의 급속한 발전과 성장 시기였다고 할 수 있다.

넷째, 2001년 WTO 가입 이후 중국의 고속 성장은 대외 개방, 외자의 대거 유입과 밀접한 관계가 있다. 20세기 하반기 이후 상대적으로 안정된 국제 환경, 특히 1980년대 후반 인터넷 시대가 도래하며 나타난 경제의 세계화 과정 또한 중국 경제가 급속도로 발전하는 데 있어 전대미문의 역사적 기회를 제공해주었다.

중국 경제가 비약적으로 발전한 1980년대에는 거대한 양질의 노동 인구를 가지고 있던 중국에 홍콩, 타이완, 싱가포르와 기타 해외의 많은 화교 자본과 기업이 외국인 직접 투자Foreign Direct Investment, FDI 형식으로 대량 유입되어 지난 40년간 중국 경제 발전에서 1단계 추진체 역할을 했다. 각급과 각 지방 정부의 '친성장'과 적극적 외자 유치 정책에 힘입은 해외 자본 유입이 현대 제조업 기술, 현대 기업 조직과 기업 제도의 시범 효과를 보이자 많은 민영 기업이 급속도로 발전하며 중국의 수출 지향적 경제 성장 모델의 형성과 발전을 함께 추진했다.

중국이 WTO에 가입한 획기적인 사건은 또한 지난 20년간 중국 경제가 급속도로 발전하는 2단계 추진체 역할을 했다. 국가통계국의 데이터를 보면, 2001년 중국이 WTO에 가입한 후 10여 년 동안 중국의 대외무역에서 순수출은 GDP의 3.3퍼센트를 차지한 이후 감소했다. 2011년 이후 최근 몇 년간 기여율은 마이너스로 떨어졌지만, 그렇다고 중국이 WTO에 가입한 이후 수출의 고속 성장이 급속한 경제 성장에 거의 또는 전혀 무의미했음을 의미하지는 않는다. 반면 중국이 수출 지향적 경제의 기반을 다지고 수출이 급속히 증가한 것이야말로 지난 20여 년간 중국 경제가 비약적으로 발전하는 데 가장 크게 공헌했으며 그 기여도 역시 기반 시설 투자 증가에 비해 컸을 것이다.

이러한 판단에 근거해, 나는 21세기 초 세계 경제의 글로벌화가 가속화된 것이 중국 경제가 급속히 발전하는 데 있어 천재일우의 역사적 기회를 제공했다고 생각한다. 중국이 세계 제조업 분업 시스템에 뛰어들어 세계 경제 시스템에 편입된 결과 급속도로 증가한 중국의 수출액이 지난 20여 년간의 경제 발전에 공헌했을 뿐만 아니라 수입과 외국인 직접 투자를 통해 대외무역 수출 관련 중국 민간 및 국유 기업에 투자하고 각급과 각 지방 정부가 도처에 열었던 개발구, 산업단지, 과학기술단지, 보세 지역 건설을 촉진하고 추진했다. 그리고 항구, 공항, 조선, 물류, 고속도로, 통신 네트워크, 인터넷 건설 등 무역과 직접 관련 있는 기초 설비 투자가 마지막으로 전체적인 중국의 경제 성장에 크게 공헌했다.

업종별 견적 및 통계를 직접 작성하지 않더라도, 중국 경제의 글로벌화와 대외무역 수출의 급속한 증가 및 무역 수출과 직접적으로 관련된 산업 투자, 과학기술 투자, 인프라 투자가 국내 민생과 관런 순투자와 정부 공공시설(정부 청사, 대학, 과학연구기구, 상업 빌딩 등을 건설하는 투자 포함)에 비해 지난 20여 년 GDP의 빠른 성장에 더욱 크게 기여했음을 직관적으로 알 수 있다. 한마디로 말해서 지난 20여 년 동안 대외무역 수출이 빠르게 성장하지 않았더라면 중국 경제가 비약적으로 발전할 수 없었을 것이다.

다섯째, 중국 경제의 과거 40년 동안의 고속 성장은 한편으로 계획경제 기간 동안 중국 경제의 낮은 발전 수준과 밀접한 관계가 있다. 앞에서 살펴봤듯이 28년간의 계획경제 실험을 거친 1978년 중국의 GDP는 3,678위안에 불과했고 1인당 GDP는 347위안에 지나지 않았다. 이처럼 낮은 경제 발전 수준에서 출발했기에 40년간의 고속 성장이 가능했던 것이다.

바꾸어 말하면, 1978년까지 중국 경제가 낙후된 것은 다른 한편으로는 거대한 발전 여지와 후발 주자로서의 이점을 지니고 있었음을 의미한다. 개혁개방으로 시장경제 메커니즘을 받아들이고 여기에 정부의 강한 추진력이 더해져 외자 유치가 늘어나고 민영 경제가 발전하며 지난 40년의 경제 기적을 이룩한 것이다. 중국 경제가 1978년 1인당 GDP 347위안이라는 낮은 수준에서 출발했기 때문에 40년 동안 연평균 9.4퍼센트 이상의 GDP 성장률을 기록했음에도 현재 중국의 1인당 GDP는 겨우 9,732달러로 서방 국가나 아시아의 네 마리의 용(한국, 싱가포르, 타이완, 홍콩)과 큰 차이를 보이고 있다. 이것을 중국은 분명히 인식하고 있어야 한다.

여섯째, 중국 경제의 고속 성장은 중국인의 비즈니스 정신, 장인 정신과 밀접한 관계가 있다. 2006년 하버드대학 객원 연구원으로 있을 당시 나는 중국인의 비즈니스 정신과 중국의 경제 성장 사이의 관계를 토론하고 『하버드에서의 네 번째 편지: 중국 경제 고속 성장의 수수께끼를 풀다哈佛書簡之四: 破解中國經濟高速增長之謎』를 저술한 적이 있다.

지난 40여 년간 중국 경제 성장을 다룬 몇몇 '요인 기여설', 즉 장우창張五常의 '중국 시장체제 최적론', 홍콩대학의 고든 레딩Gordon Redding 교수와 보스턴대학의 피터 버거Peter Berger 교수가 여러 해 전에 제기한 '화인 자본주의 정신The spirit of Chinese capitalism', 영국 울스터대학의 명예 교수이자 사회심리학자인 리처드 린Richard Lynn이 제기한 '중국인의 지능 지수가 최고이기 때문에 중국인이 시스템의 제약을 풀면 중국 경제의 급속한 성장과 21세기 중국의 부상은 필연적'이라는 설에 이르기까지 여러 경제학자의 분석을 종합해 나는 다음과 같은 결론에 이르렀다.

"이 세 가지 해석을 엮어보거나 세 가지를 겹쳐서 생각하면 그동안 중국 경제의 고속 성장을 내재적으로나마 파악할 수 있을 것이다. 이렇게 말하는 까닭은 위의 세 가지는 언뜻 보면 서로 관련 없는 듯하지만 실제로는 내재적으로 관련되어 있고 정신적으로 서로 통하기 때문이다. 구체적으로 말하면 지능 지수가 높은 많은 중국의 기업가, 관리자, 사업가, 마케팅 담당자, 생산자는 개혁개방 이후 뛰어난 경영 통찰력, 예리한 경영 감각 및 사람들을 놀라게 할 장인 정신으로 무장한 채 글로벌 통합을 향해 나아가는 치열한 국제시장에서 중국 제품 및 노동 서비스의 경쟁력을 지속적으로 향상시켰다. 그들은 이처럼 예리한 경영 감각과 사업을 정확하게 판단하는 경영 통찰력을 지니고 있었기 때문에 개혁과 개방이라는 역사적 기회를 만났을 때 끊임없이 자신의 기업을 발전시켜 크고 작은 자신만의 '비즈니스 왕국'을 건설할 수 있었다. 그들의 활동은 중국에 국한되지 않았다. 그들은 국외로 나가 국제 분업과 국제 경쟁에 과감하게 뛰어들었다. 최근 몇 년 동안 중국의 사회 시스템이 점진적으로 변화하는 과정에서 이들 기업가, 사업가, 마케팅 담당자, 생산자는 시스템 전환의 수혜자인 것은 물론 현재 중국 산업 및 상업 관행과 규범의 실천자이기도 했다. 그들은 또한 시장 제도 계획을 현실화하는 창조자였다. 정부 관리가 행정에 개입하고 다른 경쟁자 및 파트너와 시장에서 거래하는 소셜 게임에서 그들은 자신의 기업과 비즈니스 왕국을 끊임없이 성장, 발전시키는 동시에 현재 중국 시장에서 운용되는 시장질서와 게임 법칙을 만들어냈다. 이런 의미에서 중국 본토에서 다양한 회사를 실제로 운영하며 성장시키고 있는 이 수천만 명의 기업가, 사업가, 관리자 및 생산자가 바로 장우창 선생이 생각한 '현재 중국에서 가장 합리적인 시장 제도 규칙'의 창조자인 것이다."

『중국 경제 고속 성장의 수수께끼를 풀다』를 발표한지 10여 년이 지났지만 나는 여전히 지난 40년 동안 중국이 이룩한 경제 성장의 기적은 중국인의 비즈니스 감각과 장인 정신의 결과라고 믿고 있다. 즉 정부가 개혁개방을 통해 시장경제의 제도적 제약을 없애버린 이후 중국 경제가 눈부시게 발전한 것은 자연스럽고 필연적인 결과였다.

이밖에 린이푸林毅夫 교수의 연구에 따르면, 두 차례 세계대전이 끝나고 전 세계에서 GDP가 25년 연속 7퍼센트 이상 증가한 13개 국가 가운데 4개가 중국계 국가와 사회였다. 또 오랜 기간 유가儒家 문화의 영향을 받은 일본, 한국, 말레이시아, 타이 등은 다른 측면에서 나의 이런 판단을 입증해준다. 이 판단은 수치적으로는 실증할 방법이 없고 인과 관계를 이론적으로 해석하기도 어렵지만, 두 차례 세계대전 이후 세계 경제의 발전이 보여주는 사실이 이 점을 분명히 드러내고 있음은 의심의 여지가 없다.

향후 중국 경제의
발전 방향

지금까지 지난 40년 동안 중국 경제가 급속히 발전한 사실, 발전의 원인과 기여 요소를 살펴보았다. 이제 중국 경제의 미래 발전 추세를 이야기하고자 한다.

세계사 속에서 지난 수십 년간 중국 경제가 고속 성장한 원인과 공헌 요인을 정리하면 중국 경제의 현재 발전 단계와 미래 성장성을 가늠해볼 수 있을 것이다.

2012년부터 중국 경제의 성장 속도는 줄곧 하강했다. 그러나 실제로는 2007년부터 중국 경제의 잠재 성장 속도가 이미 하강 추세에 들어섰다. 2007~2008년 세계 금융 위기가 폭발하자 중국 정부는 금융 위기와 경제 쇠퇴가 미칠 충격에 대응하고자 4조 위안의 경제 부양책을 내놓았다. 그 후 중국 경제는 몇 년 동안 8퍼센트 이상의 성장 속도를 유지했지만 이것 역시 중국 경제에 많은 문제를 남겨 놓았다.

그중에는 기업 및 지방 정부의 높은 부채 비율, 과잉 생산, 자본 수익률 감소, 기업 손실, 경영난, 은행 대출 상환 능력 부족 등이 있었다. 2012년부터 중국 경제의 성장 속도가 하강하기 시작해 생산자 물가 지수Producer Price Index, PPI가 54개월 연속 마이너스를 기록했다. 이것은 실제로 중국 경제가 4년 이상 '성장 중 불경기' 상태에 있음을 의미한다. 2016년 하반기부터 정책입안자들이 통화 정책을 완화하고 인프라 투자를 늘리며 경제 성장 속도를 확보하려 하자 2017년 중국 경제 성장 속도가 다소 안정세를 찾기도 했다.

그러나 이것은 중국 경제의 잠재 성장 속도가 하강하는 큰 추세를 바꾸지는 못했다. 최근 몇 년 동안 나는 중국 경제가 점차 '성숙한 경제체제'로 성장하고 중국이 중진국으로 진입함에 따라 향후 10~20년간 중국의 경제 성장률이 계속해서 하락할 것이라고 예상했다.

그런데 내가 강조하고 싶은 것은, 앞으로 중국 경제가 완만한 성장기에 접어든다 하더라도 총 GDP가 13조 6,000억 달러, 1인당 GDP가 9,700달러, 대외무역 수출이 2조 달러 이상인 대국의 경우 연 GDP 성장률이 5퍼센트를 넘을 수 있다는 것은 제1차 산업혁명 이래 백여 년 동안의 근현대 역사를 들여다보거나 오늘날의 국제 환경에서 여러 나라와 비교해보더라도 매우 높은 수준의 경제 성장

속도라고 할 수 있다.

당대 세계 경제사에서 볼 때, 중국의 경제 성장 속도가 완만한 증가세로 내려간다 하더라도 이는 결코 두려워할 일이 아니며 매우 정상적이고 자연스러운 일이다. 인류 근현대사와 당대 역사를 보면 1인당 GDP가 8퍼센트를 넘는 초고속 경제 성장은 나중에 부상한 '추격형' 국가나 경제권에서 주로 발생했다.

린이푸 교수의 최근 연구를 보면, 제2차 세계대전이 끝나고 1978년 개혁개방을 실시한 중국 이외에 7퍼센트 이상의 연평균 경제 성장률을 25년 넘게 유지한 국가로는 일본, 한국, 싱가포르, 인도네시아, 말레이시아, 타이, 브라질, 몰타, 오만, 보츠와나, 타이완, 홍콩 등이 있을 뿐이다. 이들 중 비교적 큰 경제체제는 대부분 아시아, 그중에서도 동아시아에 있다. 예를 들어 1950년부터 1973년까지 일본의 연평균 GDP 성장률은 9.27퍼센트였고, 타이완은 1962년부터 1996년까지 35년 동안 8.8퍼센트의 고속 성장을 했다. 또한 한국은 1971년부터 1996년까지 25년 동안 9.1퍼센트가 넘는 고속 성장을 했고 싱가포르는 1976년부터 1997년까지 연평균 GDP 성장률이 8.2퍼센트에 달했으며 홍콩은 1974년부터 1988년까지 GDP 성장률이 8.2퍼센트였다.

여기에서 주목해야 할 것은 이들 아시아 국가, 특히 동아시아의 '후발 추격형' 경제체제의 고속 성장 시기가 모두 이들 국가가 채택한 수출 주도형 경제 발전 전략과 관계있다는 점이다. 20~30년에 걸친 고속 경제 성장과 자국의 산업화를 완성한 이후 이들 추격형 국가는 거의 예외 없이 경제 성장이 둔화되어 심지어 절반으로 줄어드는 과정을 경험하기도 했다.

예를 들어 일본은 1974년부터 1992년까지의 경제 성장률이 3.7퍼센트에 불과했는데, 1950년에서 1973년까지 고속 성장 기간의 성장률에 비해 절반 이상 하락한 것이다. 또한 1993년 이후 2009년까지 일본의 경제 성장률은 매우 크게 하락해 연평균 성장률이 겨우 0.85퍼센트에 지나지 않았다. 한국 경제도 1997년부터 2012년까지 연평균 성장률은 대략 4.3퍼센트에 불과해 1971년에서 1996년까지의 고속 성장 시기에 비해 성장률이 거의 절반가량 하락했다. 1995년부터 2012년까지 타이완의 연평균 경제 성장률 역시 4.3퍼센트로 고속 성장기에 비해 절반 넘게 하락했다. 1989년부터 2012년까지 홍콩의 연평균 경제 성장률도 4.0퍼센트 정도에 불과했다. 이 기간 동안 싱가포르의 경제 성장률이 가장 높아 1997년부터 2012년까지 5.3퍼센트를 기록했다.

'후발 주자의 이점'을 가진 '수출 지향형' 아시아 경제 성장의 역사적 경험은 20~30년에 걸친 고속 경제 성장과 자국의 산업화를 완성한 후 경제 성장률이 완만히 둔화된 것이 아니라 갑자기 크게 하락하고 다시 한 번 크게 하락해 마지막에는 경제 성장률이 절반 혹은 그 이상으로 하락하게 된다는 것을 보여준다.

세계 각국의 근현대 경제 성장에 빗대어 중국 경제의 성장을 살펴보면 앞으로의 추세를 대략적으로 파악할 수 있다.

30여 년의 초고속 경제 성장을 경험한 후 2012년 4분기부터 중국 경제 성장률이 하락하기 시작해 2013년에는 7.8퍼센트로 하락했고 2014년에는 7.4퍼센트로 좀 더 하락했다. 그리고 2015년에는

6.9퍼센트, 2016년 이후에는 거의 매년 하락해 2018년에 6.6퍼센트까지 떨어졌다.

왜 중국 경제 성장률이 지속적으로 하락할까? 다음의 몇 가지 요인을 들 수 있다.

첫째, 중국 경제의 시장 개혁 과정 측면에서 보면, 40년의 개혁개방을 거치면서 중국 경제의 시장화 정도는 이미 높아져 중국의 민영 경제는 완전한 시장화를 이루었고 국유 기업도 여러 해 동안 시장에서 경쟁하면서 성장 발전했을 뿐만 아니라 중국 정부의 행위도 많은 부분 시장에서 운용되고 있다. 따라서 시장화 개혁의 이점을 현재 경제의 거의 모든 부문에서 누리고 있다고 할 수 있다.

이런 의미에서 중국 경제는 이미 현대 시장경제의 '신창타이新常態, New Normal' 시대로 접어들었다고 할 수 있다. 이로 인해 과잉 생산, 인플레이션, 디플레이션을 포함한 현대 시장경제의 여러 기본 법칙이 '신흥' 시장경제 국가인 중국에서 작동하기 시작해 활황, 후퇴, 침체, 회복의 경제 사이클이 나타나고 있다.

외부 세계에 대한 중국의 경제 개방 측면에서 보면, 지금까지 중국 경제는 다른 어떤 국가보다 글로벌 노동 분업 시스템에 더 깊이 통합되어 있다고 할 수 있다. IMF 데이터에 의하면 중국은 일찍이 2009년에 세계 제1의 수출 대국이 되었으며 그해 수출 총액은 1조 2,000억 달러였다. 2013년 중국의 수출 규모는 2조 2,000억 달러에 달해 미국의 40퍼센트를 넘어섰으며 심지어 독일과 일본의 수출액을 합친 것보다도 400억 달러 이상 많은 금액이었다. 2014년에는 현재 달러 가격을 기준으로 중국의 총 수출입액은 4조 3,000억 달러로 전년 대비 3.4퍼센트 증가했는데, 수출은 2조 3,400억 달러로 전년 대비 6.1퍼센트 증가했고, 수입은 1조 9,600억 달러로 전년 대비 0.4퍼센트 증가했다. 최근 몇 년 동안 대외무역 수출입 성장률과 총액은 모두 감소했지만 현재 중국의 대외무역 의존도(수출입 총액을 명목 GDP로 나눈 값)는 여전히 41.3퍼센트다. 수출 의존도는 20퍼센트 이하로 떨어졌지만 여전히 세계에서 가장 높은 국가 가운데 하나로 미국이나 일본보다도 높다.

중국처럼 GDP 총액이 14조 달러에 달하고 수출이 2조 달러(전 세계 수출의 12.2퍼센트 점유)를 초과하는 국가는 더 이상 지난 20년 동안 그랬던 것처럼 고속 수출 성장에 의존해 경제를 성장시킬 수 없다. 만일 중국 경제가 10년이나 20년 후에도 과거 20년 전 대외무역 증가율을 유지하기를 기대한다면, 이는 전 세계 제조업 제품이 모두 중국에서 생산되어야 가능할 것이니 이론적으로나 현실적으로나 불가능한 일이다. 이러한 관점에서 지난 20여 년간 중국의 수출 위주 제조업의 급속한 발전으로 인한 과잉 생산은 단기간에 해결할 수 있는 문제가 아니며 중국 경제 성장의 둔화를 결정짓는 요인이기도 하다.

중국 대외 수출 증가율 및 수출액이 연속적으로 하락하는 상황에서 2018년부터 미국 트럼프 행정부는 중국에 전면적인 무역 전쟁을 전개해 중국의 대미 수출품 관세를 지속적으로 올리는 것을 비롯해 모든 방면에서 중국에 압력을 가했다. 이는 여러 모로 중국 경제에 부정적인 영향을 미쳤다.

1. 중국 소비재 수출의 경쟁력이 점점 떨어져 다른 국가의 제품이

중국 상품을 대체할 수 있게 되었다. 미중 무역 전쟁은 중국의 대외 수출에 더 안 좋은 영향을 미쳤다.

2. 최근 몇 년간 중국의 대외 수출 하락이 중국 경제 성장률 하락을 이끌었다. 외부 수요의 변화가 일반적으로 투자, 취업, 소비자 수요 등과 연계되므로 중국의 내수 또한 영향을 받을 수밖에 없었다.

3. 미중 무역 전쟁이 발생하자 일부 외국 자본이 철수했다. 최근 조사에서 40퍼센트 이상의 미국 회사가 중국 생산 기지를 다른 나라로 옮긴 것으로 나타났다. 일본, 유럽연합, 한국, 싱가포르, 타이완의 많은 기업도 이와 유사하게 생각하고 행동하려 한다.

4. 중국 민영 기업 또한 동남아시아나 다른 국가로 생산 라인을 옮기기 시작했는데, 이러한 상황이 중국 내 취업과 경제 성장에 영향을 줄 것이다.

이들 요인을 종합해보면 앞으로 중국의 수출은 낙관적으로 보이지 않는다. 그리고 이것 역시 중국 경제 성장에 비교적 큰 영향을 끼칠 것이다.

둘째, 중국 경제가 지난 20년 동안 그랬듯이 앞으로도 정부가 추진하는 인프라 투자에 의지해서 높은 성장률을 유지할 수 있을까? 내일의 고속 성장을 위해 도시화율을 계속 높여야 할까? 현재 이들은 모두 문제가 있다. 현재 중국의 도시화율은 세계 선진국과 비교해볼 때 폭넓게 성장할 여지가 있는 것은 분명하다. 그러나 14억 명이 넘는 인구와 넓은 영토를 가진 중국이 반드시 서방 선진국과 같은 도시화의 길로 나아가야 하는지는 생각해봐야 할 문제다. 미래의 어느 시점에 중국의 도시화율이 서구 선진국처럼 인구의 80퍼센트 또는 90퍼센트에 도달할 수 있을까?

인류가 근현대 사회로 진입했을 때부터의 세계사를 돌아보면 각국의 도시화는 모두 산업화의 결과이지 원인이 아니라는 것을 발견할 수 있다. 이를 토대로 생각해보면, 중국 경제는 과거 30여 년의 고속 성장을 거치며 현재의 과학 발전 단계에서 산업화 과정을 대체로 완성해 산업화의 중, 후기에 이르렀다(중국의 거의 모든 산업의 과잉 생산에서 이를 확인할 수 있다)고 할 수 있다. 그렇다면 중국의 도시화 과정은 계속 감속할 뿐 가속화되지는 않을 것이다.

따라서 앞으로 20~30년 안에 중국의 도시화율이 빠르게 증가되기는 어려울 것이니, 서구 선진국처럼 80퍼센트가 넘는 도시화율에 도달할 것이라는 건 더욱 상상할 수 없다. 만일 중국의 도시화 과정의 속도가 점점 줄어든다면 중국의 인프라는 최근 20여 년 동안 초고속 성장을 거치면서 이미 큰 개선을 이루었기에 이 방면의 투자 역시 자연스럽게 하락할 것이다.

고속철도, 고속도로, 공항, 항구를 비롯한 지방 정부가 추진한 각 도시 인프라 방면의 투자도 지방 정부가 떠안고 있는 거액의 부채와 융자의 어려움으로 인해 크게 줄어들 것이다. 현재 중국의 고속철도, 고속도로, 공항, 항구, 지하철, 도시 광장, 녹지, 공원, 정부기관 청사 등은 이미 세계 최고 수준인데 몇몇 지방 정부가 다시 여기에 투자하려고 하는 것은 무엇에 투자해야 하는지 판단하지 못하는 것이다. 상황이 이러하니 건설 투자 증가율 역시 점점 감소할 것으로 보인다.

이밖에 최근 몇 년 동안 중국의 투자 증가율이 하락했지만 그렇다고 중국의 투자 총액이 하락한 것은 아님을 인지해야 한다. 국가통계국 데이터를 보면, 최근 몇 년 동안 중국의 전체 사회 고정 자산 총액은 줄곧 높은 수준을 유지해 2016년 65조 위안, 2017년 64조 1,000억 위안, 2018년 63조 7,000억 위안을 기록했다.

종합해서 계산해보자. 2012년부터 2018년까지 7년 동안 고정 자산에 대한 중국의 총 투자액은 382조 위안에 달해 고정 자산이 GDP에서 차지하는 비중이 80퍼센트 이상이었다. 즉 현재 중국의 GDP 1위안당 8마오(1마오는 10분의 1 위안)의 고정 자산이 투자된 것이라 할 수 있다. 그 결과 몇 년 동안 중국 고정 자산의 효율이 점점 나빠지고 있다. 현재 중국 경제의 한계자본생산율이 악화되고 있어 이미 6위안을 넘어섰다. 현재 GDP 1위안을 증가시키려면 국가 전체가 6위안을 추가로 투자해야 한다는 의미다. 이러한 상황과 경제 성장 패턴은 계속될 수 없다. 이러한 상황이 지속되면 레버리지(지레 효과, 타인 자본을 이용한 자기 자본 이익률 상승)와 위험만 증가해 결국 금융 위기와 대공황으로 이어질 것이다.

셋째, 경제학자 조지프 슘페터의 경기순환론에 의하면 근현대 이후 세계 각국의 급속한 경제 성장은 모두 주요 과학기술혁명의 결과다. 그러면 지난 30여 년간의 고도성장은 실제로 중국 경제의 시장화를 통해 제2차 산업혁명의 교훈을 보완하고 제3차 기술혁명의 마지막 열차를 따라잡은 결과였다. 중국 경제는 산업화 단계의 중, 후기에 이르렀는데, 이는 제2차 산업혁명과 제3차 과학기술혁명의 이익을 중국이 과거 20여 년 동안 거의 다 소진했음을 의미한다. 따라서 현재 중국은 다른 선진국과 동일한 성장 출발선에 서 있으면서 새로운 경제 성장 동력을 발견해야 한다는 동일한 문제에 직면해 있다.

인류의 생존과 생활방식을 더욱 변화시킬 차세대 대기술혁명이 도래하기 전에 중국 경제는 다른 선진국과 마찬가지로 과잉 생산, 성장 기회 감소, 제한된 시장 공간 및 성장 동력 부족이라는 문제에 직면하게 되었다. 이것은 또한 중국 경제 성장률이 1973년 일본, 1990년대 중반 이후의 한국과 싱가포르처럼 하락할 수 있음을 시사한다. 이것은 피할 수 없는 자연스런 추세다.

그러므로 최근 중국 정부가 미래 경제 성장을 추진하기 위해 혁신을 주도해야 한다고 강조하는 것은 큰 방향에서는 옳다. 그러나 인류의 과학기술 지식 발달에 한계가 있는 상황에서 인류의 생활방식 전체를 바꿀 수 있는 다음 과학기술혁명은 무엇일까? 인류 사회는 신소재, 신에너지, 나노기술, 생명공학, 새로운 통신 기술, 심지어 새로운 비즈니스 모델까지 통합하는 제4차 과학기술혁명을 일으킬 수 있을까? 현재로서는 매우 불분명하다.

제4차 과학기술혁명이 도래하기 전에 선진국의 경제가 회복세로 돌아서 다시 성장하며 일부 신흥 시장 국가도 5퍼센트 이상의 중, 고속 성장을 보일지도 모르지만, 가까운 장래에 세계 경제의 고속 성장 시기가 오지 않을 수도 있다.

중국 경제가 중, 고속에서 중속 성장 시기로 접어드는 것은 매우 자연스러운 일이다. 중국 정부의 지도자들은 중국 경제 발전이 '뉴 노멀' 시기로 진입해 L자형 증가율을 보일 것이라고 이야기하는데,

이는 중국 경제의 발전 단계에 부합하는 이성적인 판단이다.

이제 핵심은 중국 경제가 향후 10~20년 안에 중속 성장기에 진입한다는 것을 깨달았다면 정부의 정책 결정자부터 사회 전체에 이르기까지 충분한 정신적 준비가 되어 있어야 한다는 것이다. 설령 중국 경제 성장률이 7퍼센트, 6퍼센트, 심지어 5퍼센트 이하가 되더라도 당황할 필요는 없다. 또 지속 불가능한 초고속 성장을 유지하기 위해 정부의 강력한 거시 경기 부양 정책에 의존할 필요도 없다.

합당한 국가 발전 전략을 마련해 정책적으로 선택해 시행한다면 앞으로 10~20년 안에 중국 경제가 중고속에서 중속 성장 시기에 들어서더라도 중국은 세계 제1의 경제대국이 되어 1인당 GDP가 서서히 고소득 국가 대열에 진입할 것이라고 기대할 수 있다.

넷째, 향후 중국 경제는 부동산 호황에 의존해서 고속 성장을 유지할 수 있을까? 그런 가능성은 크지 않다고 본다. 중국 대표 투자은행인 중국국제금융공사China International Capital Corporation Limited, CICC와 시난재경대학 간리甘犁 교수 팀 연구에 의하면, 2017년까지 중국 도시 거주자의 1인당 평균 주택 수는 1.16채로 가족 구성원이 세 명이라면 대략 3.5채의 집을 소유하고 있는 것이다. 중국 도시 거주자의 주택 면적 또한 36제곱미터를 초과했으며, 자가보유율은 90퍼센트 이상에 도달했고 공실율은 22퍼센트를 이미 초과했다. 여기에 최근 몇 년 동안 중국의 출생률은 계속 감소하고 고령화가 가속화되어 부동산업의 발전은 이미 정점을 지나 하락하기 시작했다고 볼 수 있다.

정부가 앞으로 몇 년 안에 새로운 부동산세를 부과한다면 중국 부동산업계에 더욱 큰 타격을 줄 것이다. 현재 부동산업이 창출한 생산 가치는 중국 GDP 총액의 8퍼센트 이상을 차지하고 있고 부동산업과 그 관련 부문에 8,000만 명이 취업하고 있기 때문에, 부동산업이 정점에 이르렀다가 하락하기 시작하면 큰 부동산 불황이 없더라도 향후 중국 경제 성장에 안 좋은 영향을 주어 경제 성장률 하락을 가속화할 것이다.

마지막으로 투자, 소비, 대외무역 순수출, 총요소 생산성, 자본 투자 수익률 등 경제 성장의 경제학적 분석 요인 이외에 시장화 개혁 개방 이후 최근 부상한 많은 민영 기업가가 중국 경제가 고속 성장하는 데 중요한 공헌을 했다.

그러나 개혁개방 이후 40여 년의 경제 발전과 기업의 창업 및 운영을 거치면서 구세대 민영 기업가는 퇴직 시기에 도달했고, 중국 경제는 '성숙한 경제'로 성장한 이후 이윤을 얻고 새롭게 사업을 시작할 기회가 줄어들었다. 더구나 점점 더 치열해지는 국제 경쟁, 막대한 기업 부채, 극도로 과중한 세금 부담으로 인해 실질적으로 기업을 운영하며 돈을 벌기가 어려워졌고 심지어는 손실을 보는 지경에까지 이르렀다. 여기에다 정부 관료의 부패 등의 요인이 더해졌으니 향후 10~20년 사이에 기존 민영 기업가의 자녀 중 자산을 해외로 이전하지 않고 부모에게서 물려받아 사업을 계속 운영하고 성공적으로 자신의 사업 왕국을 확장할 의사를 가진 사람이 얼마나 되겠는가? 이것은 이미 드러난 문제다. 미래 중국에 새로운 세대 기업가들이 나타나 사업을 유지하고 창업하고 새로운 혁신 과정을 시작할 수 있을지 여부가 향후 중국 경제 성장을 직접적으로 결정할 것이다.

중국 경제는 40년의 고속 성장을 거친 후 성장률이 하락하며 중속 성장 단계에 이르렀지만 이는 자연스럽고 정상적인 것으로 두려워할 일이 아니다.

경제 발전의 대세를 인식하지 못하고 여전히 더 큰 규모의 투자와 다양한 거시 경기 부양 정책을 사용해 더는 유지할 수 없는 허황되며 비효율적이고 심지어 낭비적인 고성장을 유지하려는 것을 걱정해야 한다.

이 경우 치러야 할 대가는 매우 크며 장기적인 경제 침체에 빠질 수 있다. 이는 중국인, 나아가 전 세계인이 결코 원하지 않는 결과다.

참고문헌

총론: 강대국의 흥망

1   李伯重, 『火槍與賬簿: 早期經濟全球化時代的中國與東亞世界』, 北京: 生活·讀書·新知三聯書店, 2017

2   Paul Kennedy, *The Rise and Fall of the Great Powers*, Random House, 1987(폴 케네디 지음, 이왈수·전남석·황건 옮김, 『강대국의 흥망』, 한국경제신문사, 1996)

3   William H. McNeill, *The Pursuit of Power Technology, Armed Force, and Society Since A.D. 1000*, University of Chicago Press, 1982(윌리엄 맥닐 지음, 신미원 옮김, 『전쟁의 세계사』, 이산, 2005)

4   Philip T. Hoffman, *Why Did Europe Conquer the World*, Princeton University Press, 2015(필립 호프먼 지음, 이재만 옮김, 『정복의 조건-유럽은 어떻게 세계 패권을 손에 넣었는가』, 책과 함께, 2016)

5   Robert C. Allen, *Global Economic History*, Oxford University Press, 2011(로버트 C. 앨런 지음, 이강국 옮김, 『세계경제사』, 교유서가, 2017)

베네치아 공화국: 최초의 자본주의 국가

1   Roger Crowley, *City of Fortune: How Venice Won and Lost a Naval Empire*, Random House, 2012

2   江曉美, 『水城的泡沫: 威尼斯金融戰役史』, 北京: 中國科學技術出版社, 2009

3 尙潔, 『中世紀晚期近代早期威尼斯貴族政治研究』, 武漢: 武漢大學出版社, 2013

4 Fernand Braudel, *Civilisation matérielle, économie et capitalisme, XVe-XVIIIe siècle*, Paris: Armand Colin. 1979(페르낭 브로델 지음, 주경철 옮김, 『물질문명과 자본주의』, 까치글방, 1995)

5 Fernand Braudel, *La Méditerranée et le monde méditerranéen à l'époque de Philippe II*, Paris: Armand Colin. 1949(페르낭 브로델 지음, 주경철 외 옮김, 『지중해: 펠리페 2세 시대의 지중해 세계』, 까치글방, 2017)

6 劉景華, 『西歐中世紀城市新論』, 長沙: 湖南人民出版社, 2000

7 劉景華, 『走向重商時代─社會轉折中的西歐商人與城市』, 北京: 中國社會科學出版社, 2007

합스부르크제국의 패권 도모와 실패: 정치 경제와 지정학적 전략 배경

1 Geoffrey Parker, *The Grand Strategy of Phillip II*, Yale University Press, 2000

2 Paul Kennedy, *The Rise and Fall of the Great Powers*, Random House, 1987(폴 케네디 지음, 이왈수·전남석·황건 옮김, 『강대국의 흥망』, 한국경제신문사, 1996)

네덜란드: 바다의 마부 황금시대

1 Hendrik Willem van Loon, *The fall of the Dutch republic*, Houghton Mifflin Co., 1913

2 陳勇, 『商品經濟與荷蘭近代化』, 武漢: 武漢大學出版社, 1990

3 Angus Maddison, *The World Economy - A Millennial Perspective*, Organization for Economic Cooperation and Development, 2001

4 Maurice Braure, *Histoire des Pays-Bas*, Puf-Que Sais-Je, 1974

5 齊世榮, 『15世紀以來世界九强的歷史演變』, 廣州: 廣東人民出版社, 2005

6 Carlo M. Cipolla, *The Cambridge Economic History of Europe*, Cambridge University Press, 1978

7 Mark T. Hooker, *The History of Holland*, London: Greenwood, 1999

8 Pieter Emmer, *The Dutch in the Atlantic Economy, 1500~1800*, Vermond, 1998

9 Peter Musgrave, *The Early Modern European Economy*, London: Macmillian Press, 1999

10 David Ormrod, *The Rise of Commercial Empires: England and the Netherlands in the Age of Mercantilism*, Cambridge, 2003

11 Jan Glete, *War and the State in Early Modern Europe—Spain, the Dutch Republic and Sweden as Fiscal-Military States, 1500~1660*, London: Routledge, 2002

12 Johannes Postma and Victor Enthover, *Riches from Atlantic Commerce, Dutch Transatlantic Trade and Shipping, 1585~1817*, Brill, 2003

13 Marjolein't Hart, Joost Jonker and Jan Luiten van Zanden, edited, *A Financial History of the Netherlands*, Cambridge University Press, 1997

14 Jan De Vries, *The First Modern Economy, Success, Failure, and Perseverance of the Dutch Economy, 1500~1815*, Cambridge University Press, 1997

15 Lucia Coppolaro, Edited, *A Global History of Trade and Conflict Since 1500*, Palagrave Macmillian publisher, 2013

16 J. L. Price, *The Dutch Republic in the Seventeenth Century*, St. Martin's press, 1998

17 Jonathan I. Israel, *The Dutch Republic: Its Rise, Greatness and Fall, 1477~1806*, Oxford University Press, 1995

프랑스제국: 중상주의의 대륙 강국

1   Inès Murat, *Jean-Baptiste Colbert*, Fayard, 2014

2   Georg Friedrich List, *Das Nationale System der Politischen Oekonomie*, Vero Verlag, 2014(프리드리히 리스트 지음, 이승무 옮김, 『정치경제학의 민족적 체계』, 지식을만드는지식, 2016)

3   梅俊杰, 『自由貿易的神話: 英美富强之道考辨』, 北京: 新華出版社, 2014

4   梅俊杰, 「重商主義眞相探解」, 『社會科學』 2017年 第7期(人民大學 『理論經濟學』, 2017年 第10期에 전문 수록)

5   David S. Landes, *The Wealth And Poverty Of Nations*, Abacus, 1999(데이비드 랜즈 지음, 안진환·최소영 옮김, 『국가의 부와 빈곤』, 한국경제신문사, 2009)

6   羅榮渠, 『現代化新論: 世界與中國的現代化進程』, 北京: 北京大學出版社, 1993

7   Dieter Senghaas, *Von Europa lernen: Entwicklungsgeschichtliche Betrachtungen*, Frankfurt: Suhrkamp Verlag, 1982

영국: 패권국의 균형 정책

1   Ludwig Dehio, *Gleichgewicht oder Hegemonie: Betrachtungen über ein Grundproblem der neueren Staatengeschichte*, Manesse-Verlag, 1948

2   Norman Rich, *Great Power Diplomacy, 1814-1914*, McGraw-Hill Humanities Social, 1992

3   徐棄郁, 『脆弱的崛起: 大戰略與德意志帝國的命運』, 北京: 新華出版社, 2014

독일: 석탄과 철의 나라가 세계 패권을 다투다

1   邢來順·吳友法, 『德國通史 第四卷: 民族國家時代(1815-1918)』, 南京: 江蘇人

民出版社, 2019

2 邢來順,『德國工業化經濟: 社會史』, 武漢: 湖北人民出版社, 2003

3 邢來順,『邊向强權國家: 1830~1914年德國工業化與政治發展研究』, 武漢: 華中師範大學出版社, 2002

미국: 신대륙 국가의 세계 경제 패권의 길

1 Harold U. Faulkner, *American Economic History*, Harper & Row; 8th International edition, 1960

2 Stanley L. Engerman edited, *The Cambridge Economic History of the United States, Vol. 1*: The Colonial Era, Cambridge University Press, 1996

3 王黎,『美國外交: 理念, 權力與秩序—從英國植民地邁向世界强國』, 北京: 世界知識出版社, 2019

4 Jeffery A. Frieden, David A. Lake, Kenneth A. Schultz, *World Politics-Interests, Interactions, Institutions*, W.W. Norton&Company, 2018

5 Barry J. Eichengreen, *Exorbitant Privilege*, New York: Oxford University Press, 2010(배리 아이켄그린 지음, 김태훈 옮김, 『달러 제국의 몰락』, 북하이브, 2011)

일본: 전후 성장과 잃어버린 20년

1 Paul A. Volcker·行天豊雄, *Changing Fortunes: The World's Money and the Threat to American Leadership*, Three Rivers Press, 1993(폴 볼커·교텐 도요오 지음, 안근모 옮김, 『달러의 부활』, 어바웃어북, 2020)

2 Funabashi Yoichi, *Managing the Dollar — From the Plaza to the Louvre*, Peterson Institute for International Economics, 1989

3 Shigeto Tsuru, *Japan's Capitalism: Creative Defeat and Beyond*, Cambridge University Press, 1996

4   Aaron Forsberg, *America and the Japanese Miracle: The Cold War Context of Japan's Postwar Economic Revival, 1950-1960*, University of North Carolina Press, 2014

중국: 개혁 개방 이후 40년간 중국 경제 발전과 미래

1   李伯重,『火槍與賬簿: 早期經濟全球化時代的中國與東亞世界』, 北京: 生活·讀書·新知三聯書店, 2017
2   韋森,『中國經濟增長的眞實邏輯』, 北京: 中信出版社, 2017
3   Barry J. Naughton, *The Chinese Economy: Transitions and Growth*, The MIT Press, 2006

찾아보기

386

총, 경제, 패권

초판 1쇄 인쇄 2022년 2월 7일
초판 1쇄 발행 2022년 2월 10일

지은이 리보중(李伯重), 웨이썬(韋森), 류이(劉怡) 외
옮긴이 정호준

발행인 박종서
발행처 역사산책
출판등록 2018년 4월 2일 제2018-60호
주소 (10477) 경기도 고양시 덕양구 은빛로 39, 401호(화정동, 세은빌딩)
전화 031-969-2004
팩스 031-969-2070
이메일 historywalk2018@daum.net

ISBN 979-11-90429-21-4 03900

값 22,000원